2017/2018 年全球投资竞争力报告

外国投资者视角及政策建议

世界银行集团

中国财经出版传媒集团
中国财政经济出版社

Global Investment Competitiveness Report 2017/2018: Foreign Investor Perspectives and Policy Implications

Copyright © 2018 by International Bank for Reconstruction and Development / The World Bank

2017/2018年全球投资竞争力报告

© 2019，版权所有　国际复兴开发银行 / 世界银行

This work was originally published by The World Bank in English as *Global Investment Competitiveness Report 2017/2018: Foreign Investor Perspectives and Policy Implications* in 2018. This Chinese translation was arranged by China Financial and Economic Publishing House. China Financial and Economic Publishing House is responsible for the quality of the translation. In case of any discrepancies, the original language will govern.

《2017/2018年全球投资竞争力报告》一书英文原版由世界银行于2018年出版发行，该书中文版由中国财政经济出版社出版。中国财政经济出版社对译文的准确性负责，如有不符，一切以原文为准。

本书中的发现、阐释和结论为作者的观点，未必代表世界银行执行董事会或他们代表的政府的观点。

世界银行不保证该作品中数据的准确性。本书中任何地图的疆界、颜色、名称以及其他资料，并不代表世界银行的任何部门对任何地区法律地位的看法，也不意味着对这些疆界的认可或接受。

图书在版编目（CIP）数据

2017/2018年全球投资竞争力报告 / 世界银行集团著.—北京：中国财政经济出版社，2019.7

书名原文：Global Investment Competitiveness Report 2017

ISBN 978-7-5095-9039-3

Ⅰ.①2… Ⅱ.①世… Ⅲ.①投资–竞争力–研究报告–世界–2017–2018　Ⅳ.①F830.59

中国版本图书馆CIP数据核字（2019）第108406号

责任编辑：孙　腾　　　　　　　　　责任校对：张　凡

中国财政经济出版社 出版

URL：http：//www.cfeph.cn

E-mail：cfeph @cfemg.cn

（版权所有　翻印必究）

社址：北京市海淀区阜成路甲28号　邮政编码：100142

营销中心电话：010-88191537

北京富生印刷厂印刷　各地新华书店经销

889×1094毫米　16开　11.25印张　210 000字

2019年9月第1版　2019年9月北京第1次印刷

定价：66.00元

ISBN 978-7-5095-9039-3

（图书出现印装问题，本社负责调换）

本社质量投诉电话：010-88190744

打击盗版举报热线：010-88191661　QQ：2242791300

目 录

前言 ··· IX

致谢 ··· XI

缩略语 ··· XIII

概述
  Anabel Gonzalez，Christine Zhenwei Qiang，Peter Kusek ············ 1

第一章 对于发展中国家投资者重要的问题：全球投资竞争力调查结果
  Peter Kusek，Andrea Silva ··· 17

第二章 FDI对发展中国家高成长型公司的影响
  José-Daniel Reyes ··· 49

第三章 发展中国家的企业税收激励措施与FDI
  Maria R. Andersen，Benjamin R. Kett，Erik von Uexkull ············ 73

第四章 来自发展中国家的对外直接投资
  Jose Ramon Perea，Matthew Stephenson ····························· 99

第五章 脆弱和受冲突影响情况下的FDI
  Alexandros Ragoussis，Heba Shams ··································· 135

词汇表 ··· 161

专栏

专栏 0.1	全球投资竞争力调查	5
专栏 1.1	全球投资竞争力调查的五大发现	18
专栏 1.2	唐宁和伦丹提出的投资者动机框架	19
专栏 1.3	参与效率寻求型的投资的跨国公司往往更具选择性	23
专栏 2.1	影响高成长型企业的四种因素：四层洋葱式框架	50
专栏 2.2	AAA Growers：肯尼亚的一家高成长型企业	53
专栏 2.3	智利的供应商发展计划	59
专栏 3.1	发展中国家税收激励数据库	74
专栏 3.2	国家层面的激励措施成本效益分析方法与结果	83
专栏 3.3	加强税收激励透明度的改革的例子	86
专栏 4.1	OFDI在中国经济中不断发展的作用	104
专栏 4.2	发展中国家的跨国公司利用OFDI促进创新和出口	112
专栏 4.3	吸收能力在企业和经济体两个层面都很重要	114
专栏 5.1	FCS在投资风险和投资机会方面有高度异质性	136
专栏 5.2	冲突后的建筑业发展和FDI机遇	141
专栏 5.3	经济改革的排序	147

图

图 0.1	全球FDI资金流入和按发展程度划分的资金流向，2005—2016年	1
图 0.2	高成长型企业受益于外国公司的存在	3
图 0.3	影响投资决策的因素	6
图 0.4	激励措施的普遍和FDI的集中	7
图 0.5	政治风险盛行并阻碍FDI	8
图 0.6	监管的可预测性及效率极为重要	8
图 0.7	区域性投资规模大	11
图 B1.2.1	唐宁和伦丹提出的投资者动机框架	20
图 1.1	大多投资者有多重动机而且是市场寻求型	21
图 1.2	调查对象代表来自不同行业的企业	22
图 1.3	对商业有利的法律和监管环境对投资者很重要	23
图 1.4	参与效率寻求型的FDI的跨国公司更具选择性	25
图 1.5	投资者重视公共机构行为的可预测性、透明度和效率	25

图 1.6	参与效率寻求型 FDI 的跨国公司相较其他投资者，更重视激励措施、贸易协议和投资进入的便利性	26
图 1.7	免税进口、免税期和增值税豁免是最有吸引力的投资激励措施	27
图 1.8	投资者高度重视对商业有利的政策和投资进入与建立分支机构的程序的效率	28
图 1.9	投资审批的等待时间各不相同，但通常需要三个月	29
图 1.10	近一半的物质投入品、补给和服务是从当地获取	30
图 1.11	供应商的能力和技能是极为重要的与联系相关的因素	30
图 1.12	促进联系的企业计划并不十分普遍	31
图 1.13	超过三分之一的投资者将所有分公司产生的利润重新投资回分公司	32
图 1.14	严重的政治风险虽然很少，但会对 FDI 产生严重的负面影响	32
图 1.15	超过四分之一的调查对象已在发展中国家关闭了一家分支机构	33
图 1.16	退出投资的原因是复杂的，有些可控，有些不可控	33
图 1.17	投资者们重视 IPA 在解决问题和创建企业上的作用多过推广力度	34
图 1B.1	跨国公司来自不同地区，其发展水平也不一致	37
图 1B.2	根据员工人数区分的跨国公司规模	41
图 1C.1	影响制造业企业与服务业企业的国家特征的重要性	42
图 1C.2	影响发达来源国与发展中来源国的国家特征的重要性	43
图 1C.3	影响母公司与分公司的国家特征的重要性	44
图 1C.4	影响制造业与服务业企业的投资环境因素的重要性	44
图 1C.5	影响发达与发展中来源经济体的投资环境因素的重要性	45
图 1C.6	影响母公司与分公司的投资环境因素的重要性	45
图 B2.1.1	成长因素的四层洋葱式框架	51
图 2.1	高成长型企业创造最多的就业机会	51
图 2.2	高成长型企业一般规模小	52
图 2.3	……成立时间短	52
图 2.4	高成长型企业受益于外国企业的存在	57
图 2.5	在几乎所有地区中联系渠道在传递 FDI 的好处时都更有效	57
图 2.6	服务业与制造业中的高成长型企业都主要通过联系渠道从 FDI 中获益	58
图 3.1	税收激励在发展中国家很普遍，尤其是在建筑与制造业方面	75
图 3.2	大多数地区的政策制定者继续削减企业所得税（CIT）税率	78
图 3.3	近一半的发展中国家已经出台了新的税收激励政策或者提高现有的税收优惠幅度	78
图 3.4	激励措施在对效率寻求型投资竞争激烈的行业中使用最多	82

图4.1	发展中国家OFDI的流量	101
图4.2	发展中国家OFDI的存量	101
图4.3	东亚和太平洋地区在发展中国家OFDI中领先	102
图4.4	最主要的发展中国家对外投资者	103
图4.5	发展中国家大都通过OFDI实现国际化	106
图4.6	发展中国家OFDI在各地区的区位不同	107
图4.7	发展中国家的制造业跨国公司更倾向于通过并购进行投资	109
图4.8	发展中国家对OFDI的限制情况各种各样	116
图4A.1	不同收入类别的发展中国家的OFDI分布	118
图4C.1	发展中国家OFDI在不同产业中的分布	121
图5.1	2015年FCS对来自ODA、离散族群和外国投资者的收入的依赖情况	137
图5.2	农业在高度脆弱的经济体中占主导地位	139
图5.3	冲突后的增长时钟	140
图5.4	外国投资者集中投资在自然资源和其他一些资本密集型活动	142
图5.5	在自然资源投资领域之外，投资者们是谨慎的	142
图5.6	区域投资规模大	143
图5.7	2016年对脆弱和受冲突影响的地区面临的挑战的特殊性及严重程度的看法	145
图5.8	在FCS的高级管理人员花费较少的时间应对政府监管	146
图5.9	FCS的不同程度的脆弱性和政府效能	147
图5B.1	预期的对内投资在不同FCS有所不同	155

表格

表1B.1	总部所在地	38
表1B.2	调查对象与全球FDI的存量构成比较	39
表1B.3	调查对象在公司的职位	39
表1B.4	调查对象的行业分布	39
表1B.5	调查对象与全球FDI流量的行业分布	40
表1B.6	动机数量	42
表2.1	高成长型企业出现于所有经济部门中	53
表2.2	联系在制造业中更为重要，而示范效应在所有行业中都相对平衡	55
表2D.1	FDI溢出效应对企业业绩的作用	65
表2D.2	FDI溢出效应对各地区和各部门的企业业绩的作用	65

表3.1	各种税收激励工具的优点和缺点	77
表3.2	效率寻求型FDI聚集在少数区域，而自然资源寻求型和市场寻求型FDI的地理分布较分散	81
表3A.1	发展中国家税收激励数据库	88
表3A.2	全球对免税期的使用，2015年	89
表3A.3	全球对优惠税率的使用，2015年	91
表3A.4	全球对税收减免和退税的使用，2015年	92
表3A.5	2009~2015年税收激励措施的变化	93
表3A.6	税收激励措施与外国企业将税率视为商业障碍的看法的回归结果	94
表4B.1	变量和数据来源	119
表4B.2	泊松伪极大似然估算结果	120
表5B.1	回归系数	154

前　言

世界银行集团发布的这本首期《全球投资竞争力报告》对外国直接投资（FDI）的驱动力及其对经济转型所做的贡献提出了新颖的分析和见解，并提供了实践经验。报告重点关注的是发展中国家，因为它们作为FDI的来源和接收者的作用越来越大，报告还探讨了政策制定者和地方企业如何最充分地利用FDI的潜在效益来实现有包容性的可持续发展。

这份报告和其他关于FDI的重要研究相比有三个关键性特征：第一，报告中观点的来源多种多样，其中包括对投资者视角的最新调查、对现有数据和证据的广泛分析以及国际上对投资政策设计和实施的最佳做法的全面回顾。第二，报告针对FDI的动机、领域、地理来源和投资目的地提供了富有针对性的深度分析。第三，这份报告为发展中国家的政府提供了切实可行的推荐意见。

报告引入了一种新的投资竞争力概念，即各国吸引、保留和整合私人投资进入各自经济体的能力。因此提高投资竞争力需要建立一个商业环境，让国内外公司既能有效地进入市场，又能扩大业务，与当地、区域以及全球经济的联系更为紧密。这份报告检验了投资竞争力的关键因素，强调了那些最常影响公司的投资决策的因素。

报告对在发展中国家投资的跨国公司的754位高管进行了开创性的调查，发现除了政治稳定性、安全性和宏观经济条件外，对商业有利的法律和监管环境是投资决策的关键推动力。该报告还探讨了FDI为当地企业创造新的成长机会的潜力，评估了财政激励措施对吸引FDI的有效性，分析了来自发展中国家的FDI（即所谓的南南和南北FDI）的特点，并对外国投资者在冲突不断、环境脆弱的国家的遭遇进行了考察。这份两年一次的全球投资竞争力报告的未来版本将提出关于新的投资竞争力主题（在以改革为导向的政府工作议程中最突出的那些）的发现，并补充调查的更新结果。

我们相信这份全新的报告将给众多读者带来有价值的东西和新的视角。对于政策制定者来说，该报告对政策的作用和投资者的决策过程提供了清晰的见解；对于外国投资者和所在国的咨询顾问来说，该报告讨论了相关的跨部门和跨地区FDI的发展和驱动力；对于学术界人士而言，该报告的投资激励措施和FDI动机的新数据库提供了研究和分析的其他角度；最后，对于发展援助提供者而言，报告突出强调了控制FDI的潜在发展效益的方法。

总之，私人投资在可持续的和包容性的发展中，能够而且必须起到核心作用，我们向所有对这个核心作用感兴趣的读者推荐这一报告。

安娜贝尔·冈萨雷斯
世界银行集团
贸易和竞争力全球实践局
高级主管

泰德·H·楚
世界银行集团
国际金融公司
首席经济学家

致 谢

这份首期关于全球投资竞争力的引领性报告是在世界银行集团的贸易和竞争力全球实践局的投资环境小组和国际金融公司（IFC）的经济和私营部门发展副总裁的共同倡议下进行的。该报告是在世界银行集团贸易和竞争力全球发展实践局高级主管Anabel Gonzalez和国际金融公司首席经济学家Ted Chu的指导下，由Christine Zhenwei Qiang和Peter Kusek组织准备的，该报告的作者包括Maria R. Andersen、Benjamin R. Kett、Peter Kusek、Jose Ramon Perea、Alexandros Ragoussis、José-Daniel Reyes、Heba Shams、Andrea Silva、Matthew Stephenson和Erik von Uexkull，还要特别感谢Roberto Echandi的有益建议。

小组要感谢后续捐助者通过他们的财政捐助使这一报告公之于世，特别感谢：英国繁荣基金、澳大利亚政府的外交事务和贸易部（DFAT）以及奥地利联邦财政部。

报告小组也感谢许多行业内外评论者，他们在整个过程中提供了缜密的观点和指导，这些评论者包括Cecile Fruman、Neil Gregory、Mary Hallward-Driemeier、Theodore Moran、Richard Newfarmer、Emanuel Salinas和Pierre Sauvé。2017年4月，一个顾问作者研讨会提供了来自Nabila Assaf、Sebastien Bradley、Marcio Cruz、Jan Loeprick、Ernesto Lopez-Cordova、Denis Medvedev、Sebastien Miroudot和Gonzalo Varela的补充反馈。报告作者们非常感谢在本报告的各个阶段的外部研究者给予的宝贵时间和慷慨建议，包括Fritz Foley、Beata Javorcik、Michael Overesch、Karl Sauvant和Charles Udomsaph。

报告的作者们感谢Laura Ardila、Abdullah Aswat、Angelina Yue Ben、Kunxiang Diao、Zhi Gan、Jingyu Gao、Daisy Claire Homolka、Xinyuan Huang、Salima Madhany、Jordan Pace、Martin Schmidt和Xiaoxu Zhang的出色研究协助和全面支持。

该小组还要感谢世界银行集团和其他同行的有效指导和帮助，没有他们的帮助报告将无法完成。他们是：Daniela Gomez Altamirano、Gerlin Catangui、Laura Dachner、Wim Douw、Persephone Economou、Amr El Afifi、Francis Gagnon、Ulla Heher、Armando Heilbron、Sebastian James、Priyanka Kher、Kathy Khuu、Barbara Kotschwar、Jana Krajcovicova、Hania Kronfol、Veselin Kuntchev、Wim Naude、Ivan Nimac、Ngan Thuy Nguyen、Nadia Piffaretti、Yassin Sabha、Patricia Steele、Trang Tran和Robert Whyte。

David M. Cheney是该报告的主编。Andrea Silva、Amanda L. Tan和Edward Atkinson担任编辑助理。生产和后勤支持由Aziz Gokdemir和Jewel McFadden提供。John Diamond领导并由Egidio Germanetti、Amelia Kelly、Kristina Nwazota和Madelynne Wager开展沟通工作。

第一章中所分析的全球投资竞争力调查是由一家全球调查公司Kantar Public代表世界银行集团进行的。我们特别感谢以下Kanfar Public的同事们的贡献：Jamie Burnett、Lavinia Deaconu、Christopher Hanley和Marco Pelucchi。

该报告小组对许多个人、团体和组织所做的无论正式或非正式贡献表示感谢。正是他们提供的重要的评论和投入才使得该报告能够成功发表。报告小组对这些贡献铭记在心，如果对您给予的这些重要贡献无意中忽略而没有正式答谢，我们报告小组将深表歉意。

缩略语

BRICS	金砖国家，指巴西、俄罗斯联邦、印度、中国、南非
BIT	双边投资协定（bilateral investment treaty）
CATI	计算机辅助电话采访（computer-assisted telephone interviews）
CBA	成本效益分析（cost-benefit analysis）
CCSD	冲突、安全与发展中心（Center on Conflict, Security and Development）
CIT	企业所得税（corporate income tax）
CORFO	智利经济发展署（Corporación de Fomento de la Producción de Chile）
CPIA	国家政策和制度评估（Country Policy and Institutional Assessment）
EAP	东亚和太平洋地区（East Asia and Pacific）
ECA	欧洲和中亚地区（Europe and Central Asia）
EU	欧盟（European Union）
FCS	脆弱和受冲突影响的地区（fragile and conflict-affected situations）
FDI	外国直接投资（foreign direct investment）
FFP	和平基金（The Fund for Peace）
GDP	国内生产总值（gross domestic product）
GIC	全球投资竞争力（Global Investment Competitiveness）
GVC	全球价值链（global value chain）
ICT	信息通信技术（information and communications technology）
IEG	独立评估小组（Independent Evaluation Group）
IFC	国际金融公司（International Finance Corporation）
IPA	投资促进机构（investment promotion agency）
ISIC	国际标准产业分类（International Standard Industrial Classification）
IT	信息技术（information technology）

LAC	拉丁美洲和加勒比地区（Latin America and the Caribbean）	
M&A	并购（mergers and acquisitions）	
MENA	中东和北非（Middle East and North Africa）	
MNC	跨国公司（multinational corporation）	
ODA	官方发展援助（Official Development Assistance）	
OECD	经济合作与发展组织（Organisation for Economic Co-operation and Development）	
OFDI	对外直接投资（outward foreign direct investment）	
POEs	民营企业（privately owned enterprises）	
PPML	泊松伪极大似然（Poisson Pseudo-Maximum Likelihood）	
R&D	研究与开发（research and development）	
SAR	南亚地区（South Asia Region）	
SDGs	可持续发展目标（Sustainable Development Goals）	
SDP	供应商开发计划（Supplier Development Program）	
SEZ	经济特区（special economic zone）	
SMEs	中小企业（small and medium-size enterprises）	
SOEs	国有企业（state-owned enterprises）	
SSA	撒哈拉以南非洲（Sub-Saharan Africa）	
UCC	资本使用者成本（user cost of capital）	
UNCTAD	联合国贸易和发展会议（United Nations Conference on Trade and Development）	
UNSD	联合国统计司（United Nations Statistics Division）	
USAID	美国国际开发署（United States Agency for International Development）	
VAT	增值税（value added tax）	
WBG	世界银行集团（The World Bank Group）	
WEF	世界经济论坛（World Economic Forum）	

概　述

Anabel Gonzalez, Christine Zhenwei Qiang, Peter Kusek

外国投资对经济发展有重要贡献

对于许多发展中国家[1]而言，外国直接投资（FDI）规模已超过官方发展援助（ODA）、境外汇款或组合投资流，成为外部金融的最大来源。在2016年，全球近1.75万亿美元的FDI流量中，超过40%的资金流向发展中国家，提供了急需的私有资本（图0.1）。然而，实现可持续发展目标（SDG_S）[2]所需的融资仍然大得多，而且大多数无法靠现有的FDI流入来满足——尤其是在脆弱和受冲突影响的地区（FCS）。为了最大程度地发挥FDI对经济发展的影响，从而帮助实现可持续发展目标，私有投资将不得不扩展到尚未涉足的领域，尽管在这些领域存在相关风险。

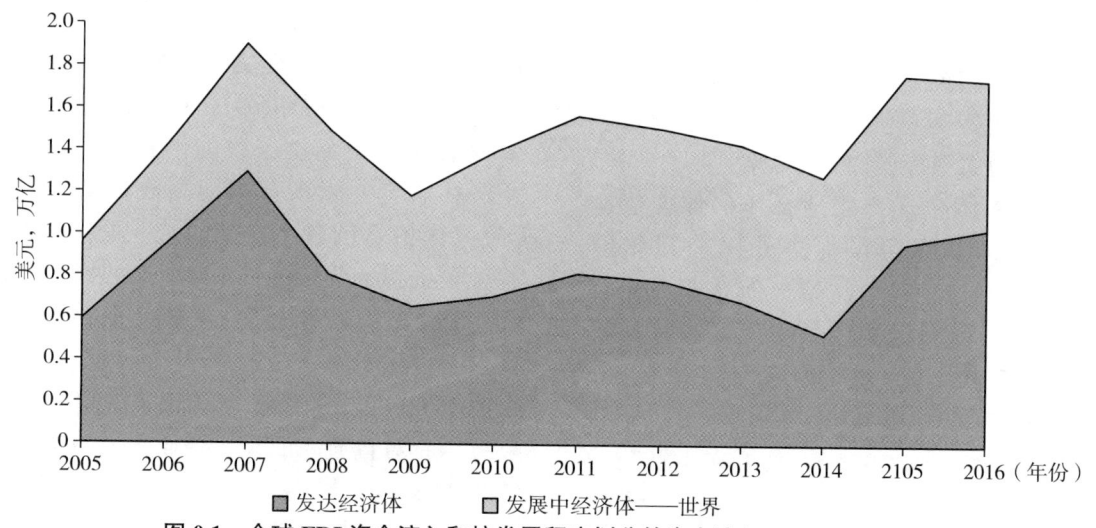

图 0.1　全球 FDI 资金流入和按发展程度划分的资金流向，2005—2016 年

资料来源：2017年统计和世界投资报告，联合国贸易与发展会议（UNCTAD）。

注：FDI = 外国直接投资。

FDI的好处远远超出了吸引所需资金的范围。外国投资还提供了专业技术知识、管理和组织技能，以及进入国外市场的机会。此外，通过创新和提高生产力，以及在东道国吸引FDI的领域和支持性产业中创造薪酬更优厚且更稳定的工作岗位，FDI对经济转型有很大的潜在影响力（Arnold, Javorcik, and Mattoo 2011; Bijsterbosch and Kolasa 2009; Echandi, Krajcovicova, and Qiang 2015; Rizvi and Nishat 2009; WEF 2013）。重要的是，外国投资者在提供全球公共产品、应对气候变化、改善劳动状况、制定全球行业标准以及提供当地社区基础设施（IFC，即将出版）方面变得愈发重要。作为本报告基础的文献突出了FDI在提升经济发展、增加国内企业价值、填补脆弱和受冲突影响的地区的投资空缺等方面，以及更为一般地，在提高竞争力和稳定性方面发挥的作用。

FDI可以提高东道国的生产收益。FDI引进了外国技术和前沿知识，如果当地企业能够充分吸收，就能直接提高生产力。FDI也可以通过引导资源从低生产力企业向更具生产力的企业重新分配，从而提高当地市场上企业间的竞争度，进而长期持续地提高总生产力。FDI主要通过联系和示范渠道使国内企业受益：

• 外国企业与当地合作伙伴或供应商之间的联系可以促进外国公司将技术、知识和实践传递给当地企业，相关要求也可以帮助国内供应商提高其技术和质量标准（Du, Harrison, and Jefferson 2011; Farole and Winkler 2014; Javorcik and Spatareanu 2009）。最近在土耳其的一项研究表明，跨国公司（MNCs）和他们的土耳其供应商之间的相互作用促进了土耳其产品的升级换代（Javorcik, Lo Turco, and Maggioni 2017）。来自立陶宛和越南企业层面的分析提出证据表明，通过外国分公司与上游部门的当地供应商之间的联系，FDI可以产生积极的生产力溢出效应（Javorcik 2004; Newman and others 2015）。

• 国内企业通过观察或聘请外国公司培训的员工来效仿外国技术和管理实践所产生的示范效应（Alfaro and Chen 即将发表; Alfaro and Rodriguez-Claire 2004; Alfaro and others 2006; Barba Navaretti and Venables 2004; Lipsey 2004）是东道国企业受益的另一个关键渠道。例如，加纳制造业领域内跨国公司的工人流动对国内企业的生产力有着积极的影响。在挪威，在跨国公司工作过的工人对生产能力的贡献比没有这种经历的工人要高出20%到25%（Balsvik 2006; Görg and Strobl 2005）。

东道国的高成长型企业从FDI中受益最大

这份报告分析了国内企业因跨国公司的存在而获益的能力。世界银行企业调查公司对发展中世界的50个制造业和服务业部门在企业层级的信息和121个经济体调查后发现：当地高成长型企业（定义为就业创造率最高的企业群）最能通过联系和示范渠道将FDI溢出的好处内化。对于联系渠道来说，外资企业在国内投入的份额增加百分之一与国内高成长型企业0.6个单位的产出增长相关。这一结果意味着对普通高成长型企业来说两年的销售增长58%。对于示范渠道而言，该行业的外国产出份额增加百分之一，与高成长型企业的0.1个单位的产出增长率相关，或者说相当于普通高成长型公司两年的销售增长12%（图0.2）。

尽管高成长型企业通常只占私有部门的一小部分，但它们在创造就业和提高生产效益方面有着不成比例的巨大影响。它们能够更好地把FDI带来的效益最大化，因为它们具有更高的吸收能力，它们能够认识到新信息的价值，吸收并应用新信息。这些能力使得这些企业将外国技术和生产过程内化以提高生产力，从而减弱与外国已有公司的竞争性冲击。此外，全球品牌的需求，及其对供应商的承诺，为供应商们采取新的做法和投资新技术产生了强大的激励和推动作用。从政策的角度来看，识别和定位这些企业，分析制约其产生的因素，并加深其吸收利用能力，都是全面释放企业潜力的关键。本报告中的经验性证据表明，鼓励FDI的联系作为一种促进高潜力本土企业成长的政策，将会增强跨国公司与国内企业之间的知识传递，并能产生强劲的发展结果。

对外FDI也有利于来源国经济体

FDI不仅给目的地市场带来好处，也给源头经济体带来了好处（"母国效应"）。来自发展中国家的跨国公司利用对外投资，通过进入新市场，从国外的子公司以更低的价格进口中间产品，在国外以更低的成本创造出更多的最终产品和服务，并接触外国技术，从而增强自身的生产能力，提高竞争力（Herzer 2012）。一些发展中国家，不是利用现有的技术资产，而是想通过FDI获得新的技术资产。来自金砖国家（巴西、俄罗斯联邦、印度、中国和南非）的领先的跨国公司的案例研究表明，它

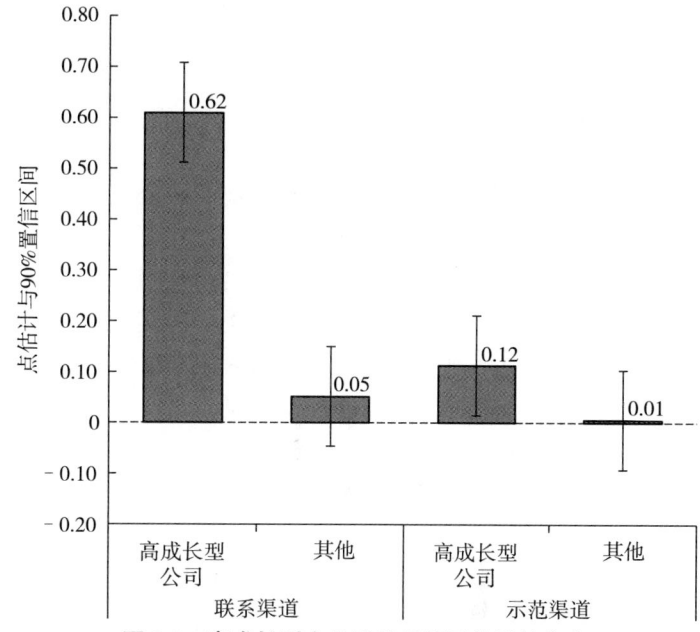

图 0.2 高成长型企业受益于外国公司的存在

资料来源：基于世界银行所做企业调查数据的计算。

注：该图显示了联系和示范渠道对121个样本经济体中高成长型企业和其他企业的影响的估计协同系数和90%置信区间。竖线代表90%置信区间。FDI＝外国直接投资。

们在专利、管理技术或尖端工艺方面处于劣势，这促使其在国外收购公司，好让"迟来者迎头赶上"（Holtbrugge and Kreppel 2012；Rodriguez-Arango and Gonzalez-Perez 2016；UNCTAD 2005）。

发展中国家的对外FDI可以为来源经济体带来显著的经济优势，尤其是增强其创新能力。虽然发达国家曾经被视为知识和技术的主要来源，从而导致跨境投资倾向于北—北或北—南模式，但现在一个多极化的全球技术网络正在崛起，使得以创新为导向的南—南和南—北互动和协作得以增加（Nepelski and De Prato 2015）。这种现象部分原因可能是源自发展中国家的知识更适合其他发展中国家的环境，因为那种知识的复杂度可能更容易被其他类似

发展水平的经济体接受。该报告强调了来源国市场中企业的吸收能力增强后如何促进对外FDI带来的好处在母国经济体中的广泛散播。

尽管有大量证据证明了FDI在发展方面的益处，但全球经济前景仍不明朗，依然笼罩着贸易和投资保护主义以及地缘政治风险的阴云。虽然全球化带来了生产力总量和经济的增长，但也可能给低生产力企业和低技能工人带来困难。在应对迅速发展的投资和经济活动模式方面公共政策反应缓慢，这就造成了对FDI的特点和潜在影响的误解以及过度简化。在某些国家，FDI主导的一体化的反对者进一步主张，FDI的影响经常是有限的，在某些情况下（当它挤出当地竞争力时，会导致联系有限的飞地式生产，并在劳动或环境标准上，或者在标准执行上产生"竞争谁的底线更低"的现象，是有害的。³毫不奇怪，政策讨论越来越把FDI分成"好"的和"差"的。一些人认为，外国企业的存在可能会通过收入分配和机会分配方面的不利影响而导致政治上的不满，特别是采掘业领域的FDI涉及的收入和机会（International Dialogue for Peace-Building and State-Building 2016）。然而，另一些人发现，贸易和FDI在减少冲突风险方面相辅相成（Polachek and Sevastianova 2012）。事实上，FDI有不同的类型，每一类型都会产生不同的社会、经济和环境方面的潜在影响。而且，有证据表明，没有本质上"好"或"差"的FDI。相反，只有好的或坏的政策，好的政策可以引导国家充分获取FDI对经济发展带来的潜在好处，而坏的政策则不能（Echandi, Krajcovicova, and Qiang 2015）。

总而言之，大部分研究和经验证据表明，FDI有助于促进受资国经济的发展。尽管上述一些批评是合理的，不同类型FDI的分配效果有待我们进一步研究，但这种说法的证据往往是不可靠的，只适用于一小部分产业和经济体。正如这份报告显示的，FDI的好处可以在具有优良治理、良性运转机制、透明度和可预测的法律环境的经济体中得到强烈放大。此外，并非所有类型的FDI或投资周期中的所有阶段[4]对东道国都能产生同样的影响。一些国家可能会吸引FDI，但不允许其进入和成立企业，或让其成立企业，而不允许其扩大或者通过联系及其他外溢方式"扎根"在东道国经济体内。这些意味着需要对FDI的影响进行更细微的分析。

投资决策受到风险—收益计算结果的影响

投资者广泛考虑影响投资决策的很多因素，包括国内市场规模、宏观经济的稳定性和有利的汇率、劳动力人才和技术，以及物质基础设施。根据全球投资竞争力（GIC）调查（专栏0.1），政治稳定和对商业有利的监管环境是投资者在决策时最重要的考量（图0.3）。宏观经济、政治和监管风险（无论实际发生或可能发生的）都通过提高风险计算结果使投资者畏缩不前。降低风险，或者说减少项目风险或国家风险，可能会形成正确的风险—收益特征，有助于吸引私人投资。否则，可获得商业利润的投资和具有经济吸引力的投资皆可能无法实现。

无论是发达国家还是发达国家的政府，都采用税收和其他投资激励政策来降

专栏 0.1

全球投资竞争力调查

全球投资竞争力（GIC）调查由世界银行集团委托，是全球投资竞争力报告的一个配套部分，以提供关于全球投资者观点和行为的数据和信息，而不是不可靠的证据。2017年2月至6月期间，在发展中国家开展工作的跨国公司的754名国际业务主管接受了电话采访。调查对象既有来自发达国家的，也有来自发展中国家的，代表了广泛的行业领域。

GIC调查获得了这些投资者对投资环境因素在指导他们的FDI决策中所起作用的看法。它补充了其他现有的投资者调查，侧重于例如行政和法律障碍这类变量，而不是更宽泛的经济因素。这些特定的投资环境变量是决策制定者可以据以采取行动的变量。

这项调查由四个部分组成：

1. 公司和调查对象的一般信息，包括行业、雇员人数和调查对象在公司的职位。
2. 在发展中国家投资因素的重要性。调查对象根据国家特点的重要性和投资政策因素的重要性给出从"不重要"到"极为重要"的1到4个等级。"极为重要"意味着这个因素是个"交易破坏者"——仅其本身就可能会改变企业关于在一个国家投资或不投资的决定。
3. 政治风险和投资退出。据此确认调查对象关于政治风险的经历和企业的行动方案。他们还被问及在发展中国家关闭其外国分支机构的经历以及他们这样做的原因。
4. 在一个特定的发展中国家的投资。对此调查对象选择一个他们最熟悉在该国的业务分支机构的特定的发展中国家。关于具体投资的问题包括部门、活动、动机、再投资收益、政府机构的效率、得到的投资促进机构的服务、受到的激励措施、投入品来源和供应商的企业计划。

低外商投资的相对成本或风险，以吸引更多的FDI，无论是哪一种类型。[5] 由于大多数国家提供激励措施，负责促进投资的机构面临压力，要提供和与之竞争的国家相应甚至更优厚的激励措施，以补偿不利的地理位置、小规模或远离市场等不利因素，以保持对外国投资者的吸引力。

然而，只有当投资者在类似的位置之间摇摆不定，投资激励政策才变得有相关性。当FDI通过准许进入国内市场或自然资源领域而动员起来时，激励措施的价值通常是有限的。然而，对于本质上是效率寻求型的FDI对应的行业（例如信息技术产业、电子、机械设备、汽车、航空、航天、生物技术和制药等产业），为了争取FDI的竞争非常激烈，所以发展中国家通常会推出竞争性激励措施。在这些行业中，大多数FDI项目集中在数量有限的、成功的东道国内。同时，激励措施在这些行业尤其普遍（图0.4，右上四分之一）。这表明发展中国家在效率寻求型FDI占高份额的各行业中使用了战略性激励措施，在这些行业中，FDI的区位竞争尤为激烈。这也表明，虽然激励措施可能是效率寻求型投资者的价值定位中更重要的部分，但它们不是FDI进入的充分条件，因为即便有广泛的激励措施，效率寻求型的FDI也往往在地理上集中在相对少数的几个地方。

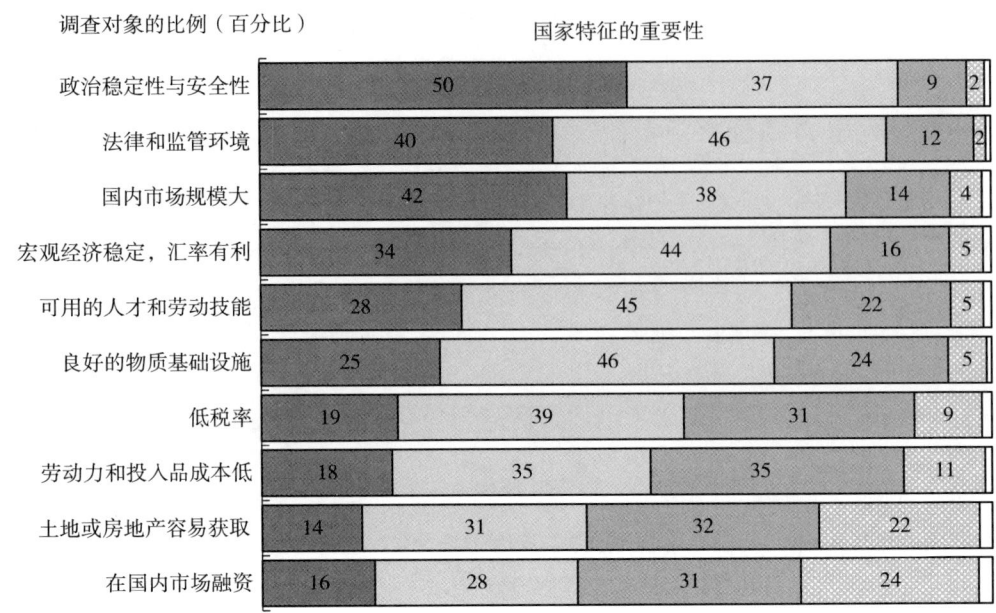

图 0.3 影响投资决策的因素

资料来源：基于全球投资竞争力调查而计算。

注：跨国公司高管被问及这些特征在他们投资发展中国家的决策中重要性如何。

更具针对性、透明度高和成本更低的投资激励措施影响更强。通过针对那些最有可能回应这些国家的投资者的激励措施，发展中国家可以减少不必要的税收损失，而这些税收损失是给那些愿意投资的公司提供的激励措施所造成的。这需要彻底了解流向该国的FDI的类型和动机，以及可计量的政策目标。同时，改进设计、提高透明度和改善激励措施管理有助于减少间接成本和非预期后果（包括经济扭曲、形式主义和腐败）。这样的政策改革可以大大提高激励措施的成本—效益比。

政府在化解私人投资风险中发挥关键作用

在项目层面降低私人投资的风险并不能弥补未能在国家层面降低监管和制度的风险。投资激励措施或投资担保经常被用于加强特定项目或部门的区位竞争力或投资可行性，但必须首先解决投资环境的弱点。如果缺乏国家层面的基本要素，甚至对最慷慨的激励措施方案投资者也不会作出反应，或者这种激励措施可能只会吸引不可行的投资。政府可以通过政策和制度框架支持有利的商业环境，并确保良好的治理，以此降低私人投资者的风险。由于可靠的监管和制度是降低国家一级私人投资风险的关键，它们也是金融最大化发展议程上的一个日益重要的因素。

在这份报告中，降低风险包括消除或减少政府行为所造成的政治和监管风险，构建宏观经济稳定性和良好的基础设施，以吸引私人投资。

政治风险范围很广，包括强制征收、转移和货币兑换限制、违约、不可预测的和任意的行动、歧视、缺乏监管透明度。投资的损失，以及随之而来的损害与一个

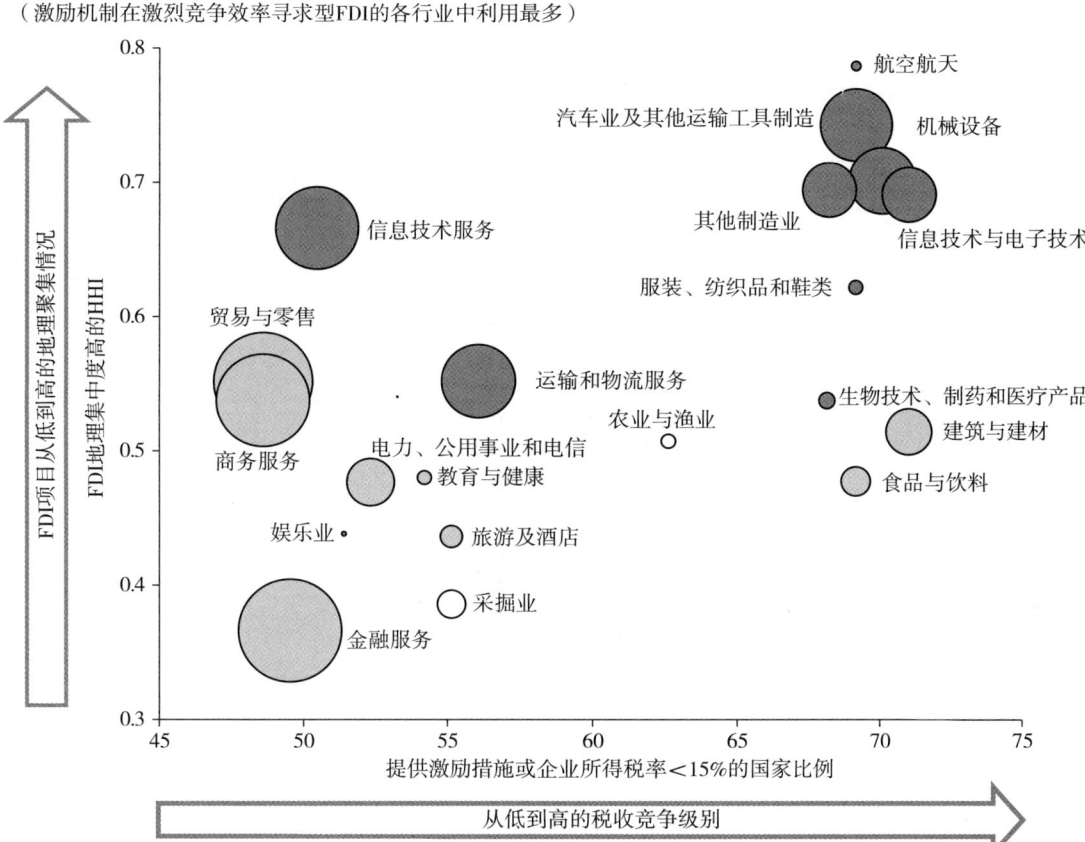

图 0.4　激励措施的普遍和 FDI 的集中

资料来源：发展中国家税收激励数据库和 fDi 市场数据库提供的 FDI 数据，《金融时报》。

注：每个圆的大小代表发展中国家的 FDI 项目的数量。这是基于 fDi 市场数据库里的信息构建的。FDI=外国直接投资；HHI=赫氏指数（Herfindahl–Hirschman index）。

有前途投资者的长期和谐关系，会对发展中国家造成不利影响。与政府行为相关的政治风险也给潜在投资者带去了负面信号，产生强烈的连锁反应。

在报告中，超过四分之三的投资者在发展中国家的投资项目中遭遇过某种类型的政治风险。在严重的情况下，如遭到强制征收时，大约一半的投资者取消了计划投资，或撤回现有投资（图0.5）。对投资者面对的这种风险的法律保护通常是由"投资者安全担保"提供的，这通常包含在一个国家的国内法律框架和其国际投资协定（IIAs）中。在这份报告的调查中，81%的投资者将国家法律保护视为投资决策的重要或极为重要因素，而51%的投资者将双边投资条约视为其投资决策中的重要或极为重要的因素（图0.6）。这些发现与文献资料相一致，文献中记载了IIAs对FDI流入普遍具有积极影响（Echandi, Krajcovicova, and Qiang 2015）。

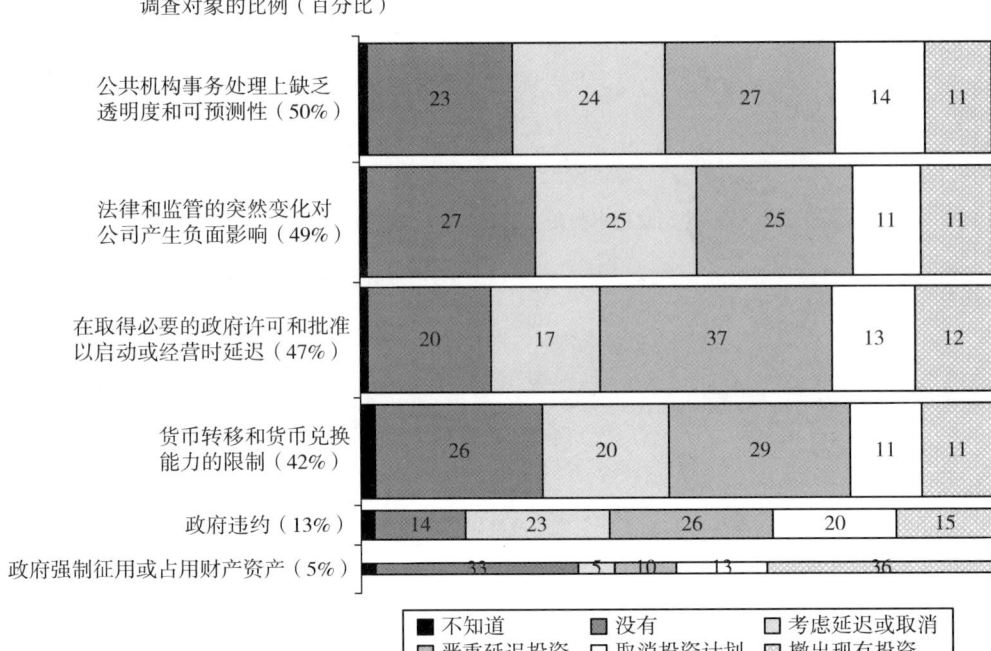

图 0.5 政治风险盛行并阻碍 FDI

资料来源：基于全球投资竞争力调查的数据计算。

注：FDI = 外国直接投资。

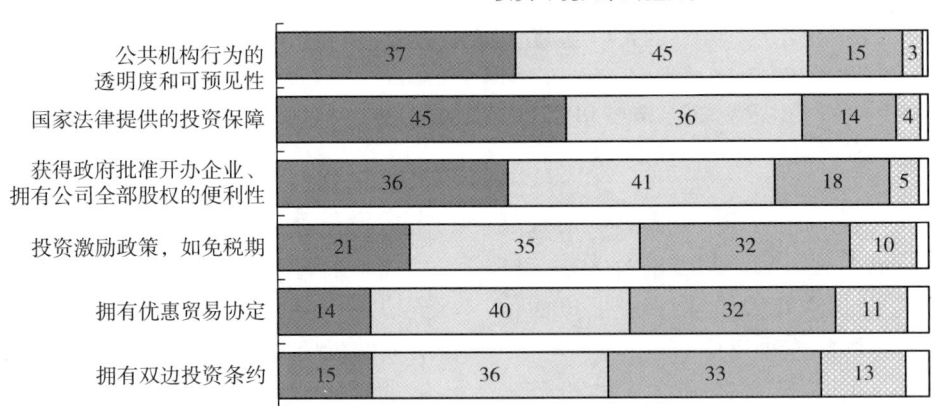

图 0.6 监管的可预测性及效率极为重要

资料来源：基于全球投资竞争力调查的数据计算。

投资者也寻求在法律法规的执行中的可预见性和效率（图 0.6）。大约有五分之四的被调查者认为公共机构行为的透明度和可预测性（以及营商环境的便利性）是他们的区位决策的重要决定因素。这并不奇怪，因为许多发展中国家有效率低下的官僚机构、不透明的规章制度、复杂的程序以及高交易成本，所有这些都会削弱这些国家的竞争力。超过三分之一的投资者认为这是非常重要的因素或潜在的交易障碍。规则本身和规则实施的可预测性和效率是跨国公司与东道国政府之间良性可持续互动的重要组成部分。

发展中国家跨国公司目前是FDI的增长源

来自发展中国家的FDI在过去20年中增长了20倍，占2015年全球FDI流量的近20%。因此，发展中国家的跨国公司对新兴市场经济发展的贡献是显著的，尤其是考虑到传统发达国家的跨国公司的投资者现在信心较低。尽管经济合作与发展组织（OECD）的FDI在2012年下降到2007年水平的57%以下，但来自发展中国家的FDI增长了19%（OECD 2014）。虽然较大的发展中国家，特别是金砖国家，是这一现象的推动力，但所有规模和收入水平的发展中国家中有90%正在进行对外直接投资（OFDI）。发展中国家的国内政策选择和全球经济状况都改变了投资状况。新加坡和其他高增长经济体的企业在20世纪90年代末和21世纪初选择了OFDI，将其作为发展战略，以"实现高效的资源配置，分散来自任一单一地区的经济冲击的风险"（Lee，Lee，and Yeo 2016）。

其他发展中经济体的企业很快就仿效这种做法，而越来越把OFDI视为在国际市场上获取市场、资本、技术和知识，从而提升企业层面和国家层面竞争力的手段（（Luo，Xu，and Han 2010）。全球经济状况也将发展中市场的企业"拉"进了OFDI。首先，在过去二十年中，许多发展中国家快速而持续的增长帮助企业成长和繁荣，并实现国际化。其次，大宗商品超级周期（直到最近）给一些发展中国家的出口商带来了巨额收获，创造了可观的流动性，部分流动资金用于OFDI的融资。

发展中国家作为FDI的一个重要来源而出现，回避了一个问题，这就是在OFDI驱动力和风险承受能力方面，它们是否与发达国家不同。报告的投资者调查和数据分析都表明：发展中国家的OFDI对标准投资所在经济区位决定因素（例如市场规模、收入水平、距离、共同语言、殖民联系）的反应方式与发达国家的OFDI大致相同，两者都被吸引到了与之地理域相近、文化相似的大型成长经济体中。

发展中国家投资者更愿意以"踏脚石"战略瞄准更小、关系更紧密的经济体（Arita 2013）。有证据表明，这些企业中的一些难以在更大规模、更具竞争力和更遥远的市场上与其他公司竞争，更不用说它们往往缺乏发达国家企业的网络和经验。来自亚洲和拉丁美洲的研究发现，区域投资者通常只有首先在规模较小、收入较低的经济体成功发展后，才会扩展到更大、更复杂的市场（Cuervo-Cazurra 2008；Gao 2005）。

发展中国家和地区投资者瞄准更具风险的市场

发展中国家投资者可能更愿意瞄准制度质量较差的东道国经济体中风险更高的市场。[6]在2001年，只有11个发展中国家（撒哈拉以南的非洲5个，欧洲和中亚5个，拉丁美洲和加勒比地区1个）有一半甚至更多的流入本地区FDI存量来自发展中国家的投资者。2012年，已经上升到55个国家。发展中国家是撒哈拉以南的非洲、欧洲和中亚以及南亚国家的特别重要的FDI来源。由于这些东道国经济体有很多经济发展水平较低，这些趋势与文献中观点一致，即发展中国家的对外直接投资受制度环境和所在国经济环境较差的影响较小（Cuervo-Cazurra 2008；Dollar 2016；Ma and Assche 2011），这就是因为所谓"制度优势"的论点（Cuervo-Cazurra and Genc 2008）。这一论点认为，发展中国家跨国公司的管理者更习惯于不确定性，并且可能更擅长处理不可预测的监管方法和不那么透明的行政程序。一些研究也支持这一论点，提出发展中国家的OFDI投资者在最不发达国家中相对较多。有些研究证明东道国政治风险与OFDI（如中国）有反向关系（Cui and Jiang 2009；Duanmu and Guney 2009；Kang and Jiang 2012；Quer, Claver, and Rienda 2015）。

脆弱和受冲突影响的地区的风险包括安全问题和价值链中断，以及监管、财政和声誉的不确定性，所有这些都使得外国投资者不愿参与。在许多情况下，政府缺乏履行基本职能的能力和收入基础。通常，非正式的和非包容性的机构填补了治理真空，并且它们与商业活动之间的互动经常是受到抽租行为的驱动。企业也面临一系列与其他低收入国家类似的不利的市场条件，如宏观经济和监管环境薄弱，基础设施瓶颈，以及熟练劳动力的供应有限，再加上需求过低。然而，和许多发展中国家不同，物质和人力资本的破坏以及国家控制的减少导致了高风险的商业环境。因此，脆弱和受冲突影响的地区中的FDI仅占全球流量的1%，比世界平均水平低五倍以上。尽管过去二十年增长了10倍，但对脆弱和受冲突影响的地区的FDI分布仍然主要集中在少数中等收入或资源丰富的经济体中。这种FDI的目标是少数行业，而所有这些行业都是资本密集型的，大部分是靠外国需求来维持。投资者在进入脆弱和受冲突影响的地区的市场时更为谨慎：它们倾向于从事较小的项目，这些项目中每一美元投资带来的就业机会更少，它们还倾向于将投资在空间上集中在脆弱和受冲突影响的地区中最稳定的地区或城市。

相对全球企业而言，地区投资者在脆弱和受冲突影响的地区的背景下可能具有相对优势。对脆弱和受冲突影响的地区相当数量的绿地投资来自地区性企业（图0.7）。法国和英国在非洲和中东的投资覆盖范围仍然很大，但绿地投资（例如从俄罗斯到乌兹别克斯坦、马来西亚到柬埔寨、南非到尼日利亚、日本和泰国到缅甸、阿拉伯联合酋长国到伊拉克）证实，地区内投资大规模地发生在脆弱和受冲突影响的地区中。其他地区投资者包括诸如来自黎巴嫩的企业投资于邻近的中东国家，来自摩洛哥的企业在北非扩展市场，以及尼日利亚企业扩展到西非。这些企业利用它们对当地环境的更丰富的知识和它们与目标市场的亲和力，因此，这些投资者表现出极大的抗逆性，可以承担更多的风险（例如，承接更大的项目），并接受较低的回报。这一趋势再次凸显了区域投资来源和区域一体化方案在摆脱脆弱性的转型中的重要性。

第一批愿意在脆弱和受冲突影响的地区的挑战性环境中进行开拓性投资的推动者对传达这些市场中商业机会的生存力至关重要。跨国公司在脆弱和受冲突影响

FCS中绿地FDI项目的来源（2008—2016年）
FCS调查对象

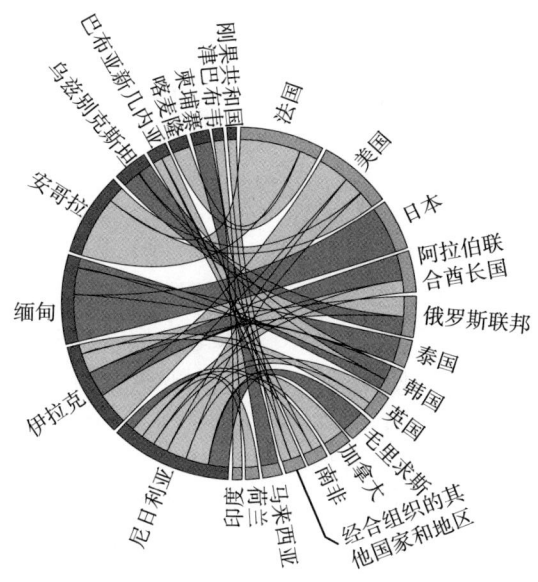

绿地投资的来源
☐ 区域内　☐ 区域间

图 0.7　区域性投资规模大

资料来源：基于《金融时报》fDi市场数据库计算。

注：自2008年以来超过30亿美元的绿地项目的来源（对应图的右侧，浅色）和FCS目的地（左侧，深色）。深色弧线表示地区内投资。FCS＝脆弱和受冲突影响的地区；FDI＝外国直接投资。

的地区中经常就规模、人员配置和地点方面做出战略选择，同时寻求应对多重挑战和风险。与投资者访谈（IFC 2017）记录的一些应对策略包括综合管理和尽职调查制度；战略定位仓库和生产地点；阶段性投资；力求达到国际标准；规模、供应和商业计划方面的灵活性。开拓性投资可以帮助东道国政府制定规章制度，支持当地服务业，建立商业和消费市场，并产生积极的外部效应。它们还向其他投资者提供了示范效应，表明目标国家和市场尽管风险很高，但对融资上可行的投资也是开放的。

投资环境改革减少不确定性和不可预测性

投资环境改革对于市场从冲突走向调和、从脆弱走向韧性都是必要的。企业层面的应对仅限于它们可以做到的事情，即投资者可以努力让他们的企业免受伤害，但最多只能应对风险，不能从整体上系统地解决这些风险。然而，针对脆弱和受冲突影响的地区背景的投资环境改革对减少投资者的风险和创造切实可行的投资市场会有很大的帮助。许多脆弱和受冲突影响的地区中的政府能力有限，加上迫切需要改革努力的积极回报，因此干预措施需要有适当的排序和优先级。投资环境的改革必须以平衡的方式实现，一方面确保短期收益，另一方面要增强更长远的制度变革的动力。

监管简化、消除投资准入障碍和解决基础设施约束（例如电力和交通）是建立信心最重要的信号，可以产生早期结果，并触发私有部门的响应。通过技能建设、获取资金和技术、将生产商连接到市场等价值链发展，可以成为适合脆弱和受冲突影响的地区的第二阶段干预（世界银行集团 2011）。更深层次的机构改革可能需要更长的时间，因为改革最快的国家在20世纪也用了20年时间才实现了有效的治理——改革的范围和速度本身就是风险因素（世界银行集团 2011）。但加强公共机构管理，为公民提供安全、公正和工作，这些对打破暴力周期至关重要。

本报告的其余部分是围绕五个主题章节组织的，分别探讨发展中国家的FDI的不同维度：

对全球投资竞争力调查结果的讨论（第一章）旨在帮助政策制定者设计政策，并优先考虑外国投资者所重视的改革。通过对在发展中国家投资的跨国公司高管的750个访谈，该调查衡量了投资环境变量（例如投资激励措施、投资促进活动、FDI规则和行政管理过程）在影响FDI决策中的作用。通过确认投资者认为重要的因素，心系改革的政府可以利用最能吸引、留住和利用FDI促进发展的政策工具。认识到大多数政府面临的资源限制，本章的作者们对决策者可以在哪些方面集中精力以发挥最大化的影响方面提出了建议。

发展中国家的FDI对本地高成长型企业最有利（第二章）。这可能是因为它们具有更高的吸收能力，即它们识别新信息的价值并对其吸收和应用以改进生产过程的能力。高成长型企业在发展中国家创造就业机会以及生产力增长方面都占有可观的份额。从对销售和收入增长感兴趣的个体企业和对创造就业机会和经济增长感兴趣的政策制定者的角度来看，这些企业的独特特征都一直是研究的主题。对于通过政府支持的联系计划促进国内企业与规模较大的跨国公司联系的项目，本章讨论的研究结果具有重要意义。

税收激励在发展中国家的FDI中起着重要作用（第三章），这一章的作者们为了帮助发展中国家政策制定者设计和实施更加有效的激励措施提供了实践经验。利用世界银行集团编制的关于发展中国家税收激励措施的新数据集，作者们提供了行业和企业层面的证据，来指导政策制定者如何更有效地制定针对性投资激励措施。分析按行业和时间阶段评估发展中国家如何使用税收激励措施，把激励措施的有效性和简单的投资者动机框架相联系，以指导政策制定者解决这些针对性的问题，并举出针对投资者所采取的税收激励措施的实用性。我们发现发展中国家普遍使用税收激励措施，在行业和地区之间有些差别，这些措施往往能更有效地吸引效率寻求型的FDI。作者们还明确了激励措施改革在设计、透明度和管理等方面的优先事项。

近年来，发展中国家的对外直接投资取得了长足的发展（第四章），这一章的作者们主要探讨了其发展的主要动因，并提出了最大化其对发展的影响的政策建议。他们使用几个全球数据源来评估发展中国家跨国公司的投资模式的变化，特别是有关来源和目的地经济体、目标行业和进入模式等方面。作者们利用引力模型对这一信息进行补充，以解释几个FDI区位决定因素对发展中国家对外直接投资行为的影响，这些决定因素包括相对市场规模、地理距离、共同文化和制度特征以及双边投资协定等。他们还考查了对外直接投资是否能够促进来源国经济体的发展，并回顾了相关文献。他们提供的证据表明，对外直接投资提高了国内企业的创新能力和出口，但有关其他综合收益的文献（如生产力、国内投资、就业和经济增长）仍然处于初始阶段。

对FDI在脆弱和受冲突影响的地区的讨论（第五章）填补了了解FDI在这些国家的潜力、模式和限制条件方面的空白，并探讨了支持那些能对和平与稳定产生积极影响的投资的方式。作者们利用原始数据和对高风险环境中的投资进行分析，解释在这样的背景下所作的投资决策和应对机制。他们提出了一种投资环境改革的方法，旨在确保短期收益，同时为深化体制改革增强动力。该战略的关键要素集中在降低投资者的风险，同时最大化投资机会和投资回报。

注释

1. 本报告中的"发展中国家"指的是世界银行定义的低收入和中等收入国家。国家的完整名单见词汇表。该名单是基于2017财年的收入类别，详见网页 http://databank.worldbank.org/data/download/site-content/OGHIST.xls.
2. 2030年可持续发展议程的17个可持续发展目标在2015年9月的联合国首脑会议上被世界各国领导人采纳并列入 http://www.un.org/sustainabledevelopment/sustainable-development-goals/.
3. 根据Theodore Moran（2014）的研究，证据实际上表明，外国人和他们的第一级供应商的进入引发了"熊彼特式的创造性毁灭之风"，这可能导致整个行业的有益重组，包括在同一行业中表现更好的本地公司会得到机会，以及对于垂直行业的供应商随时间的推移而出现的机会。Moran指出，要观察的结果是整个部门的经济表现的变化，而不是对在该行业中任何特定时刻投资的绝对资本量的任意测量（如关于"挤进效应"和"挤出效应"的争论中经常强调的）。捷克共和国是一个很好的例子，全球领先企业之一的大众公司收购一家破败的当地汽车制造商斯柯达，导致整个汽车工业在该国成功转型。
4. FDI生命周期考虑了不同投资阶段的外国和国内投资者，政府和民间社会之间的关系。根据FDI的愿景和东道国经济的目标，这一周期始于吸引FDI进入一个国家，然后转变为使投资者能够进入并在国内经济中站稳脚跟。一旦开始运作，就鼓励FDI长期保持，通过与国内私有部门的联系和其他溢出效应，扩大经营并使FDI"扎根"于国内经济。
5. 其他有助于降低私有投资项目风险的方式包括与私人融资的混合补助或优惠基金，以提高风险收益比；例如大型基础设施项目的保证金，目的是防护关键性非商业风险或风险共担；通过延长成熟期加强商业债务条款的部分信用担保，降低利率，或使其进入金融市场。
6. 世界银行的全球治理指标（WGI）把制度品质分为6个维度：话语权和问责制；政治稳定和无暴力；政府效能；管理质量；法治；控制腐败。
参见 http://info.worldbank.org/governance/wgi/#home.

参考文献

Alfaro, L., A. Chanda, S. Kalemli-Ozcan, and S. Sayek. 2006. "How Does Foreign Direct Investment Promote Economic Growth? Exploring the Effects of Financial Markets on Linkages." NBER Working Paper 12522, National Bureau of Economic Research, Cambridge, MA.

Alfaro, L., and A. Rodriguez-Clare. 2004. "Multinationals and Linkages: Evidence from Latin America." *Economia* 4: 113–70.

Alfaro, L., and M. X. Chen. Forthcoming. "Selection and Market Reallocation: Productivity Gains from Multinational Production." *American Economic Journal: Economic Policy*.

Arita, S. 2013. "Do Emerging Multinational Enterprises Possess South-South FDI Advantages?" *International Journal of Emerging Markets* 8 (4): 329–53.

Arnold, J., B. S. Javorcik, and A. Mattoo. 2011. "Does Services Liberalization Benefit Manufacturing Firms? Evidence from the Czech Republic." *Journal of International Economics* 85 (1): 136–46.

Balsvik, R. 2006. "Is Mobility of Labour a Channel for Spillovers from Multinationals to Local Domestic Firms?" Mimeo. Norwegian School of Economics.

Barba Navaretti, G., and A. Venables. 2004. *Multinational Firms in the World Economy*. Princeton, NJ: Princeton University Press.

Barnard, R., M. de Bruyn, N. Kempson, and P. McLaren. 2014. "Sector Case Study: Mining." In *Making Foreign Direct Investment Work for Sub-Saharan Africa*, edited by T. Farole and D. Winkler, 117–62. Washington, DC: World Bank.

Bijsterbosch, M., and M. Kolasa. 2009. "FDI and Productivity Convergence in Central and Eastern Europe: An Industry-Level Investigation." ECB Working Paper 992, European Central Bank, Frankfurt.

Cuervo-Cazurra, A. 2008. "The Multinationalization of Developing Country MNEs: The Case of Multilatinas." *Journal of International Management* 14 (2): 138–54.

Cuervo-Cazurra, A., and M. Genc. 2008. "Transforming Disadvantages into Advantages: Developing-Country MNEs in the Least Developed Countries." *Journal of International Business Studies* 39 (6): 957–79.

Cui, L., and F. Jiang. 2009. "FDI Entry Mode Choice of Chinese Firms: A Strategic Behavior Perspective." *Journal of World Business* 44 (4): 434–44.

Dollar, D. 2016. "China as a Global Investor." In *China's New Sources of Economic Growth: Vol. 1: Reform, Resources and Climate Change*, edited by Ligang Song, Ross Garnaut, Cai Fang and Lauren Johnston. Australia National University Press, Acton.

Duanmu, J.-L., and Y. Guney. 2009. "A Panel Data Analysis of Locational Determinants of Chinese and Indian Outward Foreign Direct Investment." *Journal of Asia Business Studies* 3 (2): 1–15.

Du, L., A. Harrison, and G. Jefferson. 2011. "Do Institutions Matter for FDI Spillovers? The Implications of China's 'Special Characteristics.'" NBER Working Paper 16767, National Bureau of Economic Research, Cambridge, MA.

Echandi, R., J. Krajcovicova, and C. Z. W. Qiang. 2015. "The Impact of Investment Policy in a Changing Global Economy: A Review of the Literature." Policy Research Working Paper 7437, World Bank, Washington, DC.

Farole, T., and D. Winkler, eds. 2014. *Making Foreign Direct Investment Work for Sub-Saharan Africa: Local Spillovers and Competitiveness in Global Value Chains*. Directions in Development. Washington, DC: World Bank.

Gao, T. 2005. "Foreign Direct Investment from Developing Asia: Some Distinctive Features." *Economics Letters* 86 (1): 29–35.

Görg, H., and E. Strobl. 2005. "Spillovers from Foreign Firms through Worker Mobility: An Empirical Investigation." *Scandinavian Journal of Economics* 107 (4): 693–709.

Herzer, D. 2012. "How Does Foreign Direct Investment Really Affect Developing Countries' Growth?" *Review of International Economics*. 20 (2): 396–414.

Holtbrügge, D., and H. Kreppel. 2012. "Determinants of Outward Foreign Direct Investment from BRIC Countries: An Explorative Study." *International Journal of Emerging Markets* 7 (1): 4–30. https://doi.org/10.1108/17468801211197897.

IFC (International Finance Corporation). 2017. *Private Enterprise in Fragile and Conflict Situations*. Washington, DC.

———. Forthcoming. *Multinational Corporations: Important Partners of IFC to Foster Global Economic Integration and Value Addition*. Washington, DC.

International Dialogue for Peace-Building and State-Building. 2016. *International Standards for Responsible Business in Conflict-Affected and Fragile Environment*. Paris: OECD.

Javorcik, B. S. 2004. "Does FDI Increase the Productivity of Domestic Firms? In Search of Spillovers through Backward Linkages." *American Economic Review* 94 (3): 605–27.

Javorcik, B. S., A. Lo Turco, and D. Maggioni. 2017. "New and Improved: Does FDI Boost Production Complexity in Host Countries?" CEPR Discussion Paper DP11942.

Javorcik, B. S., and M. Spatareanu. 2009. "Tough Love: Do Czech Suppliers Learn from Their Relationships with Multinationals?" *Scandinavian Journal of Economics* 111 (4): 811–33.

Kang, Y., and F. Jiang. 2012. "FDI Location Choice of Chinese Multinationals in East and Southeast Asia: Traditional Economic Factors and Institutional perspective." *Journal of World Business* 47: 45–53.

Lee, C., C. G. Lee, and M. Yeo. 2016. "Determinants of Singapore's Outward FDI." *Journal of Southeast Asian Economies* 33 (1): 23–40.

Lipsey, R. E. 2004. "Home- and Host-Country Effects of Foreign Direct Investment." In *Challenges to Globalization: Analyzing the Economics*, edited by Robert E. Baldwin and L. Alan Winters, 333–82. University of Chicago Press.

Luo, Y., Q. Z. Xu, and B. J. Han. 2010. "How Emerging Market Governments Promote Outward FDI: Experience from China." *Journal of World Business* 45 (1): 68–79.

Ma, A. C., and A. V. Assche. 2011. "Product Distance, Institutional Distance and FDI." Mimeo. University of San Diego, School of Business Administration.

Moran, T. 2014. "Foreign Investment and Supply Chains from Emerging Markets: Recurring Problems and Demonstrated Solutions." Working Paper Series 14-12, Peterson Institute for International Economics, Washington, DC.

Nepelski, D., and G. De Prato. 2015. "International Technology Sourcing between a Developing Country and the Rest of the World. A Case Study of China." *Technovation* 35: 12–21.

Newman, C., J. Rand, T. Talbot, and F. Tarp. 2015. "Technology Transfers, Foreign Investment and Productivity Spillovers." *European Economic Review* 76: 168–87.

OECD (Organisation for Economic Co-Operation

and Development). 2014. *Development Co-operation Report 2014: Mobilising Resources for Sustainable Development*. Paris: OECD.

Polachek, S. W., and D. Sevastianova. 2012. "Does Conflict Disrupt Growth? Evidence of the Relationship between Political Instability and National Economic Performance." *The Journal of International Trade and Economic Development* 21 (3): 361–88.

Quer, D., E. Claver, and L. Rienda. 2015. "Chinese Outward Foreign Direct Investment: A Review of Empirical Research." *Frontiers of Business Research in China* 9 (3): 326–70.

Rizvi, S. Z. A., and M. Nishat. 2009. "The Impact of Foreign Direct Investment on Employment Opportunities: Panel Data Analysis: Empirical Evidence from Pakistan, India and China." *The Pakistan Development Review* 48 (4): 841–51.

Rodriguez-Arango, L., and M. A. Gonzalez-Perez. 2016. "Giants from Emerging Markets: The Internationalization of BRIC Multinationals," in *The Challenge of BRIC Multinationals*, edited by Rob Van Tulder, Alain Verbeke, Jorge Carneiro, and Maria Alejandra Gonzalez-Perez, 195–226. Progress in International Business Research, Vol. 11. Emerald Group Publishing Limited. http://www.emeraldinsight.com/doi/full/10.1108/S1745-886220160000011011.

UNCTAD (United Nations Conference on Trade and Development). 2005. "Case Study on Outward Foreign Direct Investment by South African Enterprises." Geneva. http://unctad.org/en/Docs/c3em26d2a5_en.pdf.

World Bank Group. 2011. *World Development Report 2011: Conflict, Security and Development: 2011*. Washington, DC: World Bank.

WEF (World Economic Forum). 2013. *Manufacturing for Growth: Strategies for Driving Growth and Employment. Geneva*: WEF. http://www3.weforum.org/docs/WEF_ManufacturingForGrowth_ReportVol1_2013.pdf.

第一章 对于发展中国家投资者重要的问题：全球投资竞争力调查结果

Peter Kusek, Andrea Silva

发展中国家竞相吸引外国直接投资（FDI）是因为其对当地经济的潜在益处，包括技术转移、较强的管理和组织能力、增加进入外国市场的机会以及出口的多样化。FDI可以提高生产力，增加研发投资，并在东道国创造报酬更高且更稳定的工作岗位。但这些优势并不是一定会有的，也不是所有类型的FDI有同样的潜在影响。因此，东道国政府必须采取适当的政策，在不同类型的FDI中实现收益最大化。

全球投资竞争力调查（GIC Survey）提供了切实证据来帮助政策制定者设计政策，并优先实行受投资者重视的那些改革措施。通过对在发展中国家投资的跨国公司（MNCs）的754名高管的访谈，这次调查评估了投资激励、投资促进、FDI监管和行政程序等投资环境变量在影响FDI决策时的作用（主要调查结果参见专栏1.1，调查方法见附录1A，调查对象简介见附录1B）。通过识别投资者最看重的各项变量，本章为东道国的政策制定者能够集中精力吸引和留住FDI、并最大化其为发展带来的收益提供了切实可行的指导。

政策改革举措必须考虑到FDI是异质的，由不同的动机所驱动并具有不同的经济、环境和社会影响。各个跨国公司具有不同的特点，这些会影响其观点和决策。本报告的理论基础是基于Dunning and Lundan（2008）提出的理论框架（参见专栏1.2）所建立的FDI分类学。

该理论框架提出，吸引跨国公司进入某个特定区域的主要动机是：进入当地的国内市场，寻求更高的生产效率，利用当地的自然资源，并获取战略资产。报告扩展了这种分类，以此来探讨：各种不同的政策工具如何影响基于各自不同的FDI动机的投资者，以及不同FDI类型的投资对所在国经济的影响。因此，不同类型的FDI不仅基于投资者对跨境投资的主观动机，而且还基于各种投资项目的内在客观特征及其对发展中国家的影响。[1]

本章为跨国公司在投资周期不同阶段的投资决策提供了企业层面的视角：吸引目标、进入国家并建立投资、企业运营和扩张、与当地经济的联系以及在某些

专栏 1.1

全球投资竞争力调查的五大发现

通过对在发展中国家投资的跨国公司的754位高管的访谈，GIC调查有以下发现：

1. 参与出口导向型、效率寻求型的FDI的投资者寻求有国际成本竞争力的目的地和潜在的出口平台，他们比其他投资者更加重视联系、激励机制、贸易协定和投资促进机构（IPA）的服务。参与效率寻求型FDI的投资者中有64%认为税收免除等激励措施是非常重要的，而参与其他类型FDI的投资者中仅有47%认为其非常重要。参与效率寻求型FDI的投资者中有大约一半认为IPA服务是重要的，但参与其他类型FDI的投资者中只有大约三分之一认为IPA服务是重要的。

2. 超过三分之一的投资者将他们所有的利润再次投资到东道国。投资者们重视那些帮助他们扩大业务的政策，这里不仅仅是指政府用来吸引他们的政策。

3. 关于投资保护的保证对于所有类型的FDI长期保持和扩大投资来说至关重要。在所有投资者中，超过90%的人认为各种法律保护重要或极为重要，在调查涉及的所有因素中是最高的。这些保证包括向境内和境外转移货币的能力，以及是否存在针对强制征收、违约和不透明或任意政府行为的法律保护。

4. 投资者极为重视当地供应商的现有产能和技能，但也发现政府提供的支持（例如提供当地供应商的可用性信息等）十分重要。由于外国投资者有大约43%的生产所需的投入品在当地采购，供应商合同和投资者与当地企业的联系有可能为当地的私有部门创造显著收益。

5. 对于曾经经历过在发展中国家关闭分支机构的近30%的投资者来说，导致投资退出的一些原因本来可以避免，例如宏观经济状况的不稳定，以及政策和监管不确定性的增加。由于政治风险的各种力量和一些事件，有四分之三的投资者经历了业务中断，四分之一经历过业务中断的投资者取消或撤回了投资。很少发生严重情况（约13%经历了违约，5%经历了强制征收），但当此类情况发生时，其负面影响很严重。在违约的情况下，超过三分之一的投资者会取消或撤回投资，而几乎一半的投资者会因为强制征收这样做。

情况下的撤资和退出。调查揭示了跨国公司如何决定FDI以及它们如何识别和选择国家进行投资。报告还着眼于跨国公司的业务、再投资和扩张经验，以及它们遭遇到的政治风险和关闭外国分支机构的决定。

东道国的政策制定者要倾听投资者偏好，同时也必须考虑公共利益。虽然调查侧重于跨国公司的视角和偏好，但这份报告并不是说服政府一定要屈从于投资者的意愿。解决投资者的顾虑应与公共利益相平衡。例如，从跨国公司的角度来看，低税率和激励措施有可能是可取的，但政府也不应简单地降低税率、给予更多的投资激励措施，尤其是在这些做法限制了国家从FDI中获益的情况下。本章对投资政策的相对重要性提供了切实证据，以指导政策制定者如何制定改革措施、哪些改革应该优先考虑。

以下部分讨论了FDI的异质性，并且讨论了这一异质性如何影响跨国公司认为的法律和监管环境相对于其他国家特点的重要性，以及各种与投资政策相关的因素。本章是根据投资的生命周期来组织的：选择一个地点、进入一个国家并建立投资、经营和扩张业务，以及撤资考虑。

外国投资者的多动机异质性

不同动机的投资者在投资决策中会考虑不同的因素（专栏1.2）。主要希望获取自然资源的跨国公司（比如采掘业）更多地关心诸如获取他们希望开发的土地和资源等，而不是其他变量。市场寻求型FDI倾向于优先考虑国内市场的规模和购买力。效率寻求型[2] FDI重视促进商品和服务进出口以及降低生产成本的政策。效率寻求型FDI还包括参与全球价值链（GVCs）的公司，全球价值链是发展中国家融入全球经济的一条重要途径。寻求战略资产的跨国公司主要追求能够提高业务的技术和品牌。

除了投资者的主观动机之外，FDI分类学还考虑到FDI对东道国的客观影响，例如，通过效率寻求型投资增加出口。GIC调查关注的是投资者的主观动机，要求投资者在发展中国家的特定投资项目中自我识别公司的动机。

在这项调查中，接近90%的投资者表示，进入新市场或新客户是他们的动机之一（图1.1）。大约50%的调查对象是出于降低生产成本或建立出口新基地的动机。协调价值链的动机在调查对象中占五分之二。对于那些想要协调公司价值链的投资者来说，70%的投资者也希望降低生产成本。很少有调查对象认同获取战略资产的动机（15%）或获取自然资源和原材料的动机（12%）。关键是，几乎三分之二的投资者选择多种动机，当被问及哪种动机更大时，大多数投资者（71%）表示他们是寻求市场。

调查对象代表了一系列同时具有混合动机的各种行业（图1.2），他们包括第一产业（6%）、制造业（47%）和服务业（45%），以及其他非特定行业（2%）。虽然一些行业与具体动机天然相关（例如寻求自然资源的第一产业），但是动机并不是与行业联系紧密。约80%的服务业企业主要是寻求市场，同时一些服务企业也寻求效率，如信息技术（IT）所带来的服务业。制造业主要也是寻求市场，但其中也包括大量效率寻求型企业和少量的自然资源寻求型企业。

参与效率寻求型FDI的投资者相对参与其他类型FDI的投资者对东道国市场的各种特征更敏感，包括投资环境因素。

专栏1.2

唐宁和伦丹提出的投资者动机框架

唐宁和伦丹（Dunning and Lundan，2008）提出的一个著名框架区分了外国直接投资（FDI）动机的四个来源：东道国的自然资源、进入东道国市场、东道国市场上企业的战略资产、通过提高生产效率节省成本（图B1.2.1）。尤其是最后一种类型的投资通常与在东道国的离岸生产阶段相联系，因此这一类型的投资是出口导向型的。

所有这四种类型的投资都可以对东道国经济产生重要的，但有所不同的收益。例如，自然资源寻求型投资往往会产生可观的政府收入；市场寻求型FDI可以带来更好更便宜的商品和服务，这些商品或服务可以供人们消费，或是成为其他企业的投入品；战略资产寻求型投资让国内企业扩大了其全球网络；效率寻求型投资常常被看作是创造就业机会、技术转移和国家融入全球价值链的一种手段。收益的水平有所不同，有些比其他类型风险更大。

从投资政策和促进投资的角度来看，必须指出，这四种类型的投资对政策措施和整体投资环境的反应可能不同。效率寻求型的投资者（其投资决策主要是出于节省成本的动机）往往对任何提高其运营成本，或阻碍其作为全球生产网络的一部分与世界其他地区商品和服务的自由交换的任何变量都高度敏感。如果可以在国内找到要开发的资源或具有竞争优势的企业，或者如果国内市场提供了诱人的机会，那么自然资源寻求型、战略资产寻求型和市场寻求型投资对投资环境变量不那么敏感。

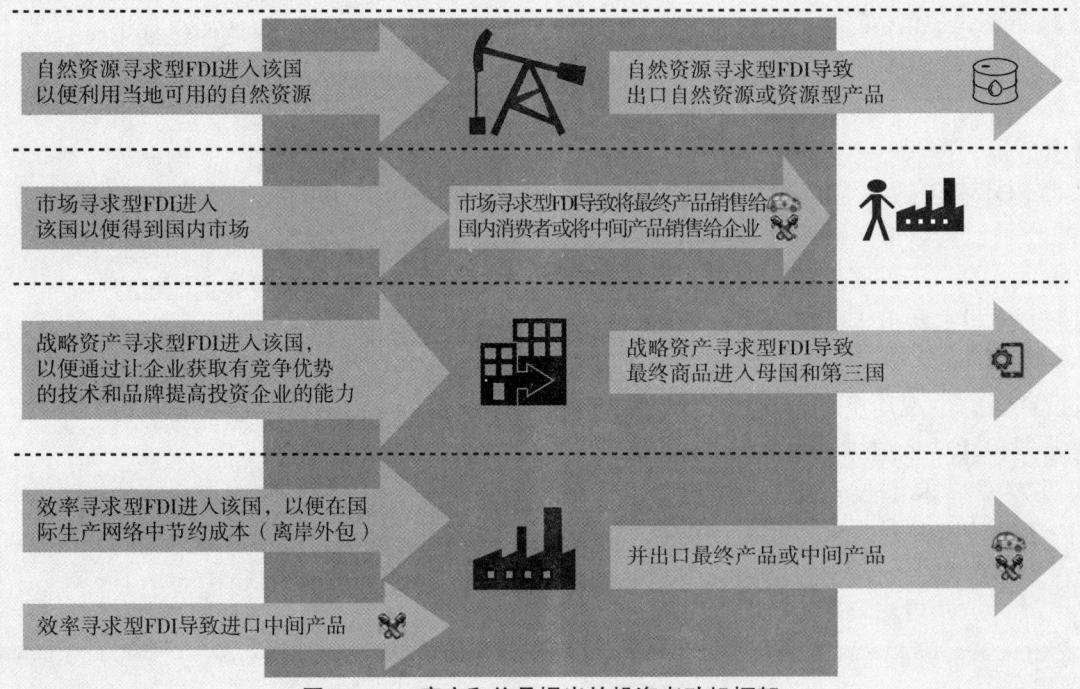

图 B1.2.1　唐宁和伦丹提出的投资者动机框架

资料来源：Dunning and Lundan（2008）。

第一章　对于发展中国家投资者重要的问题：全球投资竞争力调查结果

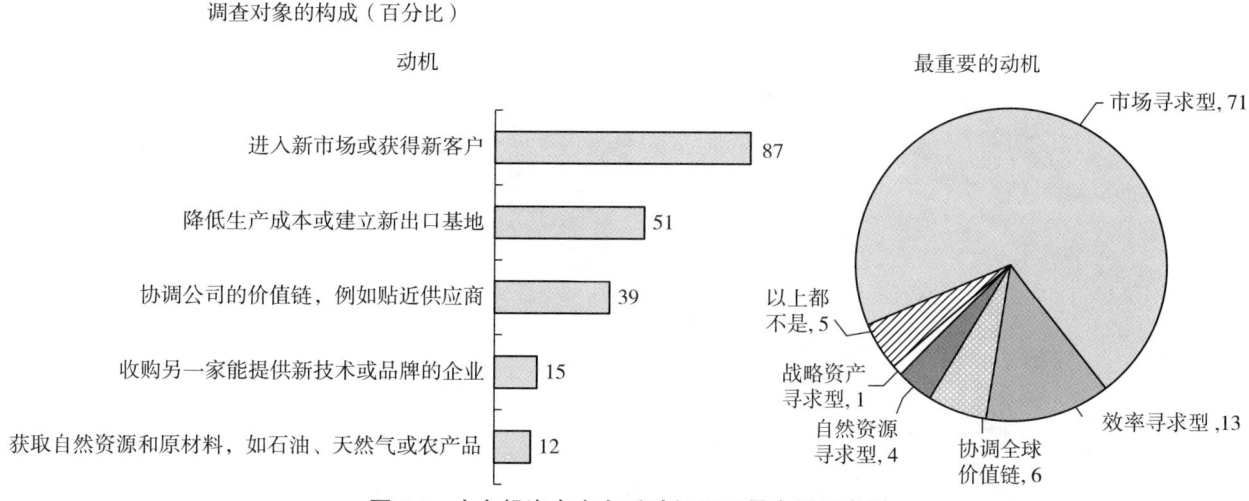

图 1.1　大多投资者有多重动机而且是市场寻求型

资料来源：基于全球投资竞争力调查计算。

注：左边的数字总计不等于100%，因为调查对象可以选择多种动机；62%的调查对象选择了两种或两种以上的动机。许多调查对象可能已经了解，进入新市场或获得新客户的动机，不仅适用于他们投资的国内市场，也适用于地区市场。事实上，投资与其他经济体有广泛的贸易和投资协议网络的小型发展中国家大多是出于这一动机，这表明调查对象有兴趣进入新的区域市场或获得区域消费者，而不仅仅是东道国的小型国内市场。

这些东道国市场特征包括：宏观经济稳定性、有利的汇率、劳动力储备、物质性基础设施、税率、获得土地和国内融资来源。在投资环境变量中，与其他投资者相比，参与效率寻求型FDI的跨国公司对投资保护的保证、投资准入的便利性、本地供应商、激励措施、贸易协定和双边投资条约给予了更高的重视。这表明，参与效率寻求型FDI的公司可能更响应旨在改善商业环境的政策和改革。因此本章探讨了参与效率寻求型FDI和参与其他类型FDI的跨国公司之间的差异（专栏1.3）。

东道国也具有异质性。绝大多数的调查对象在中高收入国家经营（占87%），大约有三分之一在中低收入国家，而很少在低收入国家中有外国分支机构（8%）。因此，从调查结果中得出的政策含义基本上是基于投资者对中等收入发展中国家的反应，尽管它们也可能与低收入国家有关。

投资探索与地点决策：投资生命周期的第一阶段

变量如何决定跨国公司的投资决策？

投资者在决定投资方面考虑的因素很多，最重要的是政治稳定性和安全，以及对商业有利的法律和监管环境。这些因素高于其他变量，如基础设施、劳动人才和技能以及较低的劳动力成本和投入品成本。在调查对象中，86%的人认为法律和监管环境是重要或极为重要的，这表明它在投资者的投资决策中举足轻重（图1.3）。

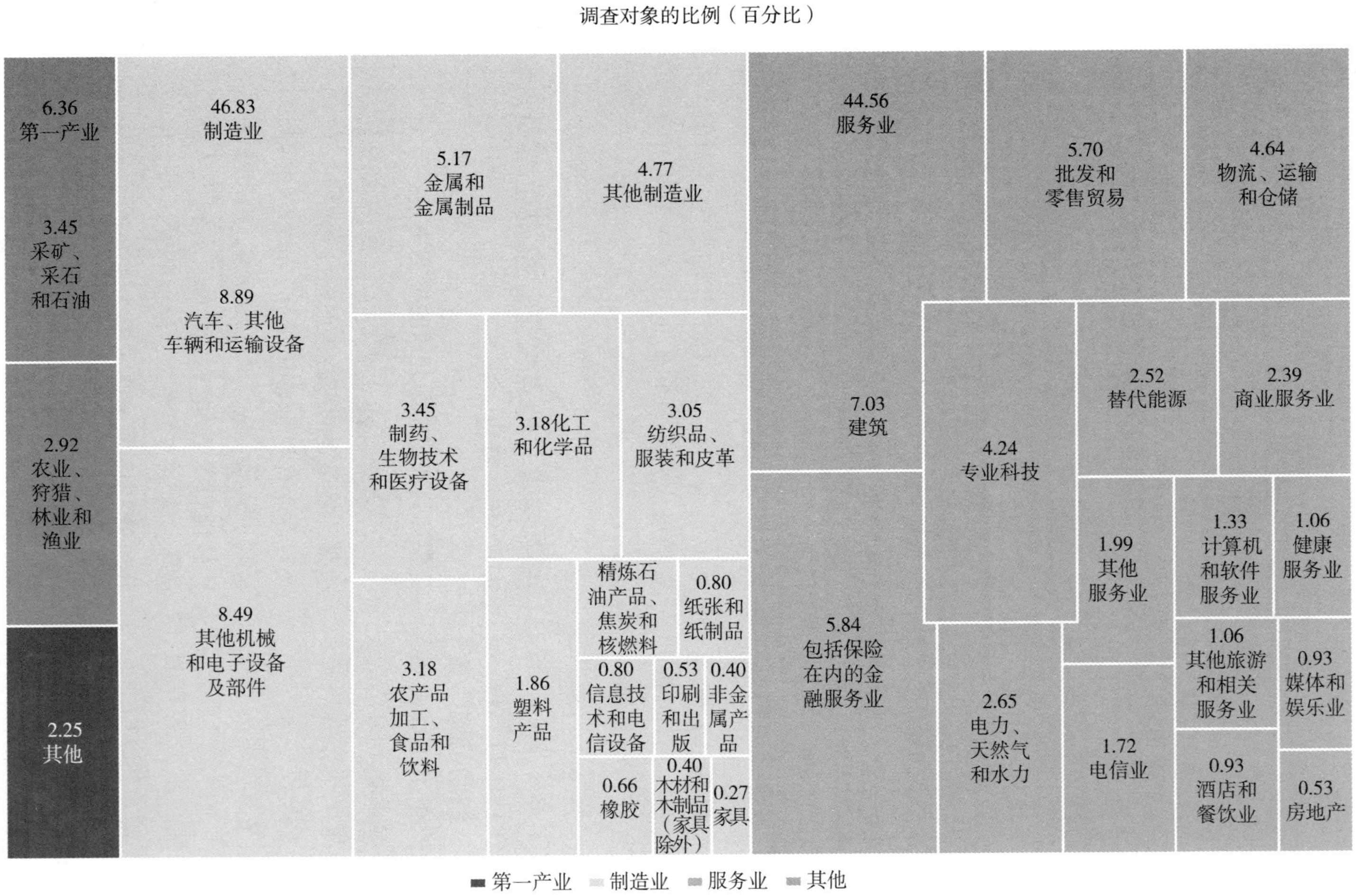

图 1.2 调查对象代表来自不同行业的企业

调查对象的比例（百分比）

第一产业：
- 6.36 第一产业
- 3.45 采矿、采石和石油
- 2.92 农业、狩猎、林业和渔业

制造业：
- 46.83 制造业
- 8.89 其他汽车、其他车辆和运输设备
- 8.49 其他机械和电子设备及部件
- 5.17 金属和金属制品
- 4.77 其他制造业
- 3.45 制药、生物技术和医疗设备
- 3.18 化工和化学品
- 3.18 农产品加工、食品和饮料
- 3.05 纺织品、服装和皮革
- 1.86 塑料产品
- 0.80 精炼石油产品、焦炭和核燃料
- 0.80 信息技术和电信设备
- 0.66 橡胶
- 0.53 印刷和出版
- 0.40 纸张和纸制品
- 0.40 木材和木制品（家具除外）
- 0.27 非金属产品
- 家具

服务业：
- 44.56 服务业
- 7.03 建筑
- 5.84 包括保险在内的金融服务业
- 5.70 批发和零售贸易
- 4.64 物流、运输和仓储
- 4.24 专业科技
- 2.65 电力、天然气和水力
- 2.52 替代能源
- 2.39 商业服务业
- 1.99 其他服务业
- 1.72 电信业
- 1.33 计算机和软件服务业
- 1.06 健康服务业
- 1.06 其他旅游和相关服务业
- 0.93 媒体和娱乐业
- 0.93 酒店和餐饮业
- 0.53 房地产

其他：
- 2.25 其他

■ 第一产业　■ 制造业　■ 服务业　■ 其他

资料来源：基于全球投资竞争力调查计算。

注：调查对象被要求确定其企业在全球的主要行业，这可能会也可能不会反映其在发展中国家的子公司的主要行业。大约10%的调查对象表示，他们最熟悉的外国子公司的行业与全球性企业的主要行业不同。有关各行业的完整清单、调查对象的分布份额以及全球FDI流量的比较，请参见表格1B.4。

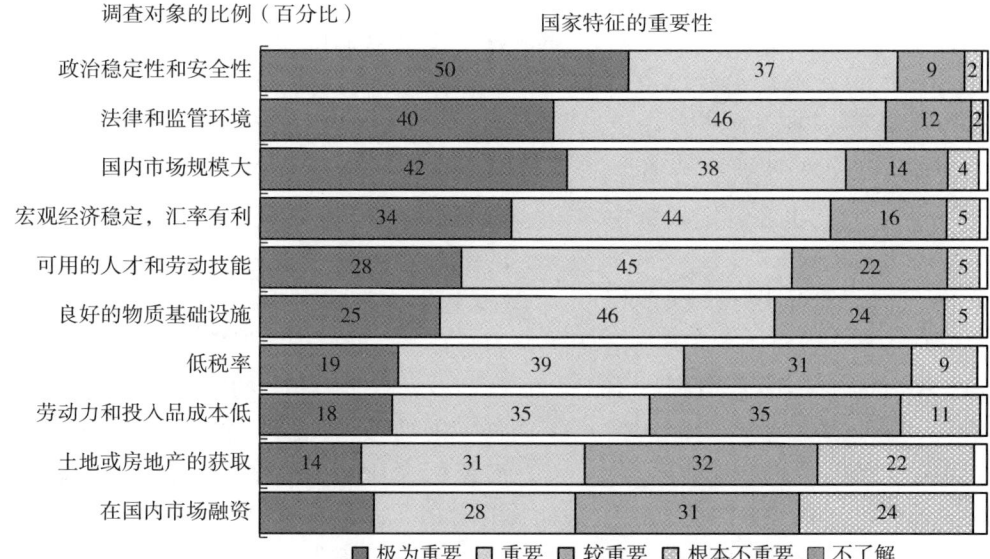

图 1.3　对商业有利的法律和监管环境对投资者很重要

资料来源：基于全球投资竞争力调查计算。

注：调查对象被问及"以下特征对贵公司在发展中国家的投资决策重要性如何？"以随机顺序询问各因素。基于深色和浅色条中"极为重要"和"重要"的组合，它们以重要性的降序列在图表中。极为重要意味着它是交易破坏者；仅这个因素本身就可能会改变公司在一个国家投资与否的决定。

专栏 1.3

参与效率寻求型的投资的跨国公司往往更具选择性

投资者的偏好和行为因他们在发展中国家投资的动机而有所不同。在这次调查中，约有一半的调查对象表示，他们至少有一个动机是降低生产成本或建立新的出口基地。相对于具有其他动机的投资者，这些效率寻求型企业在以下方面有所不同：

1. 相比参与其他类型 FDI 的投资者来说，参与效率寻求型投资的跨国公司认为东道国的大多数特征都更为重要。这些特征包括稳定的宏观经济条件和有利的汇率、可用的人才和劳动技能、良好的物质性基础设施、低税率、劳动力和投入品成本低、获得土地或房地产，以及国内市场的可融资性。其中"劳动力和投入品成本低"，差异最大，参与寻求效率型投资的企业中有 66% 的投资者认为这是重要或极为重要的，而其他动机的投资者只有 39% 也这样认为。

2. 相比参与其他类型 FDI 的投资者，参与效率寻求型 FDI 的投资者对投资政策因素也更重视。这些因素包括对投资保护的保证、获得批准的便利性、投资激励措施、优惠性贸易协定和双边投资条约。对于优惠性贸易协定而言，差异显著，参与效率寻求型投资的企业中 65% 的投资者认为这一点重要或极为重要，而只有 45% 的其他动机的投资者认为这一点重要。

3. 对于效率寻求型投资的企业来说，激励措施也更重要。在这一组中，63% 的投资者认为激励措施重要或极为重要，相比之下，只有43%的其他动机的投资者认为这一点重要。效率寻求型投资的企业比其他投资者对八种不同的激励工具评价更高，平均差异约为13个百分点。它们也在特定投资中更常受到激励。

4. 在准入门槛方面，与参与其他类型FDI的投资者相比，参与效率寻求型FDI的跨国公司认为获得批准的效率、拥有全部股权、引进外籍员工的便利性、进口生产所需的投入品更为重要。对于效率寻求型企业而言，进口生产所需的投入品的能力（73%）比引进外籍员工的能力（71%）重要性略高，而对于其他动机的公司则相反（分别为61%和65%）。

5. 本地供应商的供应能力和技能对于77%的效率寻求型投资的跨国公司而言是重要的或极为重要的，其他动机的投资者则为70%。对于提供当地供应商的可用性信息、升级潜在供应商以及促进供应商升级的投资激励等政府举措，参与效率寻求型FDI的企业的重视程度比参与其他类型FDI的企业要高出约8到12个百分点。为了促进联系，55%的参与效率寻求型FDI的跨国公司有内部"星探"来发现当地供应商，而只有45%的参与其他类型FDI的投资者做到了这一点。

6. 参与效率寻求型FDI的跨国公司更加重视投资促进机构（IPAs）的服务，有52%的调查对象认为IPA服务是重要的或极为重要的，相比之下，只有37%参与其他类型FDI的投资者认为其重要或极其重要。具体而言，对于与机构官员会面讨论投资机会、提供与设立子公司有关的信息和协助以及协助解决问题等因素，相比其他投资者来说，效率寻求型投资的企业的重视程度高出约9到12个百分点。

参与效率寻求型FDI的企业对很多因素更加敏感。与其他投资者相比，为其主要面向出口的生产寻求有成本竞争力的地点的跨国公司，更为重视宏观经济的稳定性、劳动力技能、可靠的基础设施、低税率、低成本的劳动力和投入、土地获得、国内融资。因为这些投资者对成本更为敏感，所以它们会更加仔细地考虑直接影响它们的成本结构和生产力的因素。没有效率寻求动机且主要由开发新市场动机来推动的投资者对国内市场的规模重视程度要略高一些。两个最重要的因素——政治稳定性和安全性，以及法律和监管环境，在所有类型的投资者中都得到了一致的高度重视（图1.4）（关于制造业与服务业公司、发达与发展中来源国、母公司与子公司之间在重要性评级上的差异请参阅图1C.1、图1C.2和图1C.3）。

投资者们既寻求强有力的法律保护又追求执行法律法规的可预测性和效率（图1.5）。许多发展中国家的低效官僚机构、不透明的规章制度、复杂的程序以及高额的交易成本削弱了它们的竞争力。不足为奇的是，受访投资者中有五分之四把公共机构的行为是否具有透明度和可预测性，国家法律规定的关于投资保护的保证，以及开展商业的便利性列为决定投资地点的重要因素。此外，约有三分之一的投资者认为这些因素是极为重要的，或是潜在的交易破坏者。透明度和可预测性可以被解释为反映跨国公司与东道国政府之间的整体互动——同时包括规章制度本身和它们的执行情况。

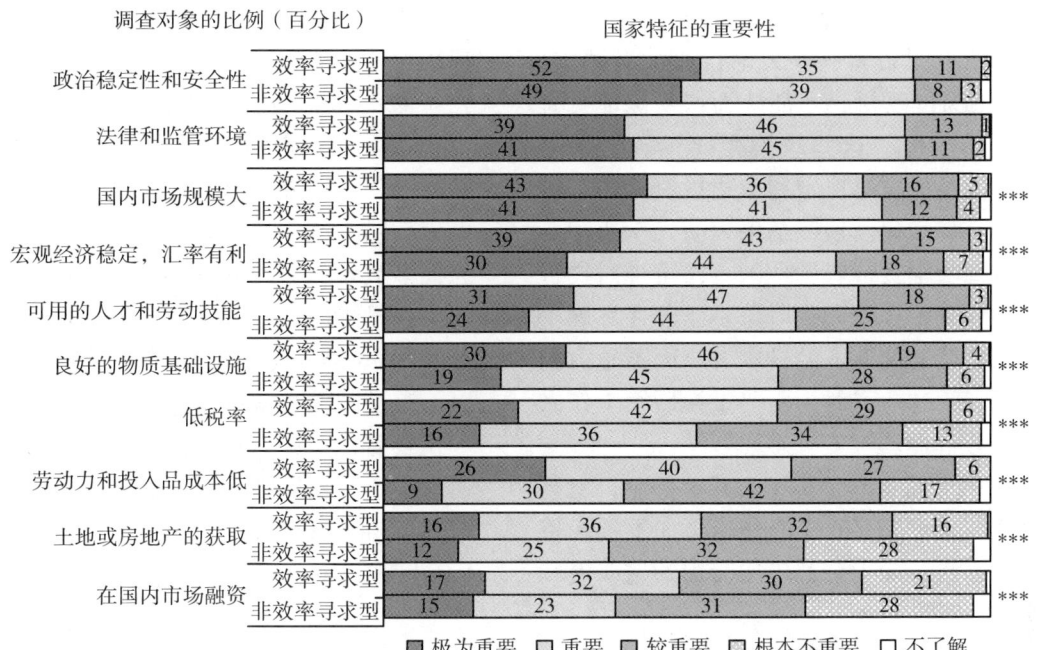

图 1.4 参与效率寻求型的 FDI 的跨国公司更具选择性

资料来源：基于全球投资竞争力调查计算。

注：在图表的右侧标出了参与效率寻求型 FDI 的投资者与参与其他类型 FDI 的投资者之间存在统计学差异的国家特征。两组之间差异的显著性分别是 *** $p<0.01$，** $p<0.05$ 和 * $p<0.1$。

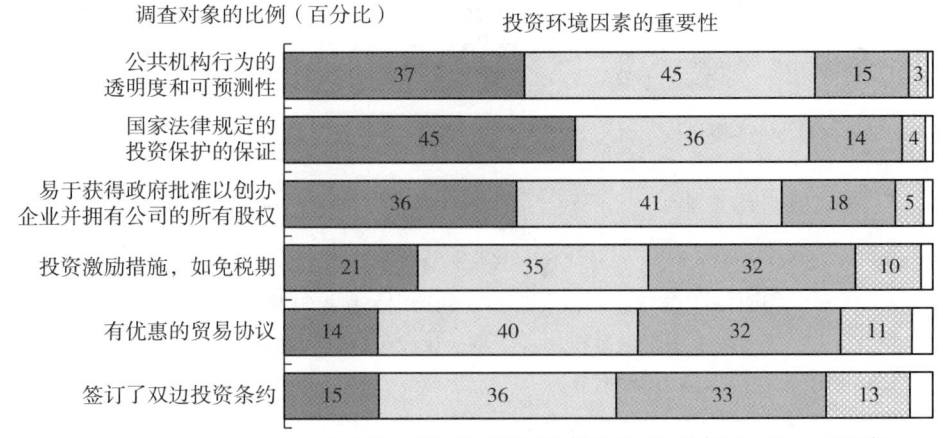

图 1.5 投资者重视公共机构行为的可预测性、透明度和效率

资料来源：基于全球投资竞争力调查计算。

投资者更看重的是帮助它们扩大业务的政策，而不是吸引它们的政策。45%的调查对象认为投资保护的保证是至关重要的或是交易破坏者，这是在所有投资环境因素中重要性评分最高的。超过90%的投资者认为各种类型的法律保护措施是至关重要的，包括对转移货币进出该国的能力，对强制征收、违约的法律保护，以及对政府行为不透明或任意行为的法律保护。所有投资者——无论行业、来源国，还是FDI的动机——都认为这些保证具有极高的价值。这些政策相比投资激励措施、优惠的贸易协定和双边投资条约是更大的交易障碍。这些结果表明，东道国要像重视吸引投资者到本国一样重视对投资者的后续工作。调查对象是已经在发展中国家持续开展业务的投资者，而不是意向投资者，这一点对为何要重视后续工作做了部分解释。

相比参与其他类型FDI的企业，参与效率寻求型FDI的跨国公司更加重视投资环境因素。除了公共机构行为的透明度和可预测性（对此无论出于何种动机，企业都认为其最重要），参与效率寻求型FDI的公司对大多数投资政策的重视程度更高（图1.6）。这表明，参与效率寻求型FDI的跨国公司在决定投资时对这些因素可能更为敏感。这样的结果并不令人惊讶，因为大多数效率寻求型投资是以出口为导向的，在投资地点方面具有高度选择性，因此贸易协定和投资激励措施很重要。所以，东道国的政策制定者应该瞄准吸引这些投资者的举措（关于制造业与服务业公司、发达与发展中来源国、母公司与子公司之间在重要性评级上的差异，参阅图1.C.4、图1.C.5和图1.C.6）。

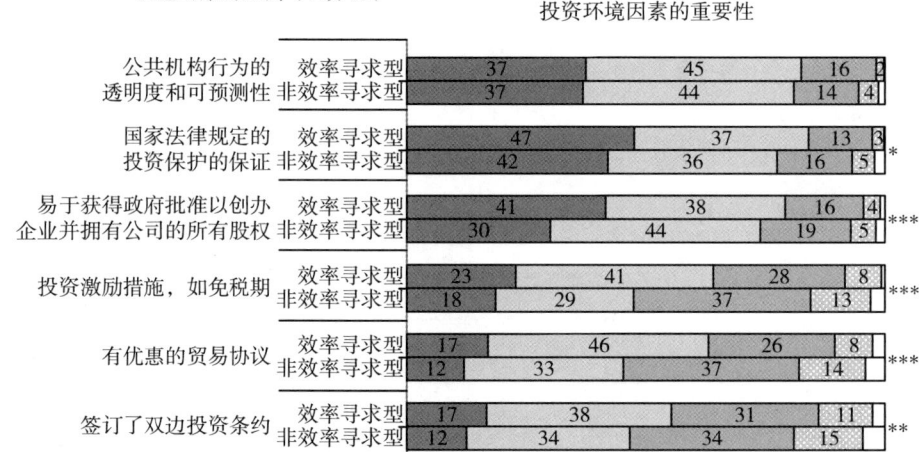

图1.6 参与效率寻求型FDI的跨国公司相较其他投资者，更重视激励措施、贸易协议和投资进入的便利性

资料来源：基于全球投资竞争力调查计算。

注：此图中的大多数投资环境因素在参与效率寻求型FDI的投资者和参与其他类型FDI的投资者之间存在显著的统计学差异。两组之间差异的显著性分别是 $***p<0.01$、$**p<0.05$ 和 $*p<0.1$。

吸引FDI的激励措施重要性如何？

吸引FDI的投资激励措施在高收入国家和发展中国家都得到了广泛的应用。发展中国家的政策制定者通常认为激励措施是其国家竞争FDI的必要条件。正如本报告后面所讨论的，激励措施由于不征税、企业寻租和联合逃税所造成的财政损失使得东道国付出了相当大的成本。因此，各国必须在通过提供激励措施保持竞争力和确保收益大于成本之间拿捏好分寸。

在全球投资竞争力调查中列出的六个投资环境特征中，投资激励措施对投资者的重要性仅占第四，低于透明的政府行为、投资保护的保证和开办企业的便利性（图1.5）。总的来说，只有五分之一的投资者认为投资激励措施的缺失是投资决策时的交易破坏者。另有三分之一的调查对象认为激励措施重要，但不是交易破坏者。

这并不一定意味着激励措施可以完全取消，而是指单就其本身而言不太可能说服投资者改变投资的地点。必须在政策制定者采取激励措施以吸引投资者之前先解决投资环境的政策基础。

然而，参与效率寻求型FDI的跨国公司比其他动机的投资者更重视激励措施。具有削减生产成本和寻找新出口平台的动机的投资者中，有64%认为激励措施重要或极为重要，相比之下，其他动机的投资者只有47%认为激励措施重要或极为重要（图1.6）。效率寻求型FDI的投资者接受特定激励措施（免税进口，补贴贷款，增值税豁免）也比其他投资者更频繁。这表明，他们可能比其他动机的投资者（如进入新市场和获取自然资源）更积极地响应激励措施。

免税进口、免税期和增值税豁免是对投资者最重要的三大激励措施（图1.7）。认为激励措施至少较为重要的投资者中有三分之二认为这三种工具是重要或极为重要的。与其他类型FDI的投资者相比，参与效率寻求型FDI的跨国公司对所有类型的激励措施都有较高的评价，平均差异约为13个百分点。他们在特定的投资中也更容易得到激励。当被问及他们公司受到的具体激励措施时，调查对象确认了三种最常见的激励措施是免税进口、免税期和增值税豁免。这表明调查对象对这些激励类型的高度评价可能源于他们对这些特定工具更熟悉。

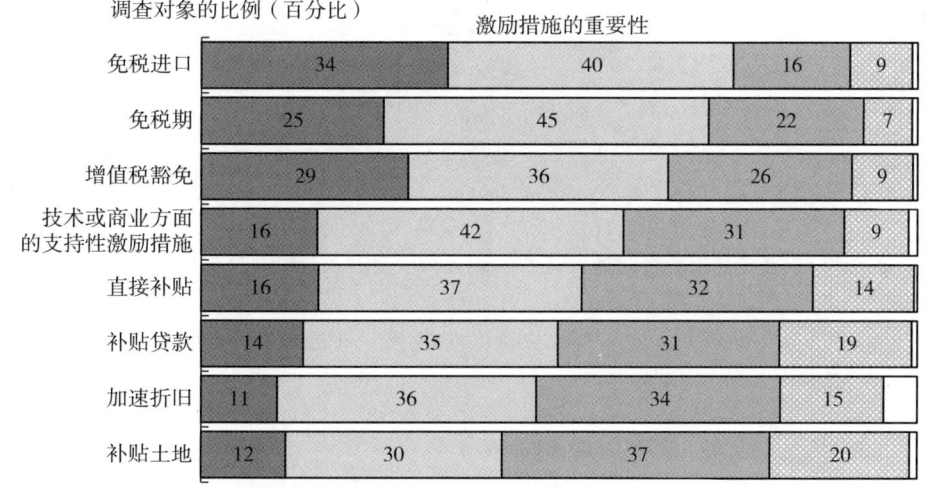

图1.7　免税进口、免税期和增值税豁免是最有吸引力的投资激励措施

资料来源：基于全球投资竞争力调查计算。

注：663名调查对象回答了关于激励措施的问题。关于图1.5中问题的激励措施，这些调查对象回答是较重要，重要或极为重要。

获得财政和金融激励措施通常需要三个月，但因国家和激励措施类型的不同而不同，有的是一周，有的超过一年。约四分之一的受访投资者表示，获取激励措施的时间不到一个月，而约6%的调查对象表示需要一年多的时间。

投资进入与建立：投资生命周期的第二阶段

建立企业的政策和行政程序如何影响FDI决策？

投资者高度重视与建立企业相关的对商业有利的政策和高效程序。五分之四的调查对象认为易于获得投资批准是很重要或极为重要的，而只有2%的人表示这一点根本不重要（图1.8）。事实上，获得批准和许可的速度在重要性上甚至高于投资者拥有项目的所有股权、可以轻松引进外籍员工及进口生产所需的投入品的能力等因素。相比参与其他类型FDI的投资者，效率寻求型FDI的跨国公司认为所有这些特征都更重要。对参与效率寻求型FDI的企业而言，进口生产所需的投入品的能力（73%）比引进外籍员工的能力（71%）略显重要，而对参与其他类型FDI的公司而言情况则相反（分别为61%和65%）。

虽然获得许可的效率总体上来说非常重要，但对外资股权的限制似乎是最大的交易破坏者。40%的被调查对象声称，拥有其子公司所有的股权，而不是被要求与当地企业或政府分享所有权是至关重要的，在考查的所有政策因素中重要程度最高。在发展中国家，特别是在服务业中，外资所有权限制仍然相对普遍，上述调查结果在这种背景下有重要意义。

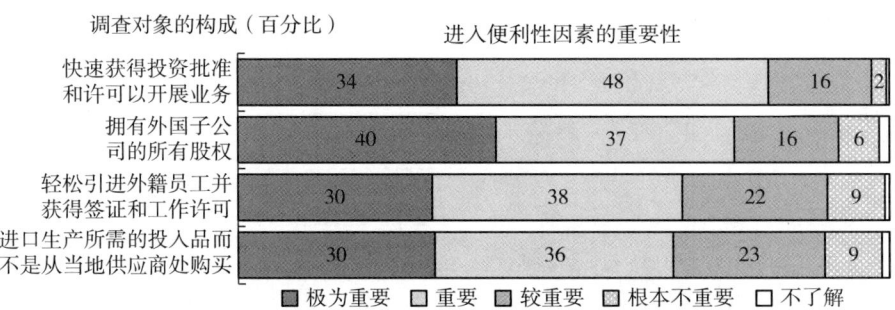

图1.8　投资者高度重视对商业有利的政策和投资进入与建立分支机构的程序的效率

资料来源：基于全球投资竞争力调查计算。

注：709名调查对象回答了有关进入便利性的问题。关于图1.5中进入便利性的问题，这些调查对象回答较重要、重要或极为重要。

获得投资批准和许可开办企业通常需要三个月，但因国家和投资类型而异（图1.9）。差异性很广：在该范围的一端，大约10%的调查对象表示他们等待了不到一个月的时间；而另外一端，10%的投资者等了一年或更长时间。重视政府批准效率的调查对象等待的时间稍短。对于这一群体，只有12%的投资者处理时间超过六个月，相比之下，其他投资者中有25%处理时间超过六个月。这证实了那些看重效率的投资者往往青睐那些能更快获得投资批准的目的地。

获得土地租约的时间中位数是两个月，而获得工作许可的中位时间大约是1.5个月。这两种手续花费的时间的离散度也比获得初始投资批准中更小。等待时间超过6个月的调查对象也较少，9%的调查对象是在申请获得土地租约时等待超过6个月，只有6%的调查对象是在获得工作许可时等待超过6个月。

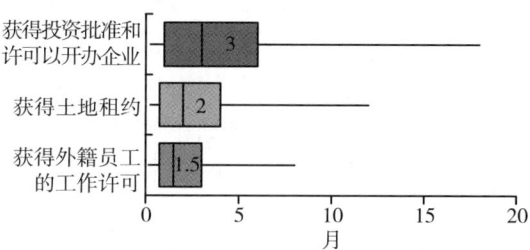

图1.9　投资审批的等待时间各不相同，但通常需要三个月

资料来源：基于全球投资竞争力调查计算。

注意：柱图以竖线显示中位点（带有数据标签）。柱的两端代表第25百分位数和第75百分位数。黑线的末端是第5百分位数和第95百分位数。

投资经营与成长：投资生命周期的第三阶段

当地供应商在跨国公司的经营中起到什么作用？

FDI通过包括与当地私营部门的联系在内的各种渠道给东道国带来了潜在的收益。外国企业和当地供应商之间的联系带来了知识和技术转移，包括让国内供应商提高产品质量和生产效率的诀窍和实践。联系还扩大了当地经济的乘数效应。当外国投资者在当地采购投入品而不是选择进口时，他们推动了当地企业的生产力，并

在当地经济中创造就业机会。因此，政策制定者试图通过各种政策和方案促进联系。这类政策包括本地含量要求，即要求外国企业的投入品中有一定比例或全部来自当地。然而，研究发现，本地含量要求以及类似措施有很大的负面影响，并阻碍了FDI。[3]

虽然投资者抵制强制他们在当地获取投入品的政策，但假如能够在本地市场找到所需质量和数量的生产投入的话，他们还是愿意这样做的。平均而言，43%的材料投入、补给和服务来自当地，而34%来自公司的另一个单位，23%来自进口（图1.10）。本地来源的投入百分比变化很大：约13%的被调查公司不在本地获取任何投入品，另外13%的企业完全在本地获取投入品，其余的企业（约74%）在本地获取部分投入品。与制造业相比，服务业跨国公司与本地的联系更为普遍。

总的来说，61%的跨国公司认为联系在他们的区位决策中重要或极为重要。在那些认为联系至少较为重要的投资者中，74%的人认为本地供应商的能力和技能重要或极为重要（图1.11）。效率寻求型FDI的跨国公司（77%）更看重本地的技能和能力。这表明，只有本地企业能够提供跨国公司所期望的能力和技能时，政府主动推动联系的举措才是有效的。同时，东道国政府也才有促进联系的活动范围。投资者重视本地供应商的可用性信息，68%的调查对象认为其重要或极为重要。约61%的调查对象还认为供应商升级很重要，无论是公司以直接的财务激励措施投资于供应商开发，还是政府自己主动来升级供应商。只有42%的调查对象认为供应商对接活动重要。相对于其他投资者而言，参与

效率寻求型FDI的企业中认为这些政府举措很重要的要多8到12个百分点左右。

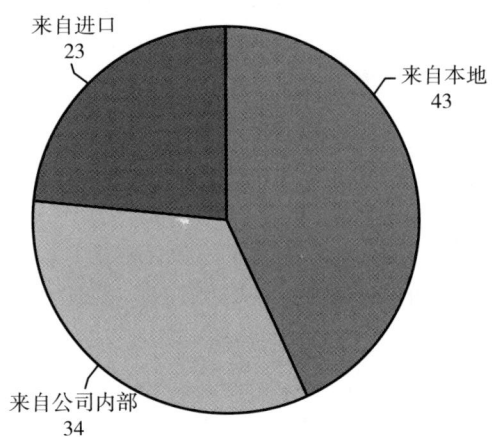

图 1.10 近一半的物质投入品、补给和服务是从当地获取

资料来源：基于全球投资竞争力调查计算。

注意：每项来源的调查对象人数各不相同，因为有些调查对象回答"不了解"，所以调查对象少于754人。

当本地市场的容量和质量限制阻碍投资者找到合适的供应商时，投资者就会看重进口投入品而不是必须在本地获取的能力。这尤其适用于参与效率寻求型FDI的跨国公司和制造业企业。许多制造业跨国公司在发展中国家投资是为了降低生产成本。同时，为了保持最终产品的高质量（往往是为了出口）外国制造商更看重自己进口生产所需投入的灵活性，而不是在本地采购。在被调查的制造业企业中，68%认为进口投入品是重要的或非常重要的，而服务业企业相对只有56%。在参与效率寻求型FDI的企业中，73%认为这个因素是重要的或极为重要的，而只有61%参与其他类型FDI的企业认为它是重要的。

外国投资者本身也有兴趣促进联系，但由公司发起的项目并不常见。在本地获取投入品、补给和服务，而不是通过进口，可以降低外资企业的成本。一些跨国公司有自己的项目来促进联系，但这并不普遍。调查发现，在本土采购的外国公司中，有一半使用内部"星探"来寻找当地供应商。参与效率寻求型FDI的企业往往

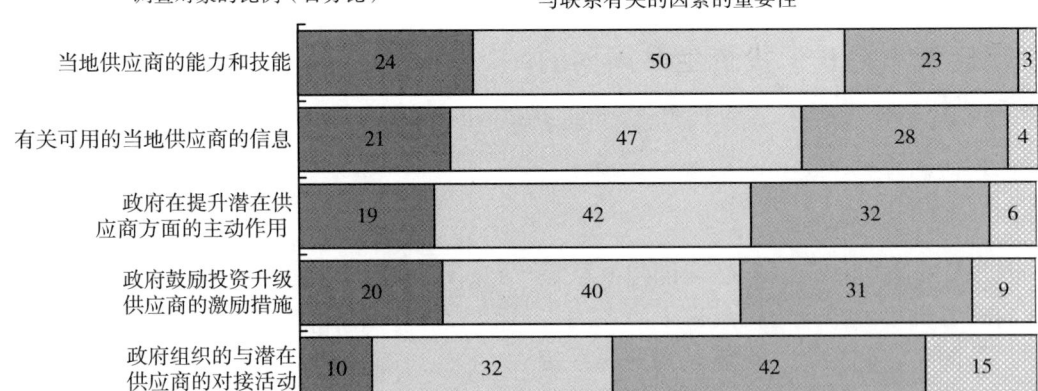

图 1.11 供应商的能力和技能是极为重要的与联系相关的因素

资料来源：基于全球投资竞争力调查计算。

注：679名调查对象回答了有关联系的问题，对于"在决定投资发展中国家时，当地企业作为供应商的能力有多重要？"，这些调查对象回答较重要、重要或极为重要。

比其他类型FDI的投资者有"星探"的比例更高（分别是55%与45%）。超过30%的企业有提升本地供应商的职业计划或培训计划，11%的企业为当地供应商提供设备融资计划（图1.12）。在有职业计划或培训计划的企业中，大约有三分之一会资助认证项目并与当地技术学院和大学合作。

跨国公司在东道国的再投资有多少？

东道国不仅需要吸引和留住FDI，还需要促使其增长，以激励投资者在东道国进行收入再投资。许多变量可能会影响投资者对利润份额的分配：多大比例以股息的形式返回来源国，多大比例是再投资于东道国以扩大经营。这些变量包括税收体系、转移成本、正在进行的业务和其他地方的投资机会、将金融资源移出东道国的相对成本，以及扩大正在进行的业务的需要。再投资收益正成为越来越重要的FDI来源，从2007年占FDI流量不足30%增长到2015年的50%（UNCTAD 2016）。调查结果证实了这一趋势，其中超过三分之一的调查对象表示，他们将所有利润再投资于东道国，另有14%再投资一半以上（图1.13）。这一趋势凸显了除吸引新投资之外，东道国经济体保持和扩大现有投资的重要性。

投资者如何应对政治风险？

在调查对象中，76%的投资项目经历过政治风险。政治风险是指政治力量或政治事件（特别是政府行为）对商业运作带来的破坏可能性。大约一半的调查对象在和发展中国家公共机构打交道时发现其缺乏透明度和可预测性。几乎一半的调查对象在获得必要的政府许可和批准以启动

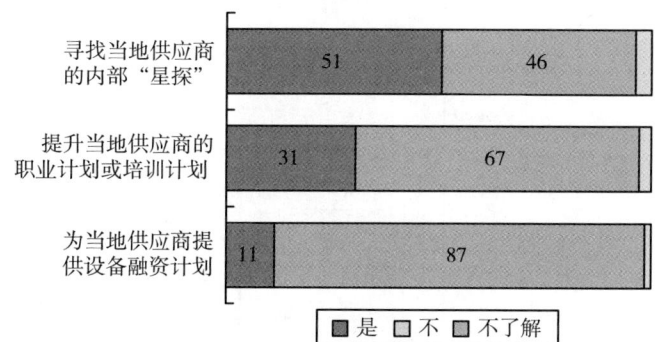

图1.12 促进联系的企业计划并不十分普遍

资料来源：基于全球投资竞争力调查计算。

注：454个调查对象回答了关于促进联系的公司项目的问题。对于"在你决定投资发展中国家时，当地公司作为供应商的能力有多重要？"，这些调查对象回答较重要、重要或极其重要，而且部分或全部在本地获取投入品。

或经营业务时遇到了不利的监管变化和延误。超过40%的调查对象在转移和兑换货币时遇到了限制。在这些情况下，约有25%的投资者因政治风险取消了计划投资或者收回了现有投资（图1.14）。

更为严重的政治风险发生的频率较低，但影响更为严重。

只有13%的调查对象经历过政府违约，但其影响大得多——35%的这类投资者取消了计划投资或撤回了现有的投资。强制征收更为极端：虽然只有5%的调查对象遭遇过，但其中几乎有50%取消或撤回投资。

对服务业的投资往往比制造业更容易受政治风险的影响。服务行业的企业在政治风险方面经历了更多的干扰，尤其是政府对货币的转移和兑换的限制、政府违约、强制征收等方面。能源、电信、金融等服务业比制造业受到的监管更严格，因此更容易受到潜在的政治干预。特别是，根据调查结果，公用事业部门的公司（包括电力、天然气、替代能源和电信）经历了更频繁的不利监管变化和强制征收，在

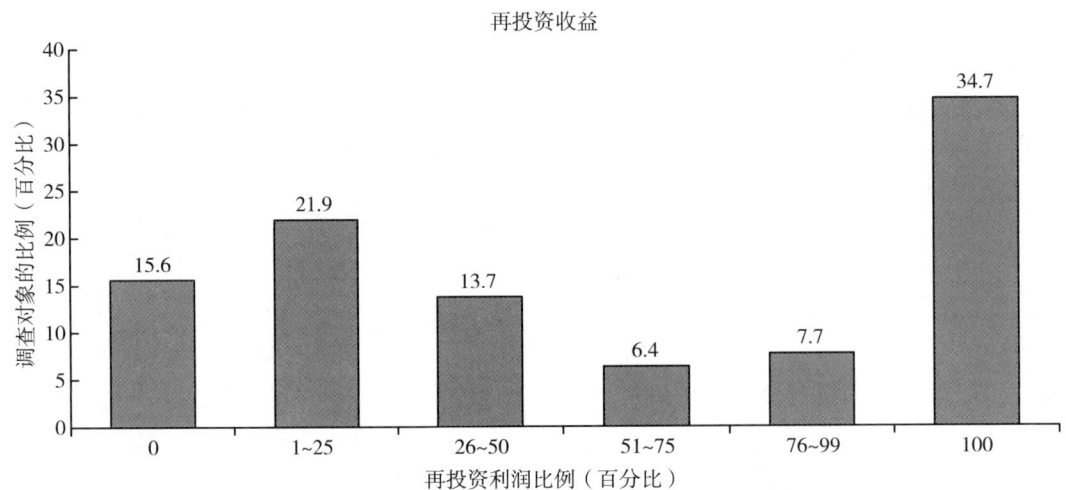

图 1.13　超过三分之一的投资者将所有分公司产生的利润重新投资回分公司

资料来源：基于全球投资竞争力调查计算。

注：597 名调查对象回答了有关再投资收益的问题。其余 158 人拒绝回答，不知道答案，或投资时间在一年内。调查对象被问及他们在特定发展中国家的收益再投资。

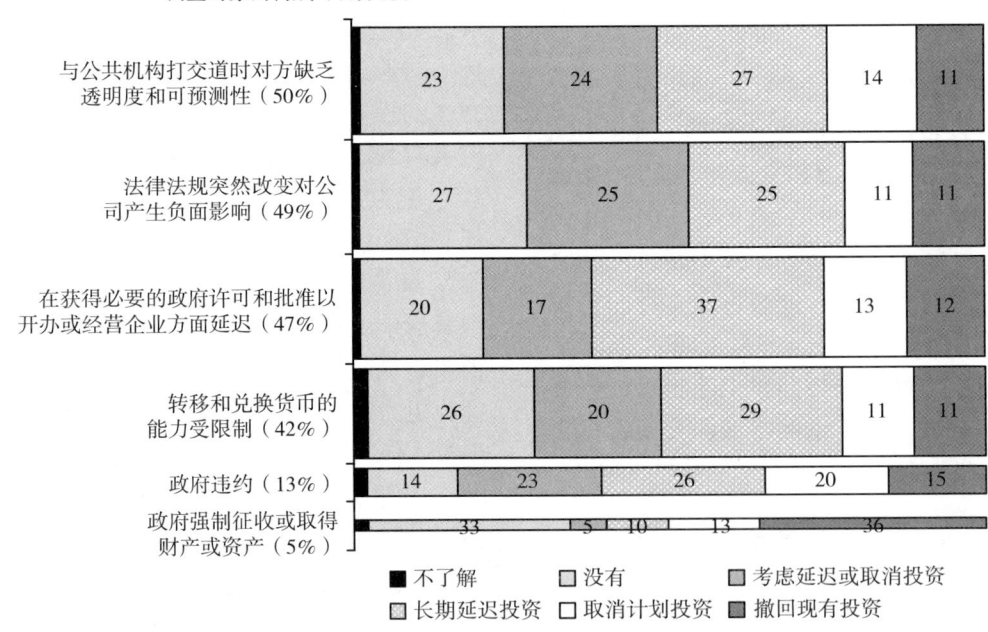

图 1.14　严重的政治风险虽然很少，但会对 FDI 产生严重的负面影响

资料来源：基于全球投资竞争力调查计算。

注：柱状图的高度反映了由于特定政治风险而导致任何投资中断的调查对象的百分比，按照从顶部最常遇到的风险，到底部最不经常遇到的风险降序排列。各排中的数字之和不是 100%，因为调查对象可以选择多种他们公司经历的中断投资类型。柱状图的长度显示公司的反应，颜色越深则越严重。柱状图显示的是经历特定扰动后公司最严重的反应。例如，如果一家公司在一个国家撤回现有投资，但只在另一个国家推迟投资，则会考虑最严重的反应，将该公司纳入撤回投资一类。

获得许可方面的延迟也更频繁。建筑和商业服务部门报告政府违约的情况更为频繁，在与公共机构打交道时对方缺乏透明度和可预测性的情况也更常见。

政府应该更充分地管理投资者的不满情绪。根据调查，政府常常无法有效地解决与政治风险有关的不满情绪。在受影响的投资者中，只有大约五分之一的人认为他们的不满得到政府的及时解决、投诉的过程清晰和有效或者政府出台了系统的解决方案来应对或防止未来的不满情绪。

撤资：投资生命周期中的第四个阶段

跨国公司为什么要离开发展中国家？

在接受调查的投资者中，约29%的人透露，他们至少关闭过一家其在发展中国家的分公司（图1.15），最常见的原因是公司战略的变化和不稳定的宏观经济状况，包括不利的汇率。政策或监管不确定性的增加是第三常见的原因，约三分之一的撤资源于此（图1.16）。调查表明，政府的任意行为、突然限制货币兑换、政府违约等因素占投资者总数的20%以上。这些结果证实了跨国公司重视公共机构行为的透明度和可预测性，以及投资保护措施。服务业的外国投资者比制造业跨国公司撤资更频繁，可能是因为它们受到更严格的监管，因此容易受到政治干预。在被调查的服务业公司中，有35%关闭过一家分公司，而制造业企业仅为23%。

虽然撤回投资的某些原因是东道国政府无法控制的，但许多是可以避免的。虽然政府对投资者企业的战略变化或全球经济状况无能为力，但它们可以影响本国的因素。尤其是保持适度估值的汇率，控制宏观经济稳定性，并确保政策和监管的透明、一致和

可预测性，这些是防止投资者退出的关键。

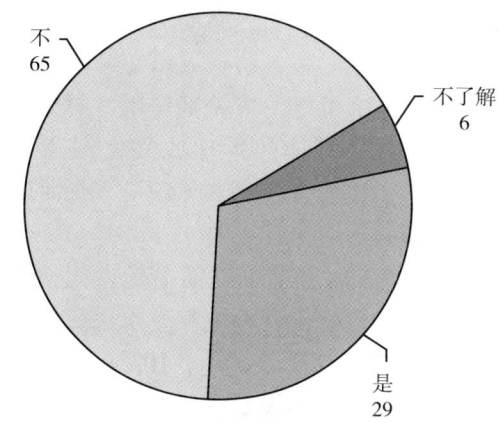

图 1.15　超过四分之一的调查对象已在发展中国家关闭了一家分支机构

资料来源：基于全球投资竞争力调查计算。

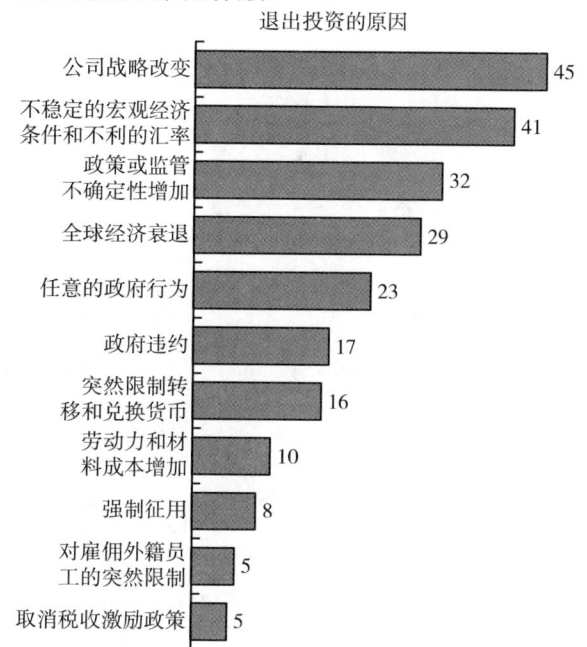

图 1.16　退出投资的原因是复杂的，有些可控，有些不可控

资料来源：基于全球投资竞争力调查计算。

注意：结果根据219名调查对象得出，他们的公司关闭了在发展中国家的分支机构。由于调查对象可以选择最多五个最相关的原因，因此份额总数不等于100。

投资促进机构在投资生命周期中起什么作用？

虽然跨国公司在选择特定的投资地点时有自己的战略动机，但东道国经济体所提供的服务质量可以在跨国公司的公司决策中可以发挥关键作用。对于与投资者母国经济体的地理或文化距离更大的国家，投资促进机构（IPAs）在促进投资方面的作用尤其重要。

IPA能够辅助而不是替代投资项目所需的良好投资环境和生态系统。只有43%的受访投资者表示，IPA在投资决策中是重要或极其重要的，在调查中询问到的投资环境变量中排名最低。只有12%的人认为IPA服务的质量是交易破坏者，而14%的人认为IPA根本不重要。这些结果表明，其他因素在企业决策中起着更为突出的作用。在IPA所提供的服务成为投资者所重视的关键因素之前，共有一个稳健的经济基本面对投资者来说更重要。

因此，IPA服务有很大的改善空间。

IPAS重要性的评级相对较低并不一定意味着东道国不应加强服务。事实可能正相反，即东道国目前为投资者提供的IPA服务质量低，这正是投资者看法不太积极的原因。只有11%的调查对象在特定投资中使用IPA服务，尽管有43%的调查对象认为IPA服务很重要。在低收入国家的投资者使用IPA的比例比在中等收入国家要大一些，这表明当商业环境较困难、信息更难获取时，IPA的价值更高，而低收入国家的情况往往如此。参与效率寻求型FDI的跨国公司更为重视IPA服务，其中52%的调查对象认为IPA服务是重要或极为重要的，相比之下，参与其他类型FDI的投资者有37%如此认为。

在认为IPA重要或较重要的投资者中，三分之二高度重视IPA在处理问题、消除对政府不满、提供有关创建企业的信息和帮助，以及改善商业环境的努力。在评级中这些服务比投资推广活动更重要（图1.17）。在网络和媒体上做广告，在贸

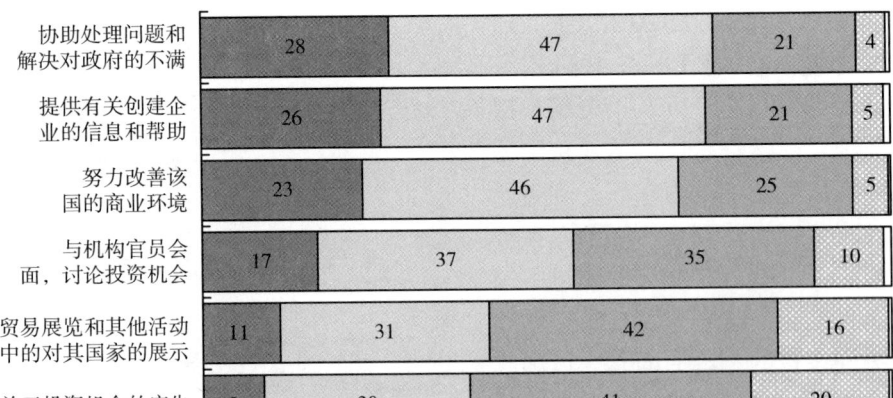

图 1.17 投资者们重视 IPA 在解决问题和创建企业上的作用多过推广力度

资料来源：基于全球投资竞争力调查计算。

注：632名调查对象回答了有关IPA服务的问题。对于"在您决定投资发展中国家时，其IPA的高质量服务和支持有多重要？"，这些调查对象回答较为重要，重要或极为重要。IPA = 投资促进机构。

易展、投资会议和活动中展览——这些吸引投资者的推广活动被认为相对不那么重要。只有大约三分之一的投资者认为这些服务是重要或至关重要的，在投资者考虑的各种因素中评级最低。

在11%的与IPA打交道的投资者中，在投资进入阶段和创建分公司时使用IPA的服务最频繁。投资者通过IPA服务来协助公司注册和获得新投资的许可证（76%），扩大投资规模（59%），探索新投资地点（46%），帮助解决运营问题（41%），找到国内供应商（28%）。这些结果有可能反映了能够获得的IPA最初提供的服务，而不是投资者的需求。IPA经常为投资推广和便利化投入资源，但在投资开始运作后，IPA不会提供很多额外的服务。显然存在潜在的错配，投资者重视在公司运营上得到的帮助（例如，在解决问题或消除对政府的不满方面），但是其通常接受的IPA服务更多集中在公司启动阶段。

有些投资者更看重IPA服务。特别是投资推广活动（展览，广告，与机构官员会谈），其对来自发展中国家的投资者意义大于来自发达国家的投资者，对服务业投资者意义大于制造业投资者。与机构官员商讨投资机会、信息、协助设立子公司以及协助解决问题，这些对于参与效率寻求型FDI的跨国公司来说更为重要。总体而言，对IPA的评价保持相对较低水平，但这表明，吸引投资的IPA服务可以更好地针对那些可能更具响应性的公司，只要它们各方面与国家的目标行业和目标市场相一致。IPA经常关注来自工业化国家的传统投资者，但随着FDI越来越多地来自发展中国家，重新定位服务方向对IPA可能更加有利。

政策含义

为了最大限度地利用外资，发展中国家政府必须采取有效的改革策略，争取在最高政治层面上进行改革，加强机构间的协调。它们还必须平衡公共利益和投资者的偏好，以确保东道国真正得益于FDI。对跨国公司高管的调查结果突出显示了试图为FDI创造有利商业环境的发展中国家政策制定者的几个优先事项：

对跨国公司而言，可预测的政府行为至少与国家的法律法规同样重要。 投资者指出，政府机构行为的透明度和可预测性是投资环境因素中最重要的。投资者不仅关注纸面上的政策，还关注这些政策的实施和管理。实施弱点问题可能包括官僚作风导致的低效、复杂的规章制度和程序、不可预测的或任意的政府行为。解决这些弱点问题不仅可以吸引新的投资，还可以防止现有投资者撤资。

通过政策改革来吸引FDI和提供后续服务同样重要。 政策制定者往往更加关注通过投资激励措施、便利化和积极的投资推广活动来吸引FDI。虽然这些都很重要，但投资者表示投资保护对他们来说更为重要，这意味着政府也应该将努力重心放在鼓励投资者留在国内并扩大业务上面。政策措施应包括加强投资者保护的保证，提供积极的投资者后续服务，消除对政府的不满，并促进联系。

针对相关类型投资者的政策和改革可以最大化有效性和成本效率。 尽管大多数投资者看重投资保护的保证、透明度和可预测性等一些特征，但对特定投资者类型而言，一些政策变量更为重要。参与效率寻求型FDI的企业似乎对激励措施反应更积极。制造业企业对关于进口投入品的企业友好型政策可能更为积极，而服务企业对不利的政府行为更敏感。来自发展中国家的跨国公司比发达经济体的企业更重视 IPA 服务和某些类型的激励措施。这些结果强调了各国政府有针对性采取政策的需要，使政府牢记其为了发展的目的而希望吸引、保留和利用的特定类型的 FDI。

附录 1A 调查方法和特点

方法

全球投资竞争力调查捕捉了国际企业高管对投资环境因素在其 FDI 决策中的作用的看法。调查对象是参与其所在跨国公司在发展中国家业务的 754 名企业高管，样本框架包括近 8000 家在商用 Dunn and Bradstreet 数据库中合乎条件的公司。754 名通过电话联系并同意参与调查的对象都是企业高管。样本包括在至少一个发展中国家现在拥有投资的投资者。调查对象既有全球总部的高管，也有外国分公司的高管。下面会讨论他们各自企业的特点。

世界银行集团委托一家调查公司进行 30 分钟的计算机辅助电话采访。访谈以阿拉伯语、印尼语、汉语、英语、法语、德语、意大利语、日语、韩语、葡萄牙语、俄语、西班牙语和土耳其语 13 种语言进行。访谈包括筛选阶段，以确保调查对象具备合适的资格。采访于 2017 年 2 月至 6 月期间进行。

特点

这项调查对其他现有投资者的调查进行了补充，重点关注投资环境变量，如行政和法律障碍，而不是更加宽泛的经济因素。这些特定的投资环境变量是政策制定者可操作的领域。

该调查旨在提供对企业视角和投资者行为的广泛理解，而不是作为对比国家的标杆化工具。

本次调查由四个部分组成：

1. 被调查者及其公司的一般信息。包括行业、雇员人数和调查对象在公司的职位。
2. 在发展中国家投资的重要性。调查对象将国家特点和投资政策因素的重要性按从"根本不重要"到"极为重要"分为四级。"极为重要"意味着这是一个交易破坏者——仅其本身可以改变公司是否投资一个国家的决定。
3. 政治风险和投资退出。调查对象要确认经历过的政治风险和公司的行动方针。他们还被问及是否关闭了在发展中国家的外国分公司及其原因。
4. 在特定的发展中国家的投资。其中调查对象选择一个他们最熟悉在该国建立分公司的整个过程的特定发展中国家。关于具体投资的问题包括行业、活动、动机、收益再投资、政府机构的效率、所使用的 IPA 服务、收到的激励措施、投入品来源和供应商的企业计划。

附录 1B. 调查对象简介

1. 公司总部所在地。在 754 名调查对象中，有 73% 的公司总部设在高收入国家，27% 的总部设在发展中国家。超过一半的调查对象公司总部在西欧（图 1B.1）。

调查对象的比例（百分比）
不同地区和收入水平的投资者的母国经济体

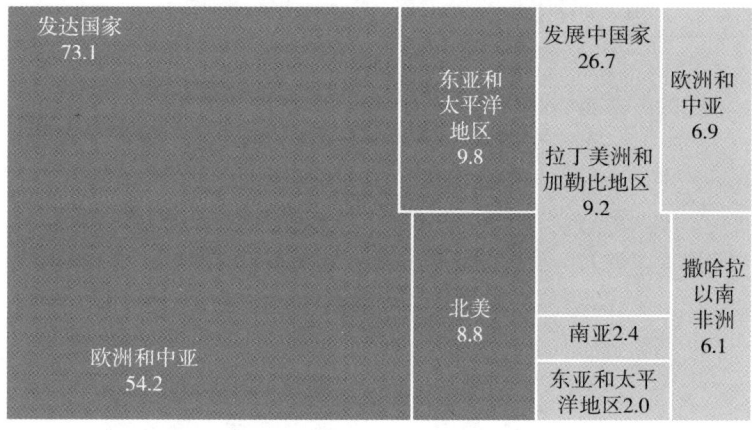

图 1B.1　跨国公司来自不同地区，其发展水平也不一致

资料来源：基于全球投资竞争力调查计算。

注：要求调查对象确认其全球总部的位置。发展中国家和发达国家的分类是基于世界银行集团的收入水平分类。高收入经济体被视为发达经济体，而低收入、中低收入和中高收入经济体被视为发展中经济体，由于样本量小，本报告的分析无法分解为收入组别。

调查对象根据FDI的来源经济体分层。抽样方法考虑了来源经济体是发达经济体还是发展中经济体，但并不是要使调查对象的组成具有国家级的代表性。对于样本规模和当地语言翻译之类的实际考虑使得调查方法无法获得全球范围的代表性公司样本。抽样方法还考虑到，调查对象应包括足够大的作为FDI源经济体的发展中经济体样本。表1B.2对比了2016年具有全球对外直接投资存量的调查对象在发达经济体和发展中经济体的来源构成。

2. 调查对象的区位。在调查对象中，有401人（53%）是位于全球总部的高管，而353人（47%）是跨国公司在发展中国家的分公司的高管。

3. 调查对象在公司中的职位。大多数调查对象是首席执行官（CEO）或首席财务官（CFO），或对等的职位（表格1B.3）。

4. 行业分布。约47%的调查对象是制造业企业的高管，45%来自服务业，6%来自采掘业，2%来自"其他"未分类部门（表格1B.4）。

表1B.5比较了流向绿地投资项目和并购（M&A）的全球FDI的调查对象的组成。关于绿地投资和并购的数据引自联合国贸易和发展会议（UNCTAD）发表的《世界投资报告》中的数据，基于过去五年（2012~2016年）投资项目（不是投资价值）的总数。在此期间，共有15692个绿地投资项目和51283个并购项目。

5. 员工人数。拥有1000名以上员工的大公司占样本总数的40%。约三分之一（32%）的受访公司雇员少于250人，26%的公司员工人数在251至1000名之间（图1B.2）。

6. 动机。只有约三分之一的公司（33%）有一个在某一特定发展中国家投资的支配性动机。大多数（62%）有两个或两个以上的FDI动机（表1B.6）。

表1B.1　总部所在地

发达经济体	调查对象数量	调查对象百分比	发展中经济体	调查对象数量	调查对象百分比
德国	111	14.72	南非	35	4.64
西班牙	80	10.61	阿根廷	23	3.05
美国	60	7.96	土耳其	20	2.65
意大利	53	7.03	印度	16	2.12
韩国	37	4.91	墨西哥	14	1.86
奥地利	36	4.77	保加利亚	10	1.33
日本	32	4.24	巴西	9	1.19
法国	30	3.98	中国	8	1.06
英国	28	3.71	马来西亚	6	0.80
荷兰	22	2.92	俄罗斯联邦	6	0.80
瑞典	20	2.65	尼日利亚	4	0.53
瑞士	20	2.65	哥伦比亚	4	0.53
加拿大	6	0.80	秘鲁	4	0.53
比利时	5	0.66	委内瑞拉	4	0.53
澳大利亚	4	0.53	白俄罗斯	3	0.40
阿拉伯联合酋长国	1	0.13	波斯尼亚和黑塞哥维那	3	0.40
乌拉圭	1	0.13	危地马拉	3	0.40
智利	1	0.13	罗马尼亚	3	0.40
中国台湾	1	0.13	塞尔维亚	3	0.40
冰岛	1	0.13	乌克兰	3	0.40
芬兰	1	0.13	肯尼亚	2	0.27
爱沙尼亚	1	0.13	哥斯达黎加	2	0.27
丹麦	1	0.13	巴拿马	2	0.27
			埃及	1	0.13
			玻利维亚	1	0.13
			博茨瓦纳	1	0.13
			厄瓜多尔	1	0.13
			萨尔瓦多	1	0.13
			巴基斯坦	1	0.13
			圣卢西亚	1	0.13
			斯里兰卡	1	0.13
			斯威士兰	1	0.13
			泰国	1	0.13
			乌兹别克斯坦	1	0.13
			吉布提	1	0.13
			加纳	1	0.13
			赞比亚	1	0.13
			喀麦隆	1	0.13

表 1B.2　调查对象与全球 FDI 的存量构成比较

百分比

总部所在地	调查对象百分比	全球FDI存量的比例
发达经济体	73.21	76.31
发展中经济体	26.79	23.69

资料来源：基于全球投资竞争力调查和 UNCTAD 计算。

注：FDI = 外国直接投资。

表 1B.3　调查对象在公司的职位

职位	调查对象的数量（名）	调查对象百分比
首席财务官/财务总监/财务主管/主计长	336	44.6
首席执行官/董事长/总经理	146	19.4
业务部门主管/部门主管	126	16.7
其他C级执行官	61	8.1
高级副总裁/副总裁/总监	26	3.4
董事会成员	24	3.2
全球运营总监或全球制造总监	18	2.4
其他	12	1.6
首席信息官/技术总监	5	0.7
总计	754	100.0

表 1B.4　调查对象的行业分布

行业	调查对象的数量（家）	调查对象百分比
第一产业		
农业、狩猎、林业和渔业	22	2.92
采矿、采石和石油	26	3.45
制造业		
精炼石油产品，焦炭和核燃料	7	0.93
农产品加工，食品和饮料	24	3.18
纺织品，服装和皮革	23	3.05
化工和化学产品	24	3.18
橡胶	5	0.66
塑料制品	14	1.86
制药，生物技术和医疗设备	26	3.45
金属和金属制品	39	5.17
非金属矿物制品	3	0.40
木材和木制品（家具除外）	3	0.40
家具	2	0.27
纸张和纸制品	6	0.80
印刷和出版	4	0.53
汽车，其他机动车辆和运输设备	67	8.89
信息技术和电信设备	6	0.80
机械，电气和电子设备及部件	64	8.49
其他制造业	36	4.77

续表

行业	调查对象的数量（家）	调查对象百分比
服务业		
电、煤气和水	20	2.65
替代能源	19	2.52
建筑	53	7.03
批发和零售业	43	5.70
酒店和餐饮	7	0.93
其他旅行和旅游相关服务	8	1.06
物流、运输和仓储	35	4.64
电信	13	1.72
计算机和软件服务	10	1.33
金融服务，包括保险	44	5.84
房地产	4	0.53
商业服务	18	2.39
职业，科学和技术服务	32	4.24
健康服务	8	1.06
媒体和娱乐	7	0.93
其他服务业	15	1.99
其他	17	2.25
总计	754	100.00

表1B.5　调查对象与全球FDI流量的行业分布

百分比

行业	绿地投资的全球FDI流量比例	并购的全球FDI流量比例	调查对象百分比
第一产业	**0.5**	**4.7**	**6.4**
农业，狩猎，林业和渔业	0.0	0.5	2.9
采矿，采石和石油	0.5	4.1	3.5
制造业	**47.3**	**22.2**	**46.8**
食品，饮料和烟草	3.6	2.8	3.2
纺织品，服装和皮革	8.8	0.6	3.1
木材和木制品	0.9	0.2	0.4
纸张和纸制品	—	0.7	0.8
出版和印刷	0.1	0.2	0.5
焦炭、石油产品和核燃料	0.5	0.2	0.9
化工和化学产品	5.0	2.7	3.2
制药、生物技术、医疗器械	—	1.6	3.5
橡胶和塑料制品	2.5	0.5	2.5
非金属矿物制品	1.0	0.8	0.4
金属和金属制品	2.2	1.9	5.2
机械设备、电气和电子设备	12.4	7.0	8.5
精密仪器	1.1	—	—
机动车辆和其他运输设备	6.7	1.5	8.9
家具制造	—	0.2	0.3
其他制造业	2.4	1.2	4.8

续表

行　业	绿地投资的全球FDI流量比例	并购的全球FDI流量比例	调查对象百分比
服务业	**52.2**	**73.2**	**44.6**
电、天然气和水	2.2	1.9	5.1
建筑和房地产	1.6	1.1	7.6
贸易	5.3	4.5	5.7
酒店和餐饮，旅游和旅游相关	0.8	3.0	2.0
运输、仓储和通信	6.4	49.1	6.4
金融	7.2	11.1	5.8
商业服务	26.2	—	2.4
公共行政和国防	—	0.7	—
教育	0.7	0.2	—
卫生和社会服务	0.5	0.7	1.1
艺术、娱乐和休闲	1.2	0.4	0.9
其他服务业	0.2	0.3	2.0
其他	—	—	2.3

资料来源：基于联合国贸易和发展会议（UNCTAD）2017年世界投资报告的计算，该报告的数据来源出自UNCTAD并购数据库和fDi市场数据库、《金融时报》以及基于全球投资竞争力调查的数据。

注：行业类别已作略微调整，以使三个数据来源之间协调。标有"—"的行业不在其初始来源的行业清单之中。FDI=外国直接投资。

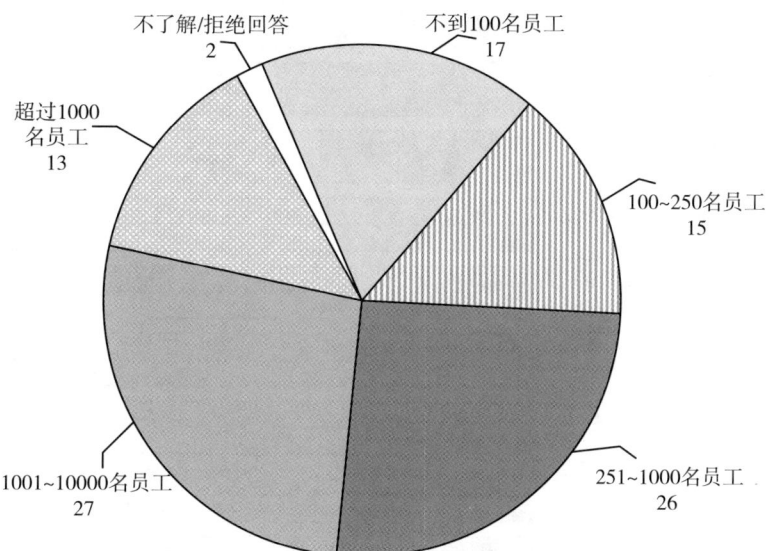

图 1B.2　根据员工人数区分的跨国公司规模

资料来源：基于全球投资竞争力调查计算。

表 1B.6　动机数量

动机数量	调查对象数量	调查对象的百分比
0	34	4.51
1	249	33.02
2	227	30.11
3	159	21.09
4	64	8.49
5	21	2.79
总计	754	100.00

附录1C. 组别间的差异

国家特点的重要性因部门和FDI的来源而有所不同。比起服务业企业，制造业企业认为劳动力成本、其他投入品以及获取土地或房地产更重要，可能是因为在制造业部门中，追求效率的动机比在服务业中更普遍。另外，服务业企业对政治稳定性和安全性、法律和监管环境、宏观经济稳定和国内市场融资更敏感（图1C.1）。很多服务业企业提供金融、零售、能源和电信方面的服务，这些都受到更严格的监管。与来自发达经济体的同行相

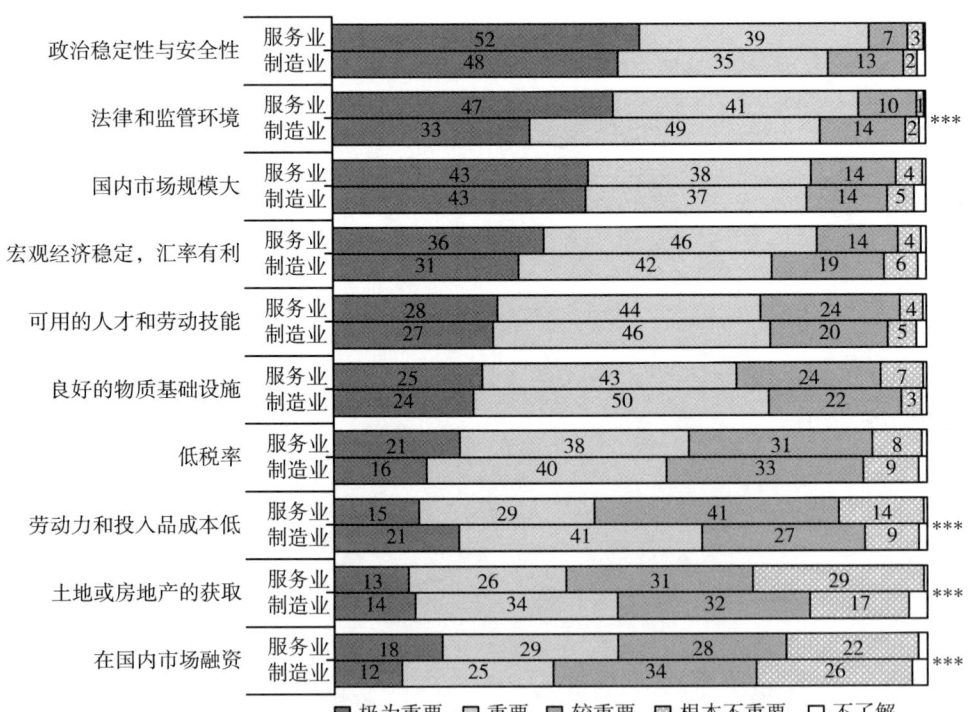

图 1C.1　影响制造业企业与服务业企业的国家特征的重要性

资料来源：基于全球投资竞争力调查计算。

注：两组之间差异的显著性分别为 *** $p<0.01$, ** $p<0.05$ 和 * $p<0.1$。

比，来自发展中国家的投资者也往往会更重视很多因素，如宏观经济稳定、劳动力和投入品成本低、税率低以及国内融资的可行性（图1C.2）。

投资环境因素的重要性也因行业而异。服务业企业对公共机构行为的透明度和可预测性、投资保护的保证和开办企业的便易性更敏感，很可能是由于这些行业受到了更严格的监管（图1C.4）。来自发展中国家的投资者似乎也比来自发达经济体的投资者更重视投资环境因素，但差异不具有统计显著性（图1C.5）。与来自公司全球总部的调查对象相比，来自发展中国家分支机构的调查对象往往认为投资环境因素很重要（图1C.6）。具体而言，是指公共机构的行为的透明度和可预测性、投资保护的保证、投资激励措施以及双边投资条约。

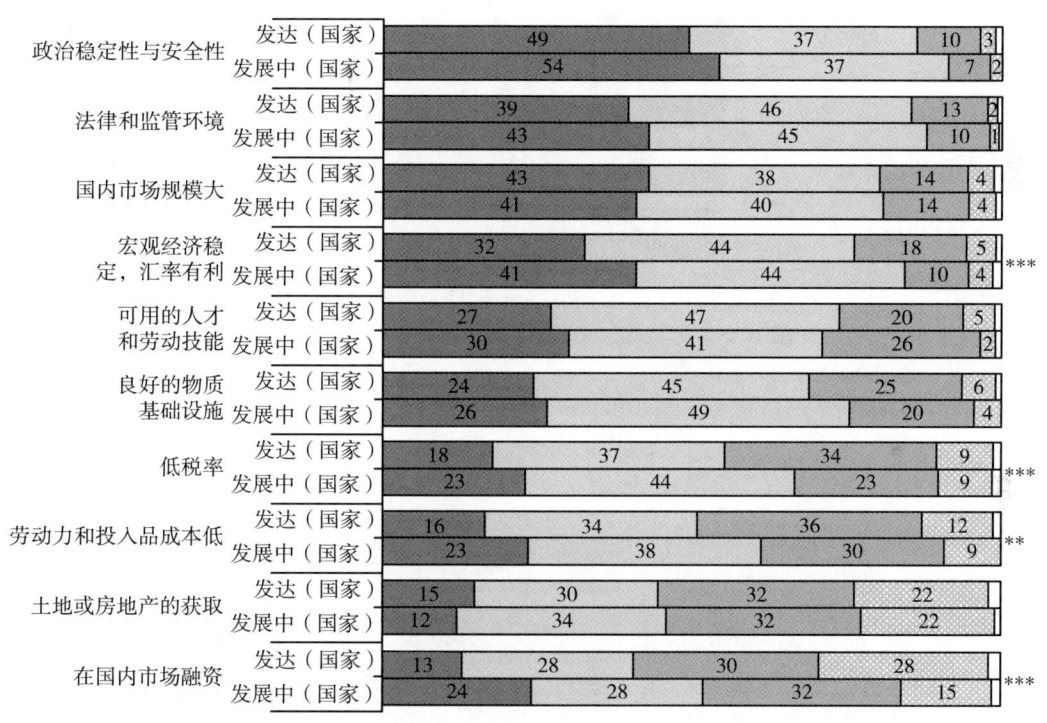

图 1C.2　影响发达来源国与发展中来源国的国家特征的重要性

资料来源：基于全球投资竞争力调查计算。

注：两组之间差异的显著性分别为*** p <0.01，** p <0.05 和* p <0.1。与在公司全球总部的调查对象相比，来自发展中国家分公司的调查对象往往认为大多数特点是重要的（如图1C.3）。这表明，更能够意识到在发展中国家设立和经营跨国公司分公司所面临的挑战的一线高管们，更看重的是诸如有利于商业的法律和监管环境等因素；事实上，几乎一半的这类调查对象认为这类环境的缺失是交易破坏者，而在母公司的调查对象只有32%这么认为。

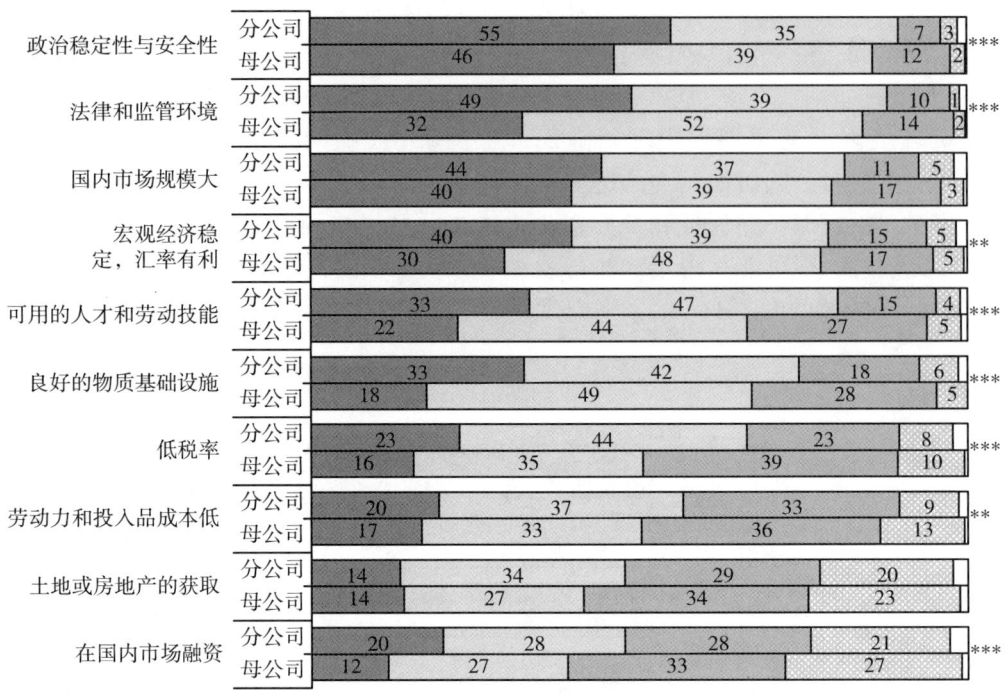

图1C.3 影响母公司与分公司的国家特征的重要性

资料来源：基于全球投资竞争力调查计算。

注：两组之间差异的显著性分别为 *** $p<0.01$，** $p<0.05$ 和 * $p<0.1$。

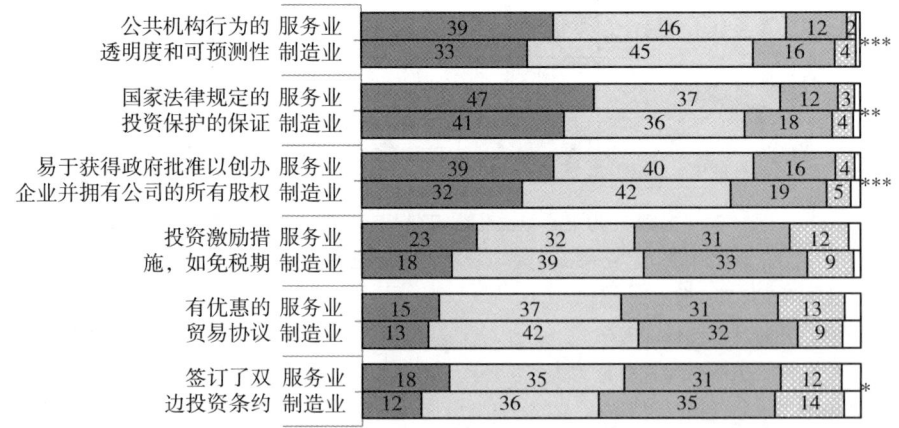

图1C.4 影响制造业与服务业企业的投资环境因素的重要性

资料来源：基于全球投资竞争力调查计算。

注：两组之间差异的显著性分别为 *** $p<0.01$，** $p<0.05$ 和 * $p<0.1$。

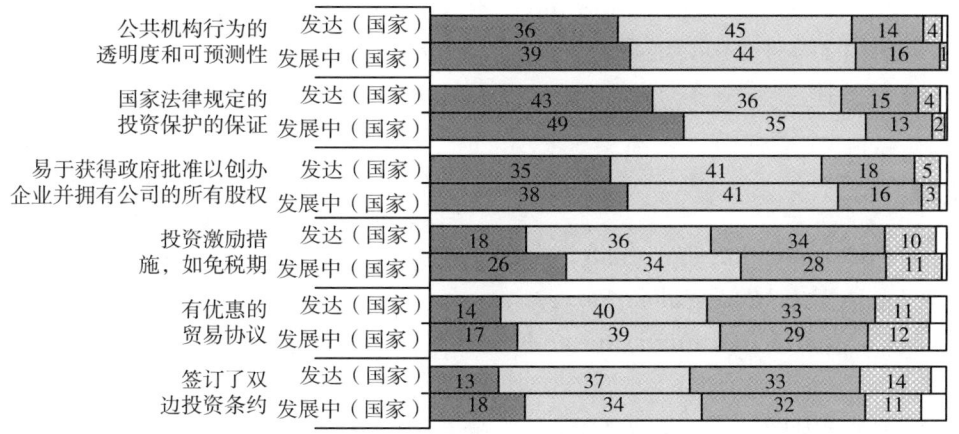

图 1C.5　影响发达与发展中来源经济体的投资环境因素的重要性

资料来源：基于全球投资竞争力调查计算。

注：两组之间差异的显著性分别为 *** $p<0.01$，** $p<0.05$ 和 * $p<0.1$。

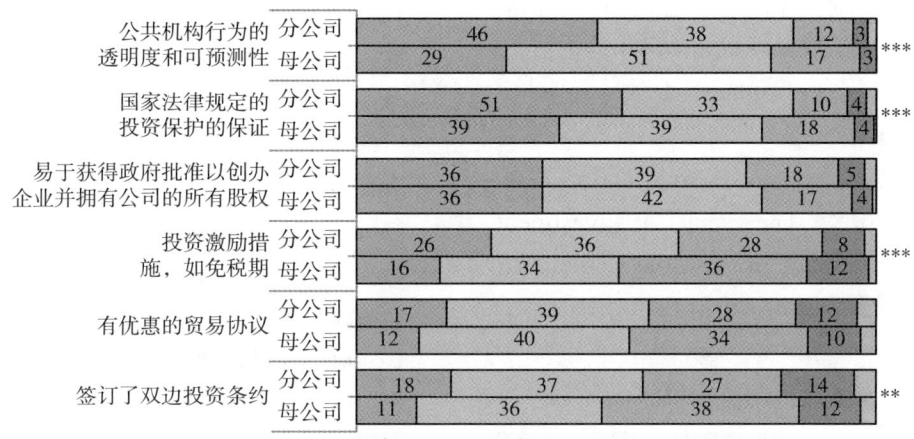

图 1C.6　影响母公司与分公司的投资环境因素的重要性

资料来源：基于全球投资竞争力调查计算。

注：两组之间差异的显著性分别为 *** $p<0.01$，** $p<0.05$ 和 * $p<0.1$。

注释

1. 对FDI分类学这一更广泛的定义和使用将在世界银行集团即将出版的著作中进一步阐述。

2. 在本章中，"效率寻求型"的投资者是那些表示降低生产成本和建立新出口基地是他们在发展中国家建立分支机构的动机之一的调查对象。

3. Echandi, Krajcovicova, and Qiang（2015）

提供了包括UNCTAD（2007）、Moran（1998，2006，2011）、Hufbauer and others（2013）的研究中有关本地含量要求的文献综述。

参考文献

AON Centre of Innovation and Analytics. 2015. *Global Risk Management Survey.* U.K.: AON Centre of Innovation and Analytics.

A.T. Kearney. 2017. *Foreign Direct Investment Confidence Index: Glass Half Full.* Washington, DC: A.T. Kearney.

Dunning, J.H. 1993. *Multinational Enterprises and the Global Economy.* Addison Wesley.

Dunning, J.H., and S.M. Lundan. 2008. *Multinational Enterprises and the Global Economy.* Cheltenham, U.K.: Edward Elgar Publishing.

Echandi, R., J. Krajcovicova, and C.Z.W. Qiang. 2015. "The Impact of Investment Policy in a Changing Global Economy." Policy Research Working Paper 7437, World Bank, Washington, DC.

Ernst & Young Emerging Markets Center. 2015. *EY's Attractiveness Survey Africa 2015: Making Choices.* London: Ernst & Young Global Limited.

Gomez-Mera, L., T. Kenyon, Y. Margalit, J.G. Reis, and G. Varela. 2015. *New Voices in Investment: A Survey of Investors from Emerging Countries.* World Bank Studies. Washington, DC: World Bank. doi:10.1596/978-1-4648-0371-0.

Hufbauer, G.C., J.J. Schott, C. Cimino, M. Vieiro, and E. Wada. 2013. "Local Content Requirements: A Global Problem." Policy Analyses 102. Peterson Institute for International Economics, Washington, DC.

MIGA (Multilateral Investment Guarantee Agency). 2013. *World Investment and Political Risk 2013.* Washington, DC: MIGA.

Moran, T. H. 1998. *Foreign Direct Investment and Development: The New Policy Agenda for Developing Countries and Economies in Transition.* Washington, DC: Peterson Institute for International Economics.

———. 2006. *Harnessing Foreign Direct Investment for Development: Policies for Developed and Developing Countries.* Washington, DC: Center for Global Development.

———. 2011. *Foreign Direct Investment and Development: Launching a Second Generation of Policy Research: Avoiding the Mistakes of the First, Re-Evaluating Policies for Developed and Developing Countries.* Washington, DC: Peterson Institute for International Economics.

UNCTAD (United Nations Conference on Trade and Development). 2007. *Elimination of TRIMS: The Experience of Selected Developing Countries.* New York and Geneva: UNCTAD.

———. 2014. *World Investment Prospects Survey: 2013–2015.* New York: UNCTAD.

———. 2016. *World Investment Report 2016: Investor Nationality: Policy Challenges.* Geneva: UNCTAD.

———. 2017. *World Investment Report 2017: Investment and the Digital Economy*. Geneva: UNCTAD.

WEF (World Economic Forum). 2017. *The Global Risks Report 2017, 12th Edition*. Geneva: WEF.

World Bank. 2014. "Conceptual Framework." In *Making Foreign Direct Investment Work for Sub-Saharan Africa: Local Spillovers and Competitiveness in Global Value Chains,* edited by Farole, Thomas, and Deborah Winkler, 23–55. Washington, DC: World Bank.

World Bank Group/MIGA. 2002. *Foreign Direct Investment Survey: A Study Conducted by the Multilateral Investment Guarantee Agency with the Assistance of Deloitte & Touche LLP.* Washington, DC: World Bank Group.

FDI 对发展中国家高成长型公司的影响

第二章

José–Daniel Reyes

外国直接投资（FDI）促进经济增长、创造就业机会和减少贫困。对贸易和投资更开放的国家其经济增长速度往往更快，生产力更高（Dollar 1992；Harrison 1996；Frankel and Romer 1999）。政策制定者寻求吸引FDI来创造就业机会，引进尖端的知识和技术，连接全球价值链，使本国经济多样化并提升本国经济的生产能力[1]。外国企业和本土企业之间潜在的知识传递是FDI的附加收益，这可以提高国内企业的生产力，从而使经济增长更具包容性。

因此，外商投资对本国经济的影响是一个国家发展战略中的关键因素。这些FDI对国内企业的影响（或溢出效应）可以是正面的，也可能是负面的，这取决于本地企业是否因FDI而提高或降低其业绩。如果FDI能够带来外国技术和前沿知识，并成功地将其传播给当地企业，提高本地企业的生产力，就会产生积极的影响。同时，FDI也会通过增加本地投入和产出市场的竞争，从而破坏本地企业的业绩表现，进而产生负面影响。这两种力量之间的平衡决定了外国企业对本地企业的整体影响。在行业层面，产品和要素市场的更大竞争会导致资源从低生产力向高生产力的企业进行有效再分配，从长远来看此举会提高行业生产力。[2]

FDI能够通过两大渠道使国内企业受益。[3]

- 契约性联系。外国公司和本地供应商之间的这种联系可通过正式的渠道将先进技术知识和具体实践传递给本地供应商，这有助于国内供应商提高其技术和质量标准。[4]
- 示范效应。即国内公司通过观察或聘请外国公司培训的员工来模仿外国技术或管理实践。[5]

本章探讨了FDI溢出的两个传递渠道对发展中世界50个行业和121个经济体的企业绩效影响。[6]这一章应用世界银行企业调查数据，按行业衡量了联系和示范渠道，并检验它们对国内该行业企业从FDI中受益能力所起到的作用。报告中的分析揭示了FDI溢出在当地企业中的巨大差异。与文献一致，发展中国家的一般企业未必会从这些FDI效应中受益（Damijan and others 2013；Fons-Rosen and others 2017）。主要是当地高成长型公司能够通过联系和示范渠道将FDI溢出内在化。[7] 对于联系渠道来说，外资企业在国内投入的份额增加1个百分点，与本国高成长型企业的产出增长0.6个单位相关。对于示范渠道而言，该行业的外国产出份额增加1个百分点，与高成长型企业的产出增长0.1个单位相关。

因此，本章聚焦国内高成长型企业，分析显示其在FDI中的收益超过其他公司。这可能是因为其吸收能力较强——能够识别新信息的价值，吸收信息，并将其应用于改善生产过程。[8] 高成长型企业在发展中国家创造了相当比例的就业机会和生产收益。从对销售和收入增长感兴趣的个体企业视角，到对创造就业机会和经济增长感兴趣的政策制定者的角度来看，这些公司的独特特征一直是研究的主题。

从政策角度来看，发展中国家有兴趣将FDI对当地经济的好处加以扩展。这里给出的证据表明，将本地供应商与外国企业联系起来的联系计划有助于这一目标的实现。对基于实证的政策制定而言，考虑到不同的本土企业的吸收能力和各种潜在的市场失灵等问题至关重要。尤其是设计瞄准具有高潜力的供应商并解决具体的问题（如信息不对称以及国内供应商的规模和质量受到约束等）的方案十分重要。联系计划应该包括针对供应方、需求方和市场交换的一整套干预措施。强制性的本地含量要求可能会弊大于利，因为它们会阻碍FDI进入该国，从而阻止了所有渠道的正面溢出效应。旨在降低搜索成本并解决买卖双方限制的全面政策干预，比零敲碎打的解决方法更有效。

高成长型企业对创造就业机会而言十分重要，其规模小、成立时间短

虽然私营部门是国家经济增长的主要引擎，但私营部门中的一小部分"高成长型"企业在创造就业机会方面起到不成比例的巨大作用（Coad and others 2014；Haltiwanger，Jarmin，and Miranda 2016；Hsieh and Klenow 2014）。确认高成长型企业并评估对其产生及业绩表现的制约因素，对于认识这些企业的全部潜力至关重要（专栏2.1）。

这个数据集中识别的高成长型企业

专栏2.1

影响高成长型企业的四种因素：四层洋葱式框架

企业业绩表现，以及由此而出现高成长型企业的可能性，受到多种因素的影响：
- 企业家的个人特征，如年龄、受教育程度、经历和动机。
- 企业特征，如企业的成立时间长短、规模、地理位置、行业和吸收能力。
- 个人和专业网络。
- 企业运营的总体商业环境。

"四层洋葱"式框架表明了这些因素（见图B2.1.1）。

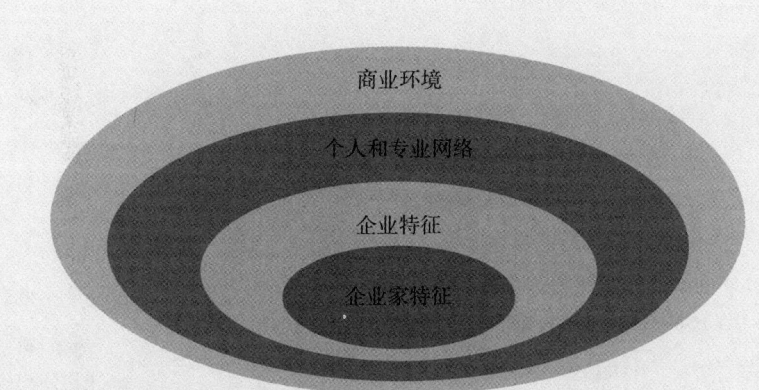

图 B2.1.1　成长因素的四层洋葱式框架

资料来源：Hampel-Milagrosa, Loewe, and Reeg 2015。

只关注国内企业，强调这些其在外国企业的存在中受益的能力。该分析使用企业层面创造的就业机会的比率来表征企业增长。[9,10] 在每个国家中，高成长型企业是连续两年位于企业层面就业增长率分布的前五个百分位的企业。这种方法的主要优点在于，它确立了具体国家中定义高成长型企业的最低增长率，因此将各经济体中支持或阻碍私营部门的因素纳入考虑之中（附录2A提供了完整的经济体名单，以及所有企业调查的年份统计表）。[11]

2015年在印度尼西亚进行的企业调查说明了如何识别高成长型企业。根据选择标准，高成长型企业的雇员数在2012年到2014年之间增加了至少35.3%。[12] 在图2.1中，这些企业在成长分布中是右尾部的阴影部分。

将这一标准应用于国家样本就会发现，发展中国家的高成长型企业有两个共同特征：它们往往规模小，成立时间短。在各个国家中，它们代表了7.9%的小企业，2.3%的大企业（图2.2）。在89个国家中，这些中位雇员数不到10名（附录2C）。高成长型企业也多是年轻企业；6.9%的成

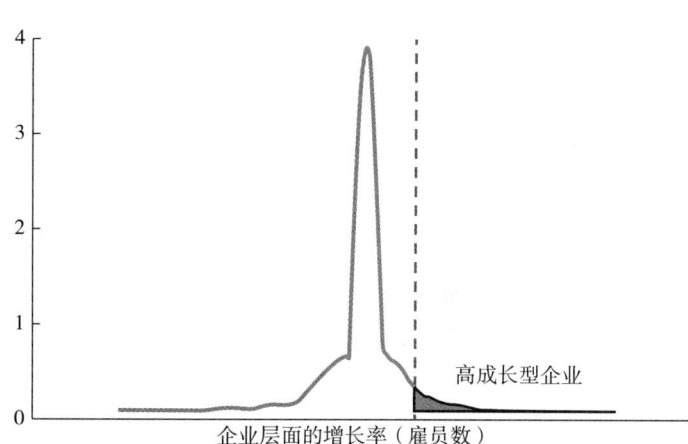

2012~2014年度印度尼西亚企业层面增长率的分布

图 2.1　高成长型企业创造最多的就业机会

资料来源：基于世界银行企业调查数据计算。

注：此图显示了印度尼西亚2012年至2014年间企业中点增长率的分布情况。这项调查是在2015年进行的，企业被问及前一年（2014）和三年前（2012）的全职雇员总数。虚线表示第95百分位。分布中的阴影区域表示高成长型企业。

立时间10年以下的企业是高成长型，而只有2.3%的成立时间50年以上的企业是高成长型（图2.3）。高成长型企业的中位年龄低于样本中105个国家的其他企业的中位年龄（附录2C）。[13]

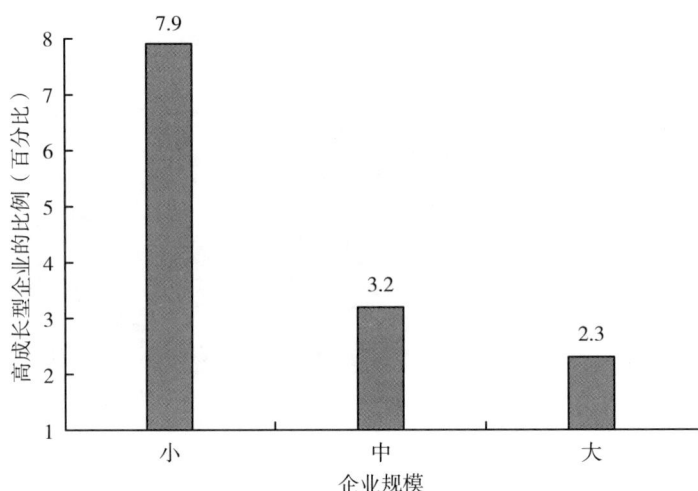

图 2.2　高成长型企业一般规模小

资料来源：基于世界银行企业调查数据计算。

注：此图显示了高成长型企业的数量占企业总数的百分比，按规模大小分类。小型企业的员工人数不足20人，中型企业的员工人数为20~100人，大型企业的员工人数超过100人。

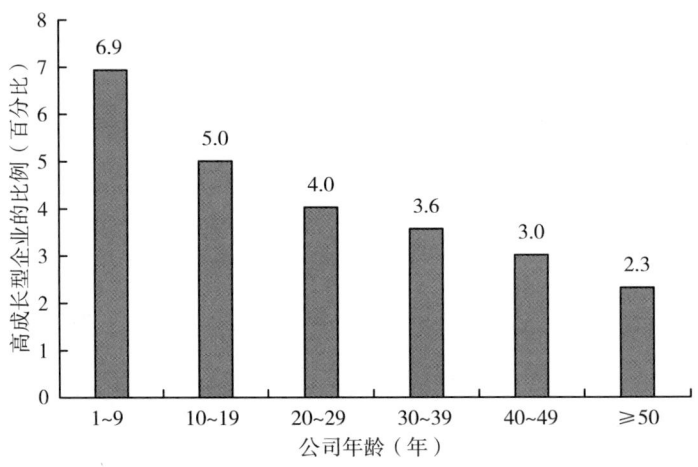

图 2.3　……成立时间短

资料来源：基于世界银行企业调查数据计算。

注：该图显示了按年龄分类计算的高成长型企业的数量占公司总数的比例。

发展中国家的高成长企业存在于所有经济部门，但服务业比制造业更普遍（表2.1）。信息通信技术（ICT）和建筑业中高成长型企业比例最高；这些企业占ICT部门所有企业的8.1%，建筑部门的6.6%。[14] 在产出和就业增长方面，服务业的高成长型企业表现优于制造业企业。总的来说，服务业的高成长型企业在就业方面增长了133%（制造业增长了127%），在过去两年中销售额增长了40%（制造业增长了38%）。

许多变量决定了高成长型企业在发展中经济体的行业分布。如上所述，这些要素包括从企业家的特征到企业运作的监管和制度框架。关键决定因素在企业的生命周期中也有所不同，但国际化的过程通常是企业获得成功的关键因素（专栏2.2）。

总而言之，高成长型企业数量很少，但对创造就业至关重要。证据表明，它们成立时间短，规模小，存在于所有的经济活动中，并且决定其业绩的因素有所不同。它们的强劲表现表明，它们相对于其他在运营和增长上面临着相同约束的企业能力更强，从而使它们可从跨国公司（MNC）的存在中受益。

表2.1 高成长型企业出现于所有经济部门中

各行业企业层面的就业和产出增长率

ISIC码——行业	高成长型企业 [1]	其他企业 [2]	高成长型企业在该行业所占比例（[3]=[1]/[1]+[2]），百分比	高成长型企业 就业增长（百分比）	高成长型企业 产出增长（百分比）	其他企业 就业增长（百分比）	其他企业 产出增长（百分比）
制造业	1608	27188	5.6	127	38	0	14
17—纺织品	158	2414	6.1	124	43	0	13
29—机械和设备	123	1972	5.9	100	33	0	15
18—服装和毛皮	226	3574	5.9	141	40	0	14
28—金属产品	180	2938	5.8	150	47	0	17
15—食品和饮料	393	6508	5.7	133	35	0	14
36—家具	114	1927	5.6	150	52	0	15
24—化工	150	2789	5.1	132	35	0	17
26—非金属矿产品	144	2684	5.1	130	34	0	11
25—橡胶和塑料	120	2382	4.8	100	33	0	14
服务业	1479	24446	5.7	133	40	0	13
64 & 72—信息通信技术	116	1319	8.1	115	53	9	17
45—建筑	173	2463	6.6	115	53	0	12
50-52—批发和零售贸易	929	14845	5.9	133	39	0	13
60-63—交通和仓储	109	2251	4.6	150	34	0	11
55—旅馆和饭店	152	3568	4.1	130	33	0	9

资料来源：基于世界银行企业调查数据计算。

注：该表格显示了各类型企业的总数量，以及它们在各个经济部门相关的就业和产出增长率情况。为了减少混乱，有不到100家企业的行业没有包括进去。行业根据高成长型企业的比例排序（列[3]）。数据使用国际标准产业分类（ISIC）3.1版。对于产出和就业，表格显示每个格内的中位标准增长率。

专栏2.2

AAA Growers：肯尼亚的一家高成长型企业

AAA Growers是一家在肯尼亚生产蔬菜和花卉的公司，是全国最大的辣椒种植商和出口商。该公司在2000年成立，当时有50名员工，现在拥有五家农场，在旺季雇用了大约4000名员工。劳动力由农村工人组成，其中60%为妇女。AAA Growers自成立以来的主要目标是生产用于出口的蔬菜,主要出口到英国市场。目前,大约98%的产品销往国际市场。

管理团队提出三个促进公司取得成功的核心要素:

- 家庭支持建立业务。在公司成立的前三年用家庭资本来建立和维持小规模的经营。这一时期并没有产生正利润,但对了解不同作物的动态、出口要求以及建立专业网络是至关重要的。
- 与国外买家的联系。在国际市场确立商业存在具有挑战性。业主运用家庭联系以确定在英国市场潜在的买家,并确保小订单,目标是建立长期的专业关系。该公司最初三至五年的业务主要致力于识别和确保国际买家。
- IFC资助建立大规模业务。国际金融公司(IFC)贷款使AAA Growers得以投资最先进的设备和设施,这不仅有助于扩大产量,而且能够符合欧洲市场严格的生产和农业标准。

在过去10年高速增长之后,该公司现在已经巩固。管理的首要任务是稳定公司的运营,以确保可持续扩张。

高成长型企业主要通过联系渠道受益于FDI

本节着眼于FDI影响国内企业的两个渠道,重点关注高成长型企业。联系渠道的特点是直接通过合同使国内企业成为外国企业的供应商。示范渠道使国内企业能够通过观察或雇佣外国企业培训过的工人来复制国外技术或管理实践。因此,FDI在该行业的存在感越强,示范渠道对当地企业产生积极影响的机会越多。

但是,虽然外国企业带来了技术和前沿知识,可以提高本土企业的业绩,但它们也可能增加东道国经济体的竞争压力,这可能会损害一些当地企业(Alfaro and Chen,即将出版;Fons-Rosen and others 2017)。这两种力量的相对强度决定了对国内企业的最终影响。然而,在行业层面,更强的竞争促进了生产要素从低生产力企业向高生产力企业的有效再分配,从而在长期提高行业生产力。

因为同一行业的所有企业都面临着外国企业的存在带来的竞争压力,因此它们最终从FDI中获益的能力取决于其能否通过联系和示范渠道获得积极的溢出效应。[15]反过来,这一能力取决于其吸收能力,即是否能够识别新信息的价值,吸收新信息,并应用它来改进生产过程。由于高成长型企业快速增长的轨迹反映了高吸收能力和生产力,它们可能比其他本土企业更能抓住积极的溢出效应。

利用世界银行企业调查信息,本团队构建了跨50个行业和121个发展中国家的联系渠道和示范渠道的指标。正如文献中提到的,通过外国企业在东道国获得的国内来源的投入品的平均份额来反应联系渠道。[16]用总产出中的外国产出比例来衡量示范渠道(参见Blalock and Gertler 2009;Farole and Winkler 2015;以及附录2D)。这些衡量结果代表了FDI溢出渠道在国家—行业观察资料中的重要性,因此反映出产业内溢出效应的潜力。[17]

FDI溢出的传递渠道的相关性在不同行业和国家之间存在差异。平均而言,联系渠道在制造业中比在服务业中更为明显(表2.2)。在制造业中,亚洲的联系渠道最普

表2.2 联系在制造业中更为重要，而示范效应在所有行业中都相对平衡

不同行业和地区的联系渠道和示范渠道的平均规模

ISIC代码——行业	东亚和太平洋地区 联系	东亚和太平洋地区 示范	欧洲和中亚地区 联系	欧洲和中亚地区 示范	拉丁美洲和加勒比地区 联系	拉丁美洲和加勒比地区 示范	中东和北非地区 联系	中东和北非地区 示范	南亚地区 联系	南亚地区 示范	撒哈拉以南非洲地区 联系	撒哈拉以南非洲地区 示范
制造业	**0.7**	**0.3**	**0.6**	**0.2**	**0.6**	**0.3**	**0.6**	**0.2**	**0.8**	**0.1**	**0.6**	**0.4**
15—食品和饮料	0.8	0.3	0.7	0.2	0.7	0.4	0.7	0.2	0.8	0.1	0.7	0.5
17—纺织品	0.8	0.3	0.7	0.2	0.6	0.3	0.7	0.1	0.8	0.1	0.5	0.5
18—服装和毛皮	0.6	0.4	0.5	0.2	0.7	0.2	0.4	0.3	0.6	0.0	0.6	0.2
24—化工	0.7	0.3	0.6	0.4	0.5	0.4	0.5	0.2	0.8	0.1	0.4	0.4
25—橡胶和塑料	0.7	0.1	0.5	0.2	0.4	0.5	0.6	0.1	0.9	0.0	0.4	0.5
26—非金属矿产品	0.8	0.4	0.7	0.3	0.7	0.2	0.8	0.2	1.0	0.2	0.7	0.4
28—金属产品	0.6	0.2	0.6	0.1	0.5	0.5	0.6	0.2	0.9	0.0	0.5	0.4
29—机械和设备	0.8	0.2	0.6	0.2	0.7	0.5	0.6	0.4	0.9	0.1	0.6	0.3
36—家具	0.7	0.3	0.4	0.1	0.8	0.2	0.8	0.1	0.6	0.0	0.6	0.2
服务业	**0.3**	**0.2**	**0.0**	**0.1**	**0.3**	**0.3**	**0.7**	**0.2**	**0.0**	**0.0**	**0.4**	**0.4**
45—建筑	—	0.1	0.0	0.1	0.7	0.2	0.7	0.2	—	0.0	0.7	0.4
50-52—批发和零售贸易	0.7	0.2	0.0	0.2	0.7	0.3	0.3	0.2	0.0	0.0	0.5	0.3
55—旅馆和饭店	—	0.2	—	0.2	—	0.3	0.9	0.1	0.0	0.1	0.4	0.5
60-63—交通和仓储	0.7	0.2	0.0	0.1	—	0.3	1.0	0.2	0.0	0.0	0.6	0.3
64 & 72—信息技术和通讯	0.2	0.1	0.0	0.2	—	0.4	0.6	0.2	—	0.1	—	0.3

资料来源：基于世界银行企业调查数据计算。

注：该表显示了不同经济部门和世界各地区的联系和示范效应的平均值。对于联系渠道，每个数字显示的是外国企业在行业内从来源国获取的投入品的平均比例。对于示范渠道，每个数字显示的是外国产出占行业总产出的平均百分比。

— = 数据不可得。

遍。举例来说，在东亚，外国制造企业在本地获取的投入品占70%，世界其他地区的平均水平约为60%。示范效应在制造业和服务业之间是相对平衡的；外国企业在不同行业和地区的行业产出中大体占20%到30%。

仅有联系渠道和示范渠道的存在并不能保证国内企业受益于FDI。国内企业可以成为外国企业的供应商，但可能无法利用所获得的信息来改进生产技术。我们可以认为，如果外国企业和国内企业之间缺乏直接联系，通过示范渠道向当地企业输送FDI收益可能更具难度。为了检验国内企业的绩效与FDI溢出的两个渠道之间的关系，报告中的分析采用了一个回归框架，像联系和示范渠道的存在和重要性所表示的那样，调查企业在FDI溢出效应高的行业中是否表现出较高的产出增长率。分析显示高成长型企业和其他企业有所不同。回归控制了与企业成长相关的其他变量，特别是成立时间、出口状况和劳动生产率等（附录2D）。

结果表明，平均而言，对于企业和国家，FDI收益并是不均匀地传递给当地企业。虽然联系和示范渠道与企业层面的产出增长率正相关，但统计上等于零。换句话说，发展中国家的普通企业无法从外国公司的存在中获益。两个自我强化机制对此可以进行解释：第一，外国企业给国内市场带来的竞争超过了普通企业内化的FDI收益。第二，一般企业的低吸收能力阻碍它获取更多的FDI收益。[18]

与这些总体性结果相反，分析发现，高成长型企业能够通过两个渠道来获取FDI给其市场带来的好处。这些结果对于联系渠道尤其显著，其中，外国企业在国内的投入品份额增加1个百分点与高成长型企业的产出增长率提高0.6个单位相关（图2.4）。[19]示范效应也与高成长型企业的表现正相关，但其影响较低：在该行业的外国产出份额增加1个百分点与高成长型企业的产出增长率增加0.1个单位相关。[20]这些渠道对非高成长型企业的绩效影响也是正的，但统计不显著。[21]

高成长型企业能够更好地内化国外技术和流程，以提高生产力，平衡FDI的竞争效应。因此，从政策的角度来看，增加国内企业的吸收能力是最大限度地提高FDI在创造就业方面的好处的关键。

FDI对本地高成长型企业绩效的重要性因地区而异。采用相同的实证框架，报告分析估计了世界六个地区的联系和示范渠道的作用（图2.5和附录2D）。分析产生三个关键信息：

- 撒哈拉以南非洲地区的高成长型企业不把FDI外溢内化。由于流入非洲的FDI中有很大一部分是针对自然资源的，这一结果可能表明，这种类型的投资产生正溢出的潜力是有限的。
- 欧洲和中亚地区是一个离群值，因为其示范渠道胜过联系渠道。事实上，示范渠道的作用比其他地区要大得多。
- 联系渠道是拉丁美洲和加勒比地区、东亚和太平洋地区、南亚地区、中东和北非地区的高成长型企业获得FDI溢出的关键。

在制造业和服务业的高成长型企业中，联系渠道在利用FDI溢出效应方面都比示范渠道更为重要。在服务业中，联系和示范渠道都传递FDI的收益（图2.6和附录2D）。然而，制造业中的高成长型企业只有通过联系才能从FDI中获益。研究结果表明，联系增加1个百分点与制造业高成长型企业的销售增长率提高0.7个单位相关，与服务业提高0.5个单位相关。在服务业中，示范渠道增长1个百分点与国内高成长型企业的销售增长率提高0.2个单位相关。示范渠道对制造业的高成长型企业统计不显著。

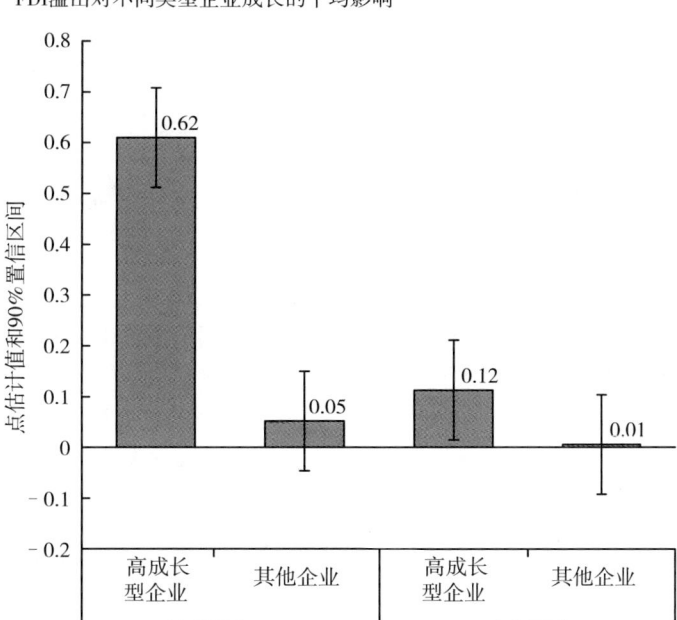

图 2.4 高成长型企业受益于外国企业的存在

资料来源：基于世界银行企业调查数据计算。

注：此图显示了在 121 个国家的样本中，高成长型企业和其他企业的联系和示范渠道的估计系数。竖线表示 90% 置信区间。估计值对应附录 2D 中表 2D.1 第 7 列的估计。FDI = 外国直接投资。

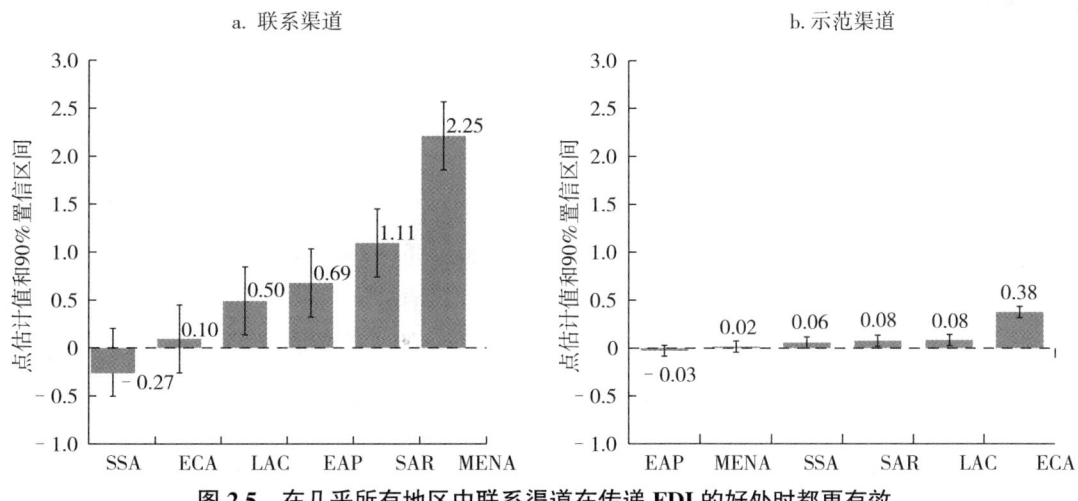

图 2.5 在几乎所有地区中联系渠道在传递 FDI 的好处时都更有效

资料来源：基于世界银行企业调查数据计算。

注：这些数据显示了按地区划分的 FDI 溢出效应对高成长型企业影响的估计系数。竖线代表 90% 的置信区间。回归结果见附录 2D。这些地区是：EAP = 东亚和太平洋地区；ECA = 欧洲和中亚地区；LAC = 拉丁美洲和加勒比地区；MENA = 中东和北非地区；SAR = 南亚地区；SSA = 撒哈拉以南非洲地区。

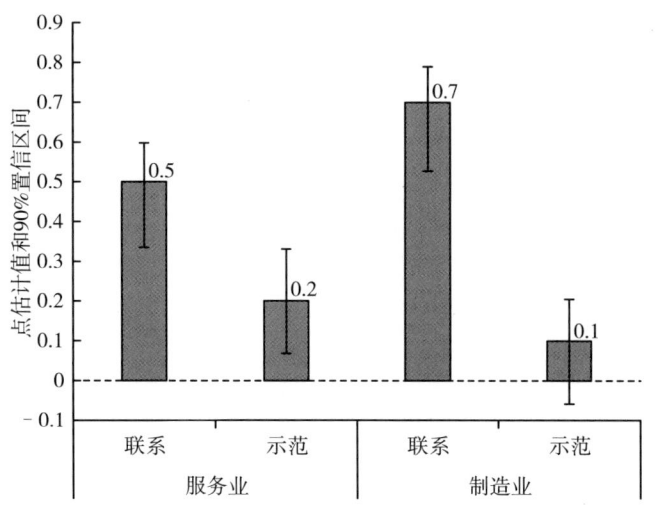

图 2.6　服务业与制造业中的高成长型企业都主要通过联系渠道从 FDI 中获益

资料来源：基于世界银行企业调查数据计算。

注：此图显示了 FDI 溢出效应对高成长型企业在制造业和服务业中的作用的估计系数。竖线代表 90% 置信区间。回归结果在附录 2D 中给出。

使 FDI 的好处最大化的政策：促进联系以助发展

虽然对特定群组的本地企业来说，FDI 可能会导致负面的分布效应，但开放多国生产的国家总生产力还是会有提高。这些好处可以通过对国内企业的正面溢出效应以及将生产要素从生产力较低的企业重新分配到生产力更高的企业来实现。从政策的角度来看，建议政府设计政策，以减少再分配过程的调整成本，并提高本地企业的能力，以内化有外国企业的存在带来的正溢出效应。可以提高本地企业吸收能力的政策和计划（主要是通过促进国内联系）将最大化 FDI 带来的潜在好处。虽然分析的重点是将国内企业与跨国公司联系起来，但这些政策也可以有所改变，以支持国内供应商和大买家之间的联系。

旨在加强联系计划的政策干预应该解决特定的市场失灵问题。阻碍联系发展最常见的市场失灵是信息不对称，这同时增加了买家和卖家的搜索成本（Monge-González and Rodríguez-Álvarez 2013）。外国公司可能难以确定潜在的本地供应商，而国内企业可能难以确定与外国企业潜在的合同机会。另一个常见的市场失灵是国内供应商的大小和规模都有限，可能发现无法应对来自跨国公司的大订单，而为扩张生产进行投资又太过冒险。此外，国内企业可能不具备满足外国企业最低质量要求的生产标准。

联系计划应该考虑一种机制来识别和支持高潜力的本土企业，使它们成为外国企业的供应商。本章提出的证据表明，并非所有的国内企业在从 FDI 中获益的能力上都是同等的。高成长型企业具有吸收能力，使它们能够将 FDI 溢出内在化，进而提高生产力并支持创造就业机会。关于建立联系项目以支持广泛的中小型企业（SMES）没有实证基础，但此类项目在许多经济体中相当普遍。[22]

联系计划应该包括一整套干预措施来解决市场层面、供给方（国内企业）和需求方（外国公司）的约束。全面综合的方法比零敲碎打的方法更有效。在市场层面的干预寻求降低搜索成本和促进配对。例如，通常通过提供关于买卖双方的商业机会的信息来解决信息不对称。最常见的干预是创建供应商数据库，其中包含联系细节和潜在的国内供应商提供的商品和服务清单。买家和卖家之间的配对服务是另一种常见的做法，用以促进企业与企业的交易。它们包括组织贸易展览会，支持供应商审核，组织现场访问、任务、展览和研讨会。

供应层面的干预旨在提高国内企业

满足跨国公司期望的最低规模和质量标准的能力。两个常见的政策工具是相关的。第一套政策旨在通过建立供应商开发计划来提高企业层面的生产力，以提供符合买方要求的具有针对性的培训支持。这些项目通常是基于国内企业和外国企业之间的合作，也可以以联合研究项目的形式将当地的教育机构（例如，大学和学院）和咨询公司包括进来，定制培训计划，并帮助识别本地战略合作伙伴。这些政策还可以包括更广泛的企业发展和培训计划，以支持当地技能发展，以及帮助获得国际质量认证（专栏2.3）。第二套政策利用和鼓励现有的商业团体（例如商业集群）来解决其能力限制。理由是，协同行动的国内企业们可以满足外国公司期望的规模，从而允许集群共同履行来自外国企业的大订单。

专栏2.3

智利的供应商发展计划

智利的供应商发展计划（SDP）是由智利经济发展署（Corporación de Fomento de la Producción de Chile；CORFO）于1998年推出的。该计划旨在改善和稳定国内供应商与其大型企业客户之间已经存在的商业联系，以实现更高的适应性水平，并保证产品和服务在不同生产阶段的质量。通过要求在企业之间已建立商业关系，该计划寻求确保供应商是具有高潜力的本土企业。SDP提供部分资金，通过特殊服务、专业咨询、培训和技术转让来加强对当地企业的管理。

对于一个大公司来说要想有资格参加该项目并获得补贴培训组成其供应链的当地企业，其净年销售额必须大于或等于2010年8月的4260万美元。每个项目必须包括至少20家国内企业（农业和林业），或至少10家（其他经济活动部门）。项目批准后，分为两个阶段：诊断阶段和开发阶段。诊断阶段持续可达六个月，并确定赞助商（即大企业）希望与供应商一起开发的干预领域。其结果是由顾问或咨询公司设计的开发计划。CORFO支付的这一阶段的成本最多为50%，最高限额为16000美元。发展阶段是实施发展计划，可以持续最多三年。CORFO支付这个阶段的成本最多为50%，年上限为110000美元（或每供应商5000美元）。CORFO每年根据项目实施进度对是否为项目再融资进行评估。发展计划的实施由赞助企业负责，可以由顾问或咨询公司或赞助商的内部员工执行。

严格的影响评估表明，SDP不仅增加了销售、就业和供应商的可持续性，而且还提高了大企业的销售额，提高了其成为出口商的可能性（Arráiz, Henríquez, and Stucchi 2013）。这种对供应商的积极影响会在企业参与该计划一年后显现，而对大企业的影响则会在两年后显现。

一些针对外国企业需求层面的干预措施旨在鼓励其更多地使用国内投入品。其中融资和税收激励措施就是最常见的政策工具。比如豁免外国公司的增值税，从而鼓励其使用当地投入品而非进口，将其和本地建立联系（例如培训

或研发活动）时产生的支出视为免税支出，对本地供应商培训项目的激励措施，以及共同融资的技能开发活动（见专栏2.3）。而政府有时会使用强制性的本地含量要求，这会阻碍外国投资者进入，更重要的是，完全排除了外国技术的进入，而这些技术本身可能是正溢出效应的来源。在实践中，这些要求也经常被外国公司规避，使它们在很大程度上无效（Echandi, Krajcovicova, and Qiang 2015；Hufbauer, Schott, and Cimino-Isaacs 2013）。

对联系渠道来说，有利的政策环境的关键要素还包括适当的牵头机构、跨机构的适当协调机制和强利益相关者的参与。牵头机构应该具有政治影响力和明确的授权，以协调参与私营部门发展的不同机构。牵头机构通常与商务部和工业部协作，应该组织涉及支持联系项目的不同机构的代表，这些机构可以包括投资促进机构、经济特区监管者、私营部门代表、支持中小企业的机构和行业协会。应有明确的操作规则管理它们之间的协调机制，以确保该项目不同部分的政策一致性。联系项目的一个重要组成部分还有与私人部门的持续互动，包括反馈机制。设计和实施对联系项目产生的影响的严格评估制度，对于基于实证进行政策设计和决策是非常有用的。

最后，灵活的劳动力市场和更好的融资渠道仍然是国内企业将FDI溢出内化能力的关键制约因素。灵活的劳动力市场促进了管理者和技术工人在外国和本地企业之间的流动。有经验的工人从外国企业转移到国内企业可能是本土企业积累溢出效应的渠道（示范渠道）。这些工人也可以自己创办成功的商企。

缺乏融资往往限制当地企业提高生产力的能力，从而限制其成为外国企业供应商的机会。各种类型的激励措施可以在财政上和法律上支持当地企业获得融资，以进一步投资于人力资本、技术和管理能力，并降低联系风险。其中一些干预措施包括贷款、补助、担保和提供针对不公平契约安排的法律保护。

结论

外国投资者带来广泛的知识和技能，这些有可能为东道国经济带来积极的溢出效应。然而，这些好处并不是一定会有的。事实上，外国企业也可能在当地经济中产生竞争压力，从而损害当地企业的利益。这些潜在的正面和负面影响之间的平衡决定了外国企业对当地企业的整体影响。

从长远来看，竞争压力鼓励行业内部要素的有效再分配，从而提高行业生产力。外国知识和技术可以通过两个主要渠道转移到国内企业。首先是外国企业与国内供应商之间的联系。其次是国内企业在自身生产过程中模仿和复制国外技术和管理实践的示范渠道。

本章采用121个发展中经济体的企业层面数据集，评估这些渠道在支持各发展中国家的本地企业业绩方面的作用。研究发现，高成长型企业主要通过联系渠道内化正溢出效应，这表明它们有超强的吸收能力，使其成为旨在最大化FDI为本地经济带来的好处的政策干预的理想目标。

政府可以实施一系列政策最大化FDI溢出的潜力。政府干预应该努力抵消特定的市场失灵，这种市场失灵通常是信息不对称，或者是国内企业规模小、质量低。

联系项目应该考虑一种机制，以确认有可能与外国企业联系的国内供应商。供应商数据库和匹配服务是促进联系最常用的促进联系的工具。供应商开发计划和对集群发展的支持是寻求提高国内企业与外国企业联系能力的干预措施。财政和税收优惠也被用来鼓励外国企业使用国内投入。灵活的劳动力市场可以帮助工人从外国公司进入国内经济体。

要想更好地了解FDI对国内高成长型企业绩效的影响，需要更多政策导向的研究。一个方面是FDI溢出的长期影响，特别是对生产力、创新和高成长型企业创造更好就业机会的能力方面的影响。值得进一步研究的另一个方面是不同类型FDI给发展中国家带来的FDI溢出效应的不同潜力。Reyes（即将出版）发现，嵌入全球价值链中的FDI比主要为国内市场服务的FDI更有可能产生FDI溢出。

但是，无论外国企业对国内企业的分散性影响如何，开放跨国生产的国家往往会得到总生产力增长的好处。这些好处是通过对国内企业的溢出效应和生产要素从生产力较低的企业到生产力较高的企业的再分配来实现的。

附录2A　分析中的经济体

东亚和太平洋地区	柬埔寨（2016），中国（2012），斐济（2009），印度尼西亚（2015），老挝（2016），马来西亚（2015），密克罗尼西亚联邦（2009），蒙古国（2013），缅甸（2014），巴布亚新几内亚（2015），菲律宾（2015），萨摩亚（2009），所罗门群岛（2015），泰国（2016），东帝汶（2015），汤加（2009），瓦努阿图（2009），越南（2015）
欧洲和中亚地区	阿尔巴尼亚（2013），亚美尼亚（2013），阿塞拜疆（2013），白罗斯（2013），波斯尼亚和黑塞哥维那（2013），保加利亚（2013），前南马其顿（2013），格鲁吉亚（2013），匈牙利（2013），哈萨克斯坦（2013），科索沃（2013），吉尔吉斯共和国（2013），摩尔多瓦（2013），黑山（2013），罗马尼亚（2013），塞尔维亚（2013），塔吉克斯坦（2013），土耳其（2013），乌克兰（2013），乌兹别克斯坦（2013）
拉丁美洲和加勒比地区	阿根廷（2010），伯利兹（2010），玻利维亚（2010），巴西（2009），哥伦比亚（2010），哥斯达黎加（2010），多米尼克（2010），多米尼加共和国（2010），厄瓜多尔（2010），萨尔瓦多（2010），格林纳达（2010），危地马拉（2010），圭亚那（2010），洪都拉斯（2010），牙买加（2010），墨西哥（2010），尼加拉瓜（2010），巴拿马（2010），巴拉圭（2010），秘鲁（2010），圣卢西亚（2010），圣文森特和格林纳丁斯（2010），苏里南（2010），委内瑞拉（2010）
中东和北非地区	吉布提（2013），埃及（2013），伊拉克（2011），约旦（2013），黎巴嫩（2013），摩洛哥（2013），突尼斯（2013），约旦河西岸和加沙（2013），也门（2013）
南亚地区	阿富汗（2014），孟加拉国（2013），不丹（2015），印度（2014），尼泊尔（2013），巴基斯坦（2013），斯里兰卡（2011）
撒哈拉以南非洲地区	安哥拉（2010），贝宁（2009），博茨瓦纳（2010），布基纳法索（2009），布隆迪（2014），喀麦隆（2009），佛得角（2009），中非共和国（2011），乍得（2009），刚果民主共和国（2013），刚果共和国（2009），科特迪瓦（2009），厄立特里亚（2009），埃塞俄比亚（2015），加蓬（2009），冈比亚（2006），加纳（2013），几内亚（2006），几内亚比绍（2006），肯尼亚（2013），莱索托（2009），利比里亚（2009），马达加斯加（2013），马拉维（2014），马里（2010），毛里塔尼亚（2014），毛里求斯（2009），莫桑比克（2007），纳米比亚（2014），尼日尔（2009），尼日利亚（2014），卢旺达（2011），塞内加尔（2014），塞拉利昂（2009），南非（2007），南苏丹（2014），苏丹（2014），斯威士兰（2006），坦桑尼亚（2013），多哥（2009），乌干达（2013），赞比亚（2013），津巴布韦（2011）

资料来源：世界银行企业调查。

注：本表格给出了使用世界银行企业调查数据的分析中包含的经济体。括号内是在每个国家实施调查的年。信息时间是2016年9月8日。

附录2B 衡量企业的成长

在描述企业业绩时，至少需要考虑三个问题：增长指标、增长度量和研究期。

增长指标是指能观察到增长的变量。在高成长型企业文献中最常用的指标是销售额和雇员数量（Daunfeldt, Elert, and Johansson 2014）。因为我们对高成长型企业在创造就业机会方面的作用感兴趣，我们使用公司的长期全职雇员的数量作为增长指标。

衡量企业层面就业增长率的可能指标的种类很多。两种最基本的方法是增长指标的绝对变化和相对变化。第一个方法检查两个时间点之间的简单就业差异，而第二个方法使用就业差异与企业初始规模的比。这两种方法可能导致不同的结果。Almus（2002）和Daunfeldt, Elert, and Johansson（2014）都表明绝对增长的衡量标准偏向于大企业，而相对增长的衡量标准则偏向于小企业。为了减少这些偏差，我们采用了中点增长率，这是Davis, Haltiwanger, and Schuh（1998）提出的一种方法，使用研究中考查时间段内的绝对变化与企业平均规模的比。这一方法的正式定义如下：

$$g_{i,t} = \frac{emp_{i,t} - emp_{i,t-2}}{\frac{1}{2}(emp_{i,t-2} + emp_{i,t})},$$

其中，$emp_{i,t}$指的是在年份t中公司i报告的长期全职雇员的总数。这个增长率的构建使其在零附近是对称的，在-2到2之间。它也与传统的增长率测度法（$G_{i,t}$）单调相关，对于低增长率而言它接近后者。这两种增长衡量都是由以下等式联系起来的：$G_{i,t} \approx \frac{2g_{i,t}}{(2-g_{i,t})}$

这种增长率的基本统计特性在Törnqvist, Vartia, and Vartia（1985）中有详细讨论。

我们的分析研究的时间期是两年。这些调查要求公司提供在上一个会计年度和前三个会计年度的总雇员情况。在大多数对高成长型企业的研究中使用了三年期或四年期，但一些研究使用了较短的周期（Coad and others 2014; Reyes, Roberts, and Xu 2017）。

附录2C 中位规模和成立时间的高成长型企业和其他企业

	高成长型企业		其他企业			高成长型企业		其他企业	
	雇员数	成立时间	雇员数	成立时间		雇员数	成立时间	雇员数	成立时间
阿富汗	6	7	12	9	利比里亚	3	8	6.5	7
阿尔巴尼亚	3	10	9	12	前南马其顿	5.5	8	9	16.5
安哥拉	9	9	15	10	马达加斯加	7.5	11	12	12
阿根廷	10	15	36	28	马拉维	6	14.5	15	16
亚美尼亚	6.5	8	18	13	马来西亚	13.5	18	32	17
阿塞拜疆	10	15	16	12	马里	4	12	10	10
孟加拉国	20	17	26	18	毛里塔尼亚	7	16	19.5	14
白罗斯	8	8	17	15	毛里求斯	5	5	15	16
伯利兹	9.5	20	16	15	墨西哥	6.5	12	44	20
贝宁	3	6	7	14	密克罗尼西亚联邦	2.5	3.5	10	16

续表

	高成长型企业		其他企业			高成长型企业		其他企业	
	雇员数	成立时间	雇员数	成立时间		雇员数	成立时间	雇员数	成立时间
不丹	5.5	7	13	15	摩尔多瓦	8	13	15	13
玻利维亚	8	15	35	23	蒙古国	10	10.5	15	12
波斯尼亚和黑塞哥维纳	12.5	13	15	16	黑山	7	12	10	15
博茨瓦纳	6	7	20	14	摩洛哥	7.5	15	30	18
巴西	5	16	25	18	莫桑比克	3.5	7	10	12
保加利亚	5	11	15	17	缅甸	10	9	11	14
布基纳法索	8	6	10.5	12	纳米比亚	3	6	12	9
布隆迪	10	4.5	16	12	尼泊尔	3.5	10.5	12	15
佛得角	4.5	6.5	19.5	13	尼加拉瓜	6	18	24	19
柬埔寨	3.5	14	15	13	尼日尔	4	6	14	11
喀麦隆	10	12	20	16	尼日利亚	4	14	9	14
中非共和国	3	12	10	10	巴基斯坦	10	15	20	20
乍得	4	11	12	14	巴拿马	20	18	28.5	17
中国	20	10	56	11	巴布亚新几内亚	79.5	41.5	44	25
哥伦比亚	9	15	30	20	巴拉圭	4	7	25	18
刚果民主共和国	4	6	9	9	秘鲁	9	11	30	16
刚果共和国	2.5	7.5	14	11	菲律宾	20	14.5	35	19
哥斯达黎加	20	12	26.5	21	罗马尼亚	5	9	15	17
科特迪瓦	3	6	7.5	9	卢旺达	6	5	16	9
吉布提	5	10	12	14	萨摩亚	4	9	12	16
多米尼克	3	9	13.5	10	塞内加尔	3.5	10	10	14
多米尼加共和国	5	11	35	17	塞尔维亚	8	11	18	17
厄瓜多尔	12	11	30	22	塞拉利昂	2.5	14.5	10	14
埃及	11	13	28	18	所罗门群岛	8.5	5.5	19	18.5
萨尔瓦多	15	12	35	20	南非	6	9	25	15
厄立特里亚	15	8	16	13	南苏丹	3	5	7	6
埃塞俄比亚	5.5	9	16	12	斯里兰卡	5	13	18	19
斐济	9	13	15	23	圣卢西亚	4.5	9	18	13
加蓬	5	7	10	12	圣文森特和格林纳丁斯	3	11.5	9	18
冈比亚	8	6	9	9	苏丹	10	11	15	11
格鲁吉亚	3	4.5	11	10	苏里南	34	17.5	20	18.5
加纳	2	8	10	13	斯威士兰	2	8	10	10
格林纳达	2	24	13.5	20	塔吉克斯坦	6.5	9.5	17	10
危地马拉	7	13	32	21	坦桑尼亚	2	15	10	13
几内亚	2	6.5	6	8	泰国	15	16	27	19
几内亚比绍	2.5	10.5	7	10	东帝汶	6	9	10	11
圭亚那	12.5	17.5	30	19	多哥	3	6	13	11
洪都拉斯	4	17.5	20	20	汤加	3	4	7	10
匈牙利	6.5	11	13	16	突尼斯	10	10.5	35	20
印度	15	13	30	16	土耳其	9	10	22	16
印度尼西亚	20	15	30	19	乌干达	6	10	10	13
伊拉克	3	12	9	10	乌克兰	20	12	20	14
牙买加	10	10	24	20	乌兹别克斯坦	6	7	25	14
约旦	7.5	9	22	15	瓦努阿图	7	6	12	19
哈萨克斯坦	10	8	17	12	委内瑞拉	6	11.5	16	13
肯尼亚	9.5	13.5	20	18	越南	10	8	28	11

续表

	高成长型企业		其他企业			高成长型企业		其他企业	
	雇员数	成立时间	雇员数	成立时间		雇员数	成立时间	雇员数	成立时间
科索沃	5	7	15	13	约旦河西岸和加沙	3	11	10	16
吉尔吉斯共和国	20	10	22.5	15	也门	9	16	14	20
老挝	5	12.5	13	16	赞比亚	7	8	12	12
黎巴嫩	7	7	19	22	津巴布韦	13	19	40	31
莱索托	4	11	15	10					

资料来源：基于世界银行企业调查数据计算。

注：本表格报告了在考查中的起始时间（即实施调查两年前）企业的中位雇员数和成立时间。

附录2D 确定FDI溢出对高增长企业的作用[23]

为了捕捉FDI溢出对国内企业绩效的作用，我们对国内企业产出增长率的联系和示范效应进行回归分析如下：

$$g_{ijc} = \beta_1 linkages_{jc} + \beta_2 demonstration_{jc} + BX_{ijc} + \gamma_c + \gamma_j + \varepsilon_{ijc} \quad (1)$$

下标 i 代表企业，j 代表行业，c 代表国家。γ_c 代表国家固定效应，γ_j 为行业固定效应，模型建构中引入这些变量是为了描述这些维度中每一个未观察到的异质性。行业固定效应按两位数的国际标准工业分类（ISIC）定义。g_{ijc} 是开展调查时过去两年中企业 i 在每个国家实现的销售中值增长率（见附录2B）。

联系渠道（$linkages_{jc}$）是指行业 j（两位数的ISI（码）的外国企业在每个国家获取的国内来源的投入品的平均比例）。和文献一致，外国企业指含至少10%外国所有权的企业。具体地说，这个变量的构造是

$$linkages_{jc} = \frac{1}{n}\sum_{i=1}^{n}\frac{input_{ijc}^{dom}}{input_{ijc}^{tot}} \quad (2)$$

其中 $input_{ijc}^{dom}$ 代表了外国企业使用的国内来源的投入品；$input_{ijc}^{tot}$ 对应总投入品，而不论来源。该行业的外国企业总数是 n。

示范渠道（$demonstration_{jc}$）是指行业层面外国产出份额占总产出的百分比。这在文献中是衡量行业内溢出效应的标准方法。参见Farole and Winkler（2015）和其中的参考文献。

$$demonstration_{jc} = \frac{\sum_i output_{ijc}^{fgn}}{\sum_i output_{ijc}^{all}} \quad (3)$$

其中 $output_{ijc}^{fgn}$ 出代表外国企业自身的销售，而 $output_{ijc}^{all}$ 代表在每一个行业、国家和年份的所有企业的销售额。

模型控制包含在 X_{ijc} 矩阵中的企业特定属性，包括企业成立时间的对数转换（定义为企业开始运营到调查开始进行时的年份），劳动生产率的对数转换（每个工人的销售额，以美元计），以及一个表示出口状态的虚拟变量，如果直接出口占当地企业总销售额的5%以上，则此虚拟变量值为1。我们保留了有外国企业存在的国家—行业单元，回归的最终样本包括121个经济体中大约33000家国内企业。

系数 β_1 和 β_2 表示联系和示范效应对各个国家和行业的国内企业销售增长的平均效果。为了测试这些效果对高成长型企业的不同影响，我们修改方程[1]，引入一个虚拟变量，表示该企业是否为高增长型企业，并使其与FDI溢出渠道相互作用。高成长型企业定义为位于每个国家就

业增长分布的前五个百分位数的企业。这些估计的结果见表2D.1。

为了考察FDI的溢出效应在不同国家间是如何变化的,我们按照世界银行集团国家分类,按照世界六个不同区域来建构模型。我们还将制造业和服务业的样本分开。结果见表2D.1和表2D.2。

表2D.1　FDI溢出效应对企业业绩的作用

变量	(1)	(2)	(3)	(4)	(5)	(6)	(7)
联系渠道		0.023 (0.051)		0.028 (0.052)	0.053 (0.050)		0.053 (0.051)
示范渠道			0.010 (0.015)	0.011 (0.019)		0.002 (0.019)	0.006 (0.019)
高成长型企业					0.207*** (0.019)	0.207** (0.021)	0.190*** (0.021)
联系渠道					0.678*** (0.190)		0.568*** (0.201)
示范渠道						0.171*** (0.061)	0.109* (0.063)
企业成立时间的对数	−0.068*** (0.005)	−0.068*** (0.005)	−0.068*** (0.005)	−0.068*** (0.005)	−0.061*** (0.005)	−0.061*** (0.005)	−0.061*** (0.005)
出口商	−0.001 (0.010)	−0.001 (0.010)	−0.001 (0.009)	−0.001 (0.010)	−0.003 (0.010)	−0.003 (0.010)	−0.003 (0.010)
劳动生产率的对数	0.082*** (0.005)	0.082*** (0.005)	0.082*** (0.002)	0.082*** (0.005)	0.083*** (0.005)	0.083*** (0.005)	0.083*** (0.005)
常量	−0.783*** (0.059)	−0.784*** (0.059)	−0.785 (0.551)	−0.786*** (0.059)	−0.813*** (0.060)	−0.816*** (0.059)	−0.816*** (0.059)
国家固定效应	是	是	是	是	是	是	是
行业固定效应	是	是	是	是	是	是	是
观测值	33305	33305	33305	33305	33305	33305	33305
R^2	0.165	0.165	0.165	0.165	0.174	0.174	0.174

资料来源:基于世界银行企业调查数据计算。

注意:标准误(在括号中)按国家/行业层面分组。FDI=外国直接投资。*** $p<0.01$;** $p<0.05$;* $p<0.1$。

表2D.2　FDI溢出效应对各地区和各部门的企业业绩的作用

变量	世界银行地区分类						经济部门	
	东亚和太平洋地区	欧洲和中亚地区	拉丁美洲和加勒比地区	中东和北非地区	南亚地区	撒哈拉以南非洲地区	制造业	服务业
联系渠道	−0.123 (0.103)	0.299 (0.265)	0.009 (0.108)	−0.092 (0.164)	0.349 (0.647)	−0.059 (0.098)	0.092 (0.108)	−0.111* (0.064)
示范渠道	0.047 (0.050)	−0.051 (0.047)	0.042 (0.036)	−0.003 (0.043)	−0.086 (0.101)	−0.001 (0.034)	−0.003 (0.023)	−0.009 (0.037)
高成长型企业	0.238*** (0.067)	0.171*** (0.065)	0.212*** (0.056)	0.241*** (0.066)	0.127*** (0.025)	0.294*** (0.071)	0.181*** (0.021)	0.235*** (0.061)
联系渠道	0.814*** (0.309)	−0.202 (0.892)	0.491 (0.320)	2.342*** (0.700)	0.764*** (0.240)	−0.207 (0.439)	0.570* (0.307)	0.581** (0.284)
示范渠道	−0.076 (0.118)	0.427** (0.192)	0.042 (0.127)	0.019 (0.208)	0.163 (0.201)	0.059 (0.147)	0.078 (0.077)	0.211** (0.115)

续表

变量	世界银行地区分类						经济部门	
	东亚和太平洋地区	欧洲和中亚地区	拉丁美洲和加勒比地区	中东和北非地区	南亚地区	撒哈拉以南非洲地区	制造业	服务业
企业成立时间的对数	−0.056*** (0.015)	−0.086*** (0.016)	−0.059*** (0.011)	−0.059*** (0.012)	−0.045*** (0.006)	−0.088*** (0.017)	−0.059*** (0.006)	−0.069*** (0.012)
出口商	−0.000 (0.023)	0.017 (0.029)	−0.065*** (0.019)	0.015 (0.021)	−0.009 (0.014)	0.064 (0.045)	−0.013 (0.010)	0.083* (0.043)
劳动生产率的对数	0.062*** (0.009)	0.086*** (0.011)	0.107*** (0.007)	0.099*** (0.009)	0.038*** (0.006)	0.122*** (0.011)	0.075*** (0.005)	0.108*** (0.012)
常量	−0.579*** (0.100)	−0.718*** (0.171)	−0.679*** (0.089)	−0.983*** (0.128)	0.062 (0.104)	−0.641*** (0.131)	−0.444*** (0.078)	−0.734*** (0.119)
国家固定效应	是	是	是	是	是	是	是	是
行业固定效应	是	是	是	是	是	是	是	是
观测值	5876	2749	5557	4086	9155	5882	26398	6893
R^2	0.103	0.171	0.116	0.306	0.050	0.184	0.175	0.190

资料来源：基于世界银行企业调查数据计算。

注意：标准误（在括号中）按国家/行业层面分组。FDI=外国直接投资。*** $p<0.01$；** $p<0.05$；* $p<0.1$。

注释

1. Moran（2011，2015）对利用FDI来实现这些政策目标时所面临的挑战进行了全面的概述。
2. Alfaro and Chen（即将出版）利用丰富的跨国数据库为FDI溢出效应的积极影响以及对总生产力进行要素再分配提供了实证证据。
3. 参见Alfaro and others（2006）、Alfaro and Chen（即将出版）、Lipsey（2004）、Barba Navaretti and Venables（2004）、Alfaro and Rodriguez-Claire（2004）对FDI溢出效应渠道的实证文献的综述。
4. 联系可以通过至少三种其他方式提高国内企业的生产力：第一，国内供应商对中间产品的更大需求可以增加规模经济的潜力。第二，由于外资企业的要求更严格，国内供应商可能会面临旨在提高产品质量和提高效率的激励。第三，其他本地企业对外国消费者的竞争也会刺激生产力的提升。本章的分析关注联系在知识扩散方面的影响。
5. 有些研究，如Morrissey, Lopez, and Sharma（2015），将通过观察进行的学习过程与劳动力流动效应分离开来。考虑到数据限制，本章将这两个渠道合并为示范效应。
6. 数据集涵盖了广泛的商业环境主题，包括融资渠道、腐败、基础设施、犯罪、竞争和企业层面业绩衡量。原始数据包括139个国家的各波调查的信息。这一分析保留了每一个在世界银行集团的分类中属于低收入和中等收入国家的经济体的最新调查。总体来说，分析涵盖了121个发展中经济体的大约63000家企业的信息。
7. 这些发现与Damijan and others（2013）研究一致，他们利用10个转型经济体发现仅仅对国内高生产力的大型企业能产生积极的水平溢出效应。

8. 越来越多的文献旨在理解FDI在企业层面实现收益的条件。一些企业特征与其吸收能力有关，包括技术差距的大小（Wang and Blomström 1992）、企业中熟练劳动力的比例（Blalock and Gertler 2009）以及规模（Meyer and Sinani 2004）。

9. 虽然企业调查允许对广泛的发展中国家的企业绩效进行系统研究，但仍有一些重要的注意事项。第一，企业绩效的结果只有两个时间点可获得，中间只有两年的间隔。第二，调查仅代表广泛的制造业和服务业，而不是详细的两位数ISIC代码。第三，数据只包括在两个时间点之间幸存下来的公司，而不包括那些退出的公司。第四，各国在调查中所包括的企业最小规模之间可能存在一些差异。

10. 由于标准成长率与公司的初始规模相关，因此对较小规模的公司有所偏重，分析使用中点增长率，表示在进行调查之前的财年和之前三个财年间的平均规模企业在就业上的变化。附录2B讨论了本研究所采用的企业成长特征。

11. 虽然这种方法是建立在先期文献基础上的，但对高成长型企业的定义却没有统一的认识。Schreyer（2000）和Davidsson and Henrekson（2002）等研究采用了成长速率阈值。Henrekson and Johansson（2010）提供了对识别高成长企业的实证文献的元分析。经济合作与发展组织（OECD）将其定义为拥有10个或更多员工且年平均增长率连续三年高于20%（Ahmad 2008；OECD 2008，2010）。但这个定义对发展中国家的限制过于严格，其95%的企业只有9名甚至更少的工人（McKenzie 2017）。

12. 这一阈值在每个国家都有变化。平均而言，在数据库中的各个国家，企业需要在两年内将雇用员工的数量增加一倍，才被认为是高成长型企业（Reyes，即将出版）。

13. 高成长型企业是创造就业机会的重要来源，往往成立时间短，这在文献中是一个成熟的经验事实（Coad and others 2014）。当在相对意义上（如在此次分析中）计算企业成长度时，小企业在高成长型企业中的比例也过高（Delmar，Davidsson, and Gartner 2003）。

14. 这一发现与Henrekson and Johansson（2010）一致，他们发现高成长型企业存在于所有行业中，但往往在服务业中比例过高。

15. Jiménez-Barrionuevo, García-Morales, and Molina（2011）提出了衡量企业吸收能力的18项指标，指标分为四类：获取（互动、信任、友谊和互惠）；模仿（共同语言、互补性、相似性、组织文化和管理风格）；转换（交流、会谈、文件、传播、时间和流向）和开发（责任和应用）。

16. 这种后向联系的方法侧重于外国公司对投入品需求，在Sánchez-Martín, De Piniés, and Antoine（2015）的研究中也得到了应用。在Javorcik（2004）和Blalock and Gertler（2008）的研究中得到补充，他们采用了本地供应行业的视角，寻找在供应链下游的外国企业。前向联系侧重与上游行业的关系，这也很重要，尤其是在服务业部门。Hoekman and Shepherd（2017）发现这对下游制造企业的服务效率和生产力产生了强烈影响。

17. 由于世界银行企业调查数据的行业分解水平的限制，FDI溢出渠道是在更宽泛的行业分类（两位数ISIC代码）上定义的。因此，除了水平溢出，这些措施很可能会获得一些垂直溢出。例如，皮革和相关产品的制造（ISIC 15的分类）包括最终鞋类和皮革的鞣制及装饰——后者是鞋类的投入品。因此，在这一行业的FDI可能会同时影响国内鞋类最终生产商以及鞋类生产的国内供应商。

18. 国内企业很少积累产生行业内溢出效应，这一发现是文献中的共识。Meyer and Sinani（2009）和Görg and Strobl（2001）在评论这篇文献时提供了两个元分析。

19. 这种效应在1%水平上统计显著。

20. 这种效应在10%水平上统计显著。

21. 这些发现对识别高成长型公司的80%和90%阈值具有稳健性。见Reyes（即将出版）。

22. Freund and Moran（2017）还提出了"中型和大型本土企业通常是更合格的跨国公司供应商"的论点。

23. 对于识别策略的讨论，参见Reyes（即将出版）。

参考文献

Ahmad, N. 2008. "A Proposed Framework for Business Demography Statistics." In *Measuring Entrepreneurship,* edited by Emilio Congregado, 113–74. Boston, MA: Springer.

Alfaro, L., A. Chanda, S. Kalemli-Ozcan, and S. Sayek. 2006. "How Does Foreign Direct Investment Promote Economic Growth? Exploring the Effects of Financial Markets on Linkages." NBER Working Paper 12522, National Bureau of Economic Research, Cambridge, MA.

Alfaro, L., and A. Rodriguez-Clare. 2004. "Multinationals and Linkages: Evidence from Latin America." *Economia* 4: 113–70.

Alfaro, L., and M. X. Chen. Forthcoming. "Selection and Market Reallocation: Productivity Gains from Multinational Production." *American Economic Journal: Economic Policy.*

Almus, M. 2002. "What Characterizes a Fast-Growing Firm?" *Applied Economics* 34 (12): 1497–1508.

Arráiz, I., F. Henríquez, and R. Stucchi. 2013. "Supplier Development Programs and Firm Performance: Evidence from Chile." *Small Business Economics* 41 (1): 277–93.

Barba Navaretti, G., and A. Venables. 2004. *Multinational Firms in the World Economy.* Princeton, NJ: Princeton University Press.

Blalock, G., and P. J. Gertler. 2008. "Welfare Gains from Foreign Direct Investment through Technology Transfer to Local Suppliers." *Journal of International Economics* 74 (2): 402–21.

———. 2009. "How Firm Capabilities Affect Who Benefits from Foreign Technology." *Journal of Development Economics* 90 (2): 192–99.

Coad, A., S. Daunfeldt, W. Hözl, D. Johansson, and P. Nightingale. 2014. "High-Growth Firms: Introduction to the Special Section." *Industrial and Corporate Change* 23 (1): 91–112.

Damijan, J. P., M. Rojec, B. Majcen, and M. Knell. 2013. "Impact of Firm Heterogeneity on Direct and Spillover Effects of FDI: Micro-Evidence from Ten Transition Countries." *Journal of Comparative Economics* 41 (3): 895–922.

Daunfeldt, S., N. Elert, and D. Johansson. 2014. "The Economic Contribution of High-Growth Firms: Do Policy Implications Depend on the Choice of Growth Indicator?" *Journal of Industry, Competition and Trade* 14 (3): 337–65.

Davis, S. J., J. C. Haltiwanger, and S. Schuh. 1998. *Job Creation and Destruction.* MIT Press Books.

Davidsson, P., and M. Henrekson. 2002. "Determinants of the Prevalence of Start-Ups and High-Growth Firms." *Small Business Economics* 19 (2): 81–104.

Delmar, F., P. Davidsson, and W. B. Gartner. 2003. "Arriving at the High-Growth Firm." *Journal of Business Venturing* 18 (2): 189–216.

Dollar, D. 1992. "Outward-Oriented Developing Economies Really Do Grow More Rapidly: Evidence from 95 LDCs, 1976–1985." *Economic Development and Cultural Change* 40 (3): 523–44.

Echandi, R., J. Krajcovicova, and C. Z. W. Qiang. 2015. "The Impact of Investment Policy in a Changing Global Economy: A Review of the Literature." Policy Research Working Paper 7437, World Bank, Washington, DC.

Farole, T., and D. Winkler. 2015. "The Role of Foreign Firm Characteristics, Absorptive Capacity and the Institutional Framework for FDI Spillovers." *Journal of Banking and Financial Economics* 1 (3): 77–112.

Fons-Rosen C., S. Kalemli-Ozcan, B. T. Sorensen, C. Villegas-Sanchez, and V. Volosovych. 2017. "Foreign Investment and Domestic Productivity: Identifying Knowledge Spillovers and Competition Effects." NBER Working Paper 22643, National Bureau of Economic Research, Cambridge, MA, August.

Frankel, J. A., and D. Romer. 1999. "Does Trade Cause Growth?" *American Economic Review* 89 (3): 379–99.

Freund, C., and T. Moran. 2017. "Multinational Investors as Export Superstars: How Emerging-Market Governments Can Reshape Comparative Advantage." Working Paper 17-1, Peterson Institute for International Economics, Washington, DC.

Görg, H., and E. Strobl. 2001. "Multinational Companies and Productivity Spillovers: A Meta Analysis." *The Economic Journal* 111 (475): 723–39.

Haltiwanger, J., R. S. Jarmin, and J. Miranda. 2013. "Who Creates Jobs? Small versus Large versus Young." *Review of Economics and Statistics* 95 (2): 347–61.

Hampel-Milagrosa, A., M. Loewe, and C. Reeg. 2015. "The Entrepreneur Makes a Difference: Evidence on MSE Upgrading Factors from Egypt, India, and the Philippines." *World Development* 66: 118–30.

Harrison, A. 1996. "Openness and Growth: A Time-Series, Cross-Country Analysis for Developing Countries." *Journal of Development Economics* 48 (2): 419–47.

Henrekson, M., and D. Johansson. 2010. "Gazelles as Job Creators: A Survey and Interpretation of the Evidence." *Small Business Economics* 35 (2): 227–44.

Hsieh, C., and P. J. Klenow. 2014. "The Life Cycle of Plants in India and Mexico." *The Quarterly Journal of Economics* 129 (3): 1035–84.

Hoekman, B., and B. Shepherd. 2017. "Services Productivity, Trade Policy and Manufacturing Exports." *The World Economy* 40 (3): 499–516.

Hufbauer, G. C., J. Schott, and C. Cimino-Isaacs. 2013. *Local Content Requirements: A Global Problem.* Columbia University Press.

Javorcik, B. 2004. "Does Foreign Direct Investment Increase the Productivity of Domestic Firms? In Search of Spillovers through Backward Linkages." *The American Economic Review* 94 (3): 605–27.

Jiménez-Barrionuevo, M. M., V. J. García-Morales, and L. M. Molina. 2011. "Validation of an Instrument to Measure Absorptive Capacity." *Technovation* 31 (5): 190–202.

Lipsey, R. E. 2004. "Home- and Host-Country Effects of Foreign Direct Investment." In *Challenges to Globalization: Analyzing the Economics*, edited by Robert E. Baldwin and L. Alan Winters, 333–82. University of Chicago Press.

McKenzie, D. 2017. "Identifying and Spurring High-Growth Entrepreneurship: Experimental Evidence from a Business Plan Competition." *American Economic Review* 107 (8): 2278–2307

Meyer, K. E., and E. Sinani. 2004. "Spillovers of Technology Transfer from FDI: The Case of Estonia." *Journal of Comparative Economics* 32 (3): 445–66.

———. 2009. "When and Where Does Foreign Direct Investment Generate Positive Spillovers? A Meta-Analysis." *Journal of International Business Studies* 40 (7): 1075–94.

Monge-González, R., and J. A. Rodríguez-álvarez. 2013. "Impact Evaluation of Innovation and Linkage Development Programs in Costa Rica: The Cases of PROPYME and CR Provee." IDB Working Paper Series IDB-WP-461, Inter-American Development Bank, Washington, DC.

Moran, T. 2011. *Foreign Direct Investment and Development: Launching a Second Generation of Policy Research: Avoiding the Mistakes of the First, Reevaluating Policies for Developed and Developing Countries.* Columbia University Press.

Moran, T. H. 2015. "The Role of Industrial Policy as a Development Tool: New Evidence from the Globalization of Trade-and-Investment." Policy Paper 071, Center for Global Development, Washington, DC.

Morrissey, O., R. López, and K. Sharma, eds. 2015. *Handbook on Trade and Development.* Cheltenham, U.K.: Edward Elgar Publishing.

OECD (Organisation for Economic Co-Operation and Development). 2008.

OECD Framework for the Evaluation of SME and Entrepreneurship Policies and Programmes. Paris: OECD Publishing.

———. 2010. *What Governments Can Do to Make a Difference*. OECD Studies on SMEs and Entrepreneurship High-Growth Enterprises. Paris: OECD Publishing.

Reyes, J-D. Forthcoming. "FDI Spillovers and High-Growth Firms in Developing Countries." Mimeo, World Bank, Washington, DC.

Reyes, J-D., M. Roberts, and L. C. Xu. 2017. "The Heterogeneous Growth Effects of the Business Environment: Firm-Level Evidence for a Global Sample of Cities." Policy Research Working Paper 8114, World Bank, Washington, DC.

Sánchez-Martín, M. E., J. De Piniés, and K. Antoine. 2015 "Measuring the Determinants of Backward Linkages from FDI in Developing Economies: Is It a Matter of Size?" Policy Research Working Paper 7185, World Bank, Washington, DC.

Schreyer, P. 2000. "High-Growth Firms and Employment." OECD Science, Technology and Industry Working Paper 2000/3, Organisation for Economic Co-operation and Development, Paris.

Törnqvist, Leo, Pentti Vartia, and Yrj O. Vartia. 1985. "How Should Relative Changes Be Measured?" *The American Statistician* 39 (1): 43–46.

Wang, J., and M. Blomström. 1992. "Foreign Investment and Technology Transfer. A Simple Model." *European Economic Review* 36 (1): 137–55.

第三章 发展中国家的企业税收激励措施与 FDI

Maria R. Andersen, Benjamin R. Kett, Erik von Uexkull

发展中国家的政策制定者们常常发现，使用税收激励措施来吸引外国直接投资（FDI）时处于进退两难的境地。他们可能宁愿没有任何国家提供税收激励，所有企业都平等地向公共财政缴纳税金。但考虑到包括高收入国家在内的大多数其他国家都提供激励措施，负责促进投资的人员们经常感到有义务去竞争，甚至超越对手来吸引FDI。[1]有约束力的国际政策协调可以解决这一困境，但这样的解决方案似乎并不会立即出现。尽管在地区和全球两个层面上都在努力加强国际协调[2]，并且建议各个国家继续坚持下去，但是这一进程很缓慢，经常和现实存在一定的差距。[3]而与此同时，发展中国家会继续加大税收激励力度。

关于激励机制改革的一般原则已有详细的文献记载，而本章给出了实际证据来帮助发展中国家政策制定者设计和实施改革，让其激励机制更有效地吸引FDI。基于世界银行集团编制的关于发展中国家税收激励的新数据集，本章提供了行业和企业层面的证据来说明应如何更有效地定位激励机制。分析考查了发展中国家是否以及如何对不同行业在不同时间进行税收激励，把激励措施的有效性与一个投资者动机的简单框架联系起来，并且提出了关于对投资者的税收激励的新证据。本章还考查了政策优先次序的设计、透明度和激励机制的行政改革。

效率寻求型FDI的动机是降低生产成本，与其他类型的投资相比，税收激励更能有效地吸引这一类型的投资。然而，许多发展中国家面向所有投资者都提供激励，包括那些不太可能对税收激励有反应而是寻求自然资源或国内市场的投资者。虽然一些发展中国家推出激励措施的目标是效率寻求型FDI，但许多国家也向市场和自然资源寻求型FDI提供激励。大多数情况下，这不是因为激励措施有意瞄准这些投资者，而是因为无差别地提供这些政策。同时，效率寻求型FDI比起自然资源寻求型或市场寻求型FDI，也要求东道国有更有利的整体投资环境。激励措施并不能弥补这些缺陷，只有当其成为解决投资环境限制的更广泛战略的一部分时，激励措施才有可能奏效。

发展中国家的税收激励制度往往存

在设计薄弱、透明度不高、管理烦琐等问题。免税期和优惠税率仍然是发展中国家使用最广泛的激励工具,尽管有大量文献指出了它们的缺陷。缺乏透明度和高行政成本也会削弱激励措施的吸引力,并通过经济扭曲和潜在腐败等方面增加其间接成本。

即使在短期内,发展中国家仍可以进行单方面的改革,使税收激励更具针对性、更具成本效益。通过将激励措施集中在那些最有可能做出反应的投资者身上,发展中国家就可以避免给那些本来没有激励也会投资的企业以激励,进而减少不必要的税收损失。同时,旨在完善激励机制、提高其透明度和加强管理机制的改革可以有助于减少一些副作用和成本,例如经济扭曲、官僚作风和腐败。虽然这些政策改革并没能排除对区域和全球解决方案的需求,但它们可以大幅提高激励措施的成本收益比。

发展中国家广泛使用税收激励措施

本报告编制的"发展中国家税收激励数据库"[4]为研究发展中国家的税收激励政策提供了数据支持。关于税收激励的信息通常免费向公众提供,特别是通过全球会计师事务所公布的税务摘要。在许多情况下,信息也可从国家的投资促进机构(IPA)获得,但这些信息通常以定性的形式提供,并不适用于定量研究。为本报告编写的新税收激励数据库量化了来自公开可用来源的有关一些常用激励工具(专栏3.1)的信息。

专栏3.1

发展中国家税收激励数据库

发展中国家税收激励数据库提供了107个国家在2009年至2015年期间的信息(表3A.1)。对于明确指出针对特定行业的激励措施,数据分为22个行业信息包括:

- 标准的企业所得税(CIT)率。
- 免税期的可用性和最长时间。
- 在特定行业或投资类型中,优惠税率的可用性和低于标准CIT率的水平。
- 提供投资税减免或退税,使投资者有权从应纳税所得额中扣除投资费用或贷记应付税款的可用性。由于方法上有难度,没有收集这些关于工具的信息。

该数据库还包含了受到激励的三种条件的信息,按照激励措施类型和行业类型分类:

- 投资地点,包括在国家某一地区或经济特区(SEZ)设立企业的要求。
- 公司出口状况,包括向其他出口公司销售一定比例的产出的要求。
- 其他条件,如从事研究和开发(R&D)的要求或针对知识产权收入的激励措施。

这些数据是通过2016年7月和8月对国家级税收信息的公共来源的案头研究收集的。默认情况下,咨询和比较了安永的"全球税收指南"和普华永道[5]的2009~2015年"世界税收摘要"。在缺少信息或数据不一致的情况下,咨询其他公开的数据来源,如国家的投资促进机构(IPA)或相关国家报告的网站。

需要附加说明的是:尽管世界银行集团为确保准确性做出了重大努力,但并不支持上述来源所报告的税收和激励措施信息。此外,许多国家在地方一级提供税收优惠,而这些不包括在所使用的数据来源中。另外,一些国家与潜在的投资者协商一对一的税收优惠和其他带有自由裁量权的交易，这些还没有被数据库所捕获。最后，数据库侧重于企业税收优惠，不包括间接税激励（如关税和增值税豁免）或其他类型的激励措施（如补贴或监管的有利条件）的信息。许多国家同时向国内外投资者提供激励措施。数据库记录所有这些激励措施，除非外国投资者被明确排除在外。

虽然税收激励在发展中国家很普遍，但在不同行业、地区和收入水平上却有所不同。在不同行业部门中，49%至72%的发展中国家都提供免税期、税收优惠或非常低的一般税率，或免税额。税收激励最常见于建筑、信息技术（IT）和电子技术、机械和设备以及其他制造业部门。在服务业部门提供激励措施的国家占比较低，但大多数国家确实为大多数服务业部门提供激励措施。

一些发展中国家有意向制造业部门和建筑业提供激励措施来吸引投资者，但大多数国家对全部行业都采取激励措施。虽然约30%的发展中国家有特别针对某些制造业的激励措施（图3.1，深色条），

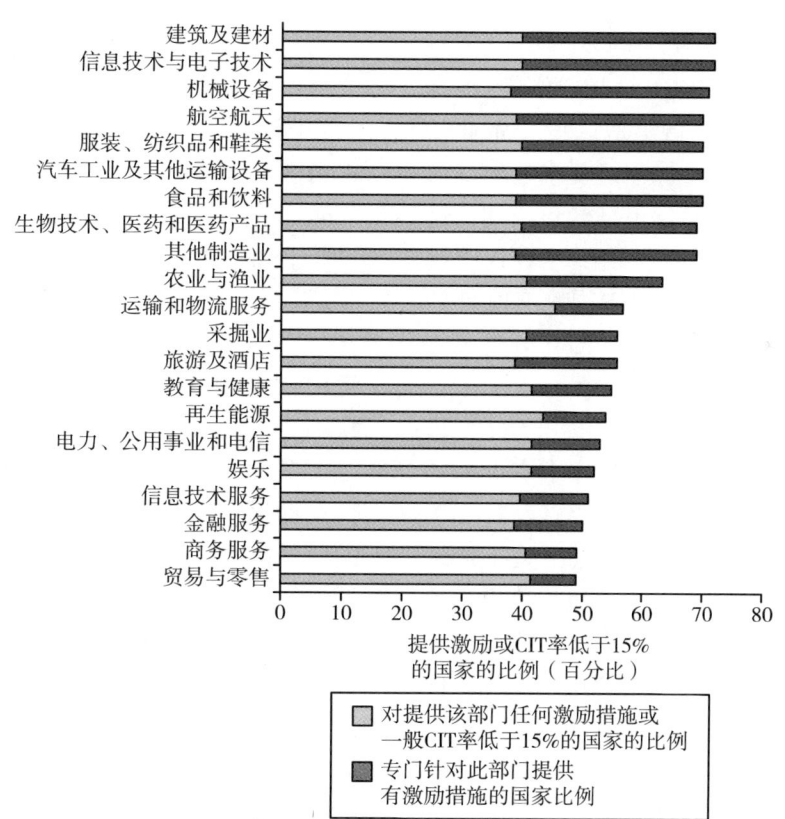

图3.1 税收激励在发展中国家很普遍，尤其是在建筑与制造业方面

资料来源：发展中国家税收激励数据库。

注：专门针对特定行业的激励措施，如深色柱所示，适用于22个行业中不到15个。这代表一少部分针对总体但排除了几个特定行业的激励措施。一些国家整体CIT率较低但排除了特定行业。这种排除解释了浅色部分中的微小变化，显示了提供一般激励措施或一般CIT率低于15%的国家比例。（IT＝企业所得税）。

但针对服务业和自然资源行业的激励措施相对不太常见。40%的发展中国家有对所有或大多数行业的激励制度，要么提供激励，要么有较低的一般企业所得税（CIT）。

各国通过多种不同的手段提供税收激励。在发展中国家，免税期是使用最广泛的工具（表3A.2）。数据库中半数以上的发展中国家在至少一个行业提供免税期。在各个地区，免税期最多出现在建筑业和制造业上，其中高达46%的发展中国家使用免税期。服务业和自然资源行业使用得少，零售业使用率最低（23%）。不同地区和行业的免税期中位数为10年。

大多数给予免税期的发展中国家对地理位置有要求（77%），主要是经济特区（SEZ）或在该国指定地区设立企业的要求。30%的发展中国家还要求在出口或出售给出口企业的条件下享受免税期，这就引起了对遵守世界贸易组织（WTO）规则的担忧。[5] 40%的发展中国家有额外的要求，例如对研究与开发（R&D）支出的要求。

低于特定行业或投资者标准CIT税率的优惠税率也很常见，数据库中有40%的国家提供至少一个行业的优惠（表3A.3）。中值优惠幅度为13个百分点。关于地理条件（45%）、出口（32%）和其他投资项目特征（46%）的条件也是常见的，尽管具有显著的区域差异。与免税期一样，优惠税率在制造业（食品和饮料领先）和IT及电子技术中使用最广泛，其中31%的发展中国家提供优惠税率。

允许投资者从应税收入中扣除投资费用或贷记应付税款的税收减免和退税在发展中国家少得多；只有16%的国家给至少一个行业提供了优惠（表3A.4）。税收减免和退税也主要针对制造业部门。几乎所有的税收减免和退税都是有条件的，这与该激励工具以绩效为基础的特征相一致。得到补助或退税通常与具体投资有关，如研发或购买及安装新机器、新技术。

基于利润的激励措施，如免税期和优惠税率，有着严重的局限性。它们降低了从企业获得的任何利润中获取的税率，包括在免税期内规定税率为零。因此，这种手段的激励价值是直接对企业利润产生作用。因此，激励措施极大地偏向高利润的企业，而它们是最不需要政府支持的。这可能会导致激励措施支出过多，因为投资者预期高利润可能会继续。此外，当一个企业在特定年份获得超额利润时，东道国政府面临着失去可观收益的风险。利润转移的逃税风险对于利润激励是很高的，因为企业可以将企业内的利润人为地分配给享受税收优惠待遇的工厂或子公司（UNCTAD 2015）。这些激励机制在发展中国家的广泛使用是税收激励措施设计的一个重大缺陷。

基于成本的工具，如税收减免和退税，提供了优越的设计特点。与基于利润的激励措施不同，基于成本的激励措施降低了特定投入或生产要素的成本。在投资税收减税或退税情况下，政府可以授予企业从其应纳税额中扣除一定比例的投资价值的权利。企业因此获得的收益的大小与利润水平无关，而取决于投资规模。这样的工具有各种各样的优点：它们不像基于利润的激励措施那样偏向于高利润的企业，因此不太可能偏向那些本来要投资的企业。它们也不太容易通过利润转移被滥用，其幅度直接和相关的政策结果联系，可以根

表 3.1　各种税收激励工具的优点和缺点

基于利润的工具	
• 免税期：对新企业或新投资的有时限的免税（通常是CIT）	
• 优惠/优惠税率：以部分豁免标准CIT税率形式降低税率	

优点	缺点
• 针对投资者有强烈信号效应，易于沟通和宣传。	• 不成比例地倾向于很有可能产生高利润率的投资或时间短的投资（在免税期和优惠有时限的情况下）。 • 通常不是看投资者的前期保证，而是看预期结果方面的实际业绩，例如投资或创造的就业机会。 • 容易通过企业内部转移利润而被滥用。 • 由于实际财政成本的可预测性低而导致的财政高风险。
• 仅限免税期：投资者可以在免税期间完全避免与税务部门的互动。	• 仅限免税期：投资者免于纳税申报，因此无法根据放弃的收入来监控激励措施成本。

基于成本的工具	
• 税收减免：从应税所得中扣除投资成本的一部分。	
• 退税：从应缴税款中扣除投资成本的一部分。	
• 加速折旧：固定资产用于税收目的的折旧比通常情况下更快。	

优点	缺点
• 投资者的收益与投资金额直接挂钩。 • 税收损失比基于利润的工具更具可预测性。 • 相比基于利润的激励工具更不容易通过利润转移而滥用。 • 不允许公司免税，这使得流程更加透明，可以根据放弃的收入计算成本。 • 仅加速折旧：名义税负实际上没有减少，只是推迟到投资的后期阶段。	• 管理更具挑战性。 • 可能会从生产技术型投资转向更多的资本密集型投资。

据这些政策结果对其加以调节变化。不过，目前只有少数发展中国家使用这些更先进的手段来提供企业税收激励。部分原因可能是税收管理能力不足。表3.1对这些手段各自的优点和缺点给出了更详细的概述。

发展中国家的政策制定者们已持续减少CIT税率。在中东和北非地区、东亚和太平洋地区、拉丁美洲和加勒比地区、撒哈拉以南非洲地区和南亚地区，在2009年和2015之间平均CIT税率在下降；相比之下，欧洲和中亚地区的平均CIT率略有上升（图3.2）。不同地区平均税率的差异很大，从南亚地区的38%到欧洲和中亚地区的15%不等。

与此同时，发展中国家也继续实施新的税收激励政策，并使现有的税收激励更加慷慨。更具体地说，46%的国家在数据集（2009~2015）所涵盖的时期对至少一个行业引入了新的税收激励措施或加强了现有税收优惠。在激励措施更为慷慨或者引入新的税收激励政策的发展中国家，其中位水平是将免税期延长七年，或者税率降低五个百分点。相比之下，只有24%的发展中国家在这一时期对至少一个行业废除了税收激励措施，或者削减了激励措施（图3.3和表3A.5）。

在中东和北非地区，考查时期内引进新税收激励政策的国家和取消现有税收激励政策的国家比例都很高，都高达50%。这反映了改革朝两个方向进行。

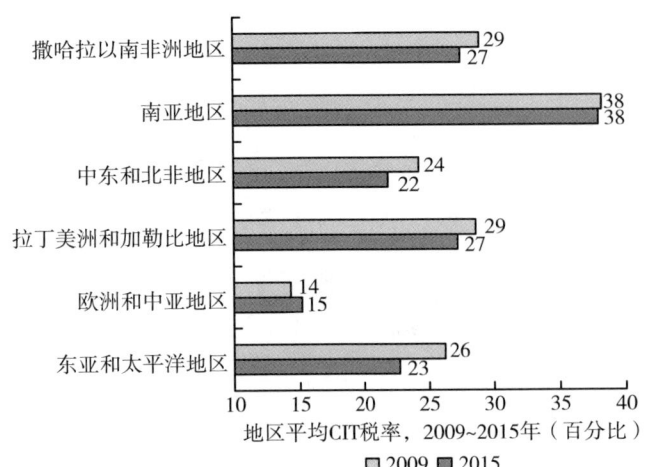

图 3.2 大多数地区的政策制定者继续削减企业所得税（CIT）税率
资料来源：发展中国家税收激励数据库。

激励措施增长最大的是撒哈拉以南非洲地区，其中65%的国家引进了新的或更慷慨的激励措施，而只有21%的国家取消了现有的激励措施或者进行了削减。南亚地区是唯一减少税收激励政策的国家比增加税收激励政策的国家更多的地区。

随着世界各国政府努力吸引投资和就业（Klemm and Van Parys 2012；OECD 1998），CIT税率和激励措施的变化趋势与全球流动性资本的低税率状况一致。当一个引入更低税率或新激励措施的国家引发另一个竞争性国家采取类似行动时，则

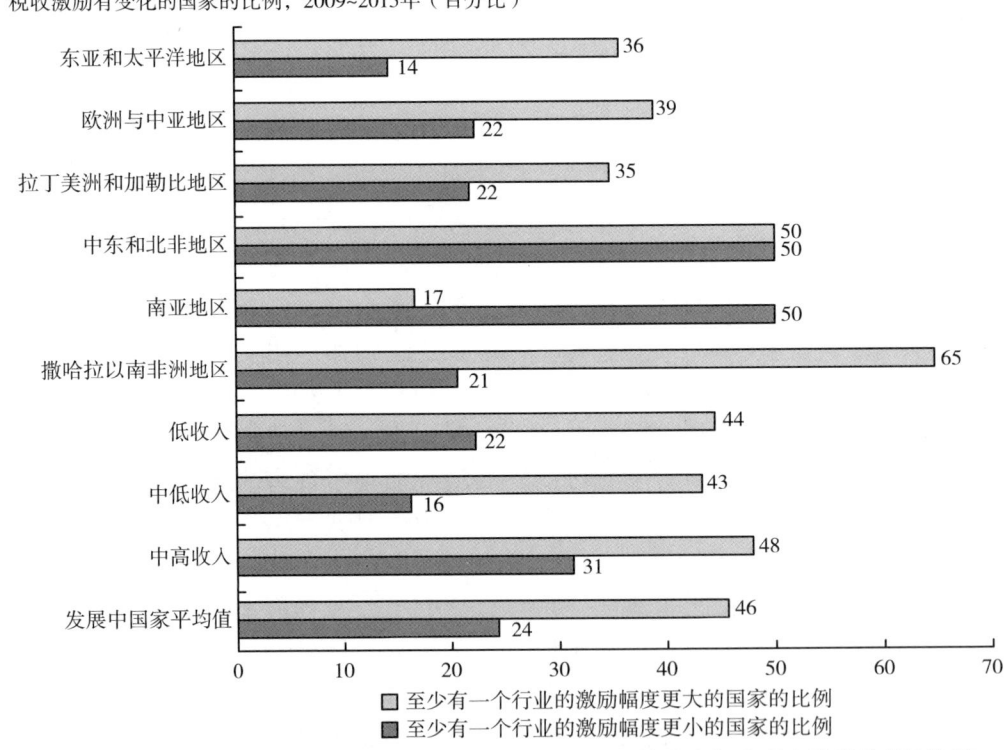

图 3.3 近一半的发展中国家已经出台了新的税收激励政策或者提高现有的税收优惠幅度
资料来源：发展中国家税收激励数据库。
注：税收激励幅度更大，是指延长免税期的最大期限或降低优惠税率。

加重了税收竞争的风险。这样的报复行为削弱了旨在吸引更多FDI的激励措施的预

期效果，也降低了两国的财政收入。因此，有必要采取全球和区域手段来减少有害的

税收竞争，以实现公司税收的可持续均衡。

税收激励一般不合算

税收激励为使用这些措施的国家带来了巨大的成本，尽管这些成本并不总是很容易看到：

- 不收取税款而造成的财政损失，也被称为税收支出。这样的支出是非常重要的，尤其是对发展中国家。虽然数据限制通常很严重，但最近世界银行的技术援助部门估计税收激励的支出高达GDP的5.9%（柬埔寨）、5.2%（加纳）和3.9%（多米尼加共和国）。放弃收入造成的支出通常不会像常规政府支出一样受到同样的审查和公共管制，在许多发展中国家，税收支出甚至没有系统的测量或公布。
- 从事非生产性行为的企业通过寻租以获得激励措施，或直接导致腐败，即向决策者行贿以获得激励（James 2009）。这样的成本往往由于缺乏设计和管理激励措施的透明度而放大。
- 私营部门的税收筹划和规避，例如，通过操纵内部转移价格，将利润从不受豁免的部门转移到同一企业的受豁免分支机构（Heckemeyer and Overesch 2013；UNCTAD 2015）。
- 由于给予和监控激励措施的机制繁琐给企业和政府双方造成的行政成本。
- 资源对受益于激励措施的活动再分配造成的经济扭曲，包括"现状偏见"：已经站稳脚跟的企业或行业往往比新来者在游说扩大激励措施方面更为成功（Zolt 2013）。
- 与之竞争的投资地点采取新的或力度更大的激励措施以进行报复（Klemm and Van Parys 2012；OECD 1998）。

关于吸引FDI的激励措施的好处的证据是复杂的，对发展中国家来说尤其有限。尽管高的公司税率显然对FDI进入有负面影响（Bénassy-Quéré, Fontagne, and Lahreche-Revil 2005；Bellak, Leibrecht, and Damijan 2009；Desai, Fritz Foley, and Hines 2006；Djankoff and others 2010；Egger and others 2008；Hebous, Ruf, and Weichenrieder 2010；Overesch and Wamser 2008），但有关税收激励影响的证据则更为复杂。一些研究（Allen and others 2001；James 2009；James and van Parys 2010；Klemm and van Parys 2012；van Parys 2012）发现其在总体水平上的有效性有限。但是，针对发展中国家的激励政策的研究基础仍然很少，因为大多数现有的研究都集中在经合组织国家，而且往往无法得出关于特定行业或特定投资者类型的激励措施的有效性的结论。

激励措施很少是跨国公司（MNC）在其区位决策中最初考虑的首要特征，但它们可以在对入围位置的最终决策中发挥重要作用。第一章中的全球投资竞争力（GIC）调查结果证实，投资者通常认为政治稳定性、监管质量和市场规模等变量比税率和激励措施更重要，这与以前关于这个问题的调查结果是一致的（UNIDO 2011）。尽管如此，激励措施通常在投资者和入围投资地点的政府之间的谈判的最后阶段发挥作用（Freund and Moran 2017）。各国提供激励措施的一个原因恰恰是因为它们可能使自己在投资者入围名单上的类似国家中脱颖而出。激励措施本身不会让一个国家入围。但是，当几个国家同时入围，条件相似时，那么激励措施就是决定性的因素。换句话说，激励措施的有效性可能取决于其他因素，这些因素决定了一个国家首先是否"入围"。

这凸显了仔细研究投资者动机以及企业和国家特征，以便了解促进FDI的税收激励措施有效性的重要性。即使激励措施能够影响投资者的区位决策，但收益并不总是抵得过成本。与其根据所吸引的FDI绝对量来判断激励措施是否成功，各国应权衡其对创造就业、技术转让或其他正外部性等发展成果的贡献，并与成本对比。

激励措施的有效性随FDI动机的不同而不同

并不是所有的FDI都是一样的，它们的不同点之一是投资者动机（见第1章专栏1.2）。在可获得的全球FDI数据中很难观察到投资者动机，而根据FDI动机把各行业一一分类是不可能的。事实上，同一行业的FDI在不同国家或甚至在同一国家内可能由不同动机来驱动。[7]但为了加以说明，主要是市场寻求型FDI与主要是效率寻求型FDI的行业可以根据出口与国内销售的收入比例进行基本区别。第三种类型的动机——自然资源寻求型FDI，广泛见于采掘业和农业。

表3.2显示了本章中用于这种大体分类的基础数据和方法。有关激励措施目标的信息充分的决策，必须根据关于特定东道国的外国分支机构活动的企业层面数据进行更彻底的分析。主要是自然资源寻求型或效率寻求型的行业通常出口比例很高，而市场寻求型投资，根据定义，其主要目的是国内销售。在这一分类的基础上，主要是市场寻求型行业的FDI占发展中国家项目的48%，其次是效率寻求型（47%）和自然资源寻求型（5%）的项目。

然而，在自然资源方面的FDI项目在资本投资的规模上往往较大，因此占FDI总额的比例高于其在项目数量上的比例。

自然资源寻求型和效率寻求型FDI比市场寻求型FDI往往表现出更高的内部销售比例（表3.2）。在效率寻求型FDI的例子中，这一发现反映了企业试图组织和控制其在不同生产地点的全球价值链（GVCs）。因此，能够吸引效率寻求型FDI通常是国家与全球价值链整合并向其服务的市场出口的先决条件。

效率寻求型FDI往往集中在相对较少的成功的东道国，而市场寻求型和自然资源寻求型FDI在地理上更分散（表3.2）。效率寻求型FDI具有高度流动性，企业通过在成本上有竞争力的东道国定位，以此对其价值链进行战略组织，进而驱动效率寻求型FDI，这与上述的集群模式一致。根据不同产业，这意味着各国必须为效率寻求型FDI而竞争，而并非所有各国都是赢家。另一方面，市场寻求型和自然资源寻求型FDI，根据定义，必须去市场或自然资源所在地，因此，地理上更分散。

在主要是效率寻求型FDI的行业，对FDI的竞争是很激烈的，发展中国家通常会提供激励措施。对于在IT和电子技术、机械与设备、汽车业、航空航天、生物技术和制药等的效率寻求型FDI行业而言，大多数FDI项目集中在数量有限的几个东道国；同时，这些行业中激励措施的普遍度最高（图3.4，右上）。IT服务部门在某种程度上是一个离群值，虽然它在地理上高度集中，主要是效率寻求型，但相比其他效率寻求型为主的行业，很少有发展中国家对该行业提供激励措施。

这表明，一些发展中国家在效率寻求型FDI比例高的行业中采用了战略性的

表3.2 效率寻求型FDI聚集在少数区域，而自然资源寻求型和市场寻求型FDI的地理分布较分散

按行业和可能的主要FDI动机分类的在发展中国家的FDI

行业	美国外国分支机构的出口比例（占总销售额的百分比）[a]	美国外国分支机构的企业内部销售额（占对分支机构的总销售额的百分比）内[b]	数据库中在发展中国家的FDI项目数量	FDI项目地理集中度的赫氏指数[c] 所有发展中国家	FDI项目地理集中度的赫氏指数[c] 除中国和印度之外的所有发展中国家
自然资源寻求型为主					
农业和渔业	36	47	555	0.05	0.03
采掘业	58	31	1112	0.03	0.03
再生能源	n.a.	n.a.	45	0.05	0.05
自然资源寻求型为主的行业总计	47	39	1712	0.04	0.04
市场寻求型为主					
商务服务	n.a.	19	3690	0.07	0.04
建筑与建材	11	8	1840	0.07	0.03
教育与健康	n.a.	n.a.	546	0.11	0.03
娱乐业	n.a.	n.a.	179	0.07	0.04
金融服务	1	0	4082	0.04	0.02
食品和饮料	28	27	1150	0.06	0.04
电力、公共事业和电信	n.a.	n.a.	1878	0.04	0.03
旅游和酒店	n.a.	n.a.	872	0.08	0.03
贸易和零售业	13	5	3902	0.07	0.05
市场寻求型为主的行业总计	13	12	18139	0.07	0.04
效率寻求型为主					
航空航天	n.a.	n.a.	371	0.12	0.13
服装、纺织品和鞋类	52	24	544	0.07	0.07
汽车业和其他运输工具制造	50	46	2867	0.12	0.10
生物技术、制药和医药产品	43	48	640	0.11	0.04
信息技术和电子技术	60	54	2167	0.13	0.06
IT服务	n.a.	33	3275	0.10	0.07
机械与设备	51	36	2657	0.13	0.07
其他制造业	46	25	2164	0.09	0.06
运输与物流服务	59	11	2909	0.07	0.04
效率寻求型为主的行业总计	51	34	17594	0.10	0.07
全部行业总计			37445	0.08	0.05

资料来源：计算基于经济分析局（BEA）有关美国外国分支机构活动的统计数据（Table II.E 11. Goods Supplied by Affiliates, Industry of Affiliate by Destination, 2014）和《金融时报》的fDi市场数据库（2009~2015）。

注：FDI = 外国直接投资；IT = 信息技术；n.a. = 不适用。

a. 按行业分类的出口份额是用非东道国销售额除以总销售额计算得出，基于BEA数据。如果行业描述清楚地表明其与自然资源有直接联系，那么就被归为自然资源寻求型。对于其余行业，如果出口销售额的比例超过40%，就归为效率寻求型；没超过40%就归为市场寻求型。没有BEA数据的行业根据作者的直觉进行分类。

b. 由于近些年来的数据有限，该指标基于美国外国子公司的2008年BEA数据。

c. 地理集中度的赫氏指数（HHI）定义为所有发展中国家在给定行业的FDI项目总数中所占比例的平方和。因此，如果一个特定行业的所有FDI项目都流向同一个国家，则值为1；越在各国之间分散则越接近于零。由于中国和印度在投资项目总数中的比例过高，因此在最后一栏中被排除在外。

82 2017/2018 年全球投资竞争力报告

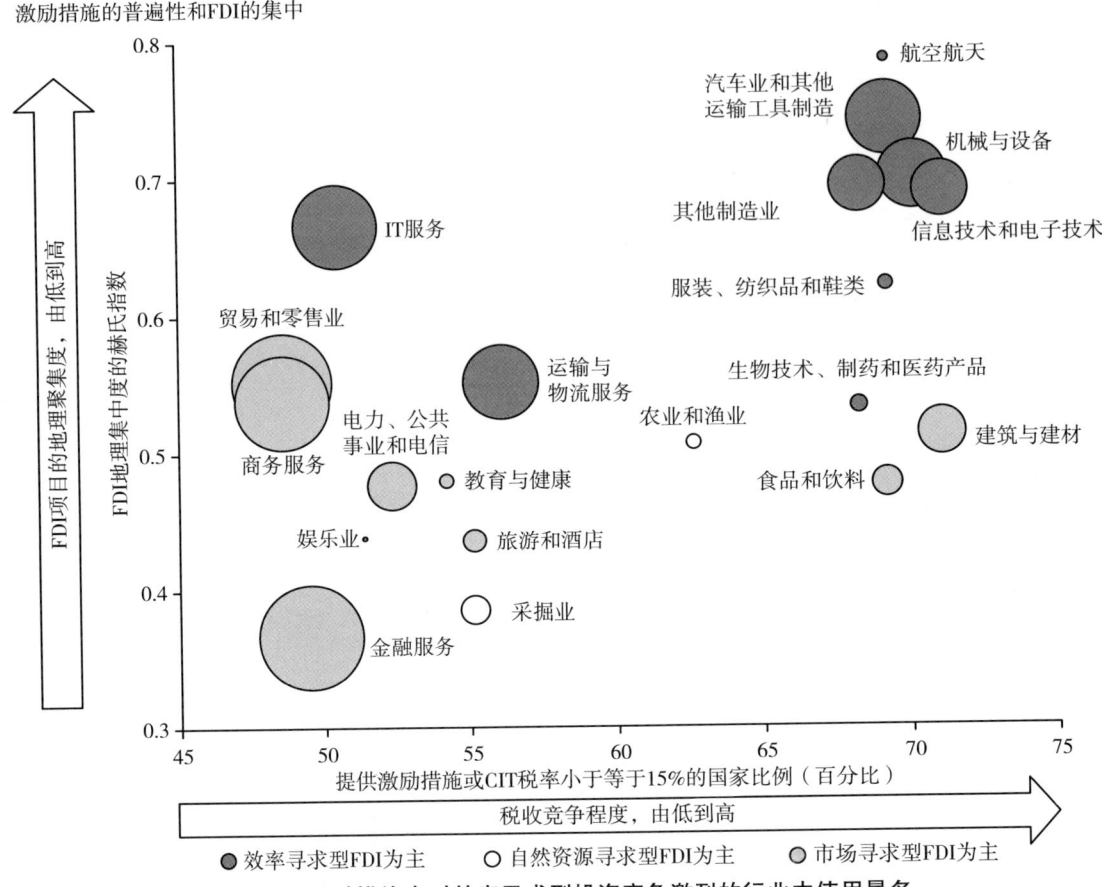

图 3.4　激励措施在对效率寻求型投资竞争激烈的行业中使用最多

资料来源：基于发展中国家税收激励数据库和《金融时报》fDi 市场数据库的 FDI 数据计算。

注：每个圆的大小代表行业在发展中国家的 FDI 项目数量。基于 fDi 市场数据库的信息构建。CIT = 企业所得税；FDI = 外国直接投资；IT = 信息技术。

激励措施，这些也是竞争激烈的领域。这也表明，虽然激励措施可能对投资者来说是价值主张的重要组成部分，但它们不是这些行业的 FDI 的充分条件，因为尽管对这些行业的激励措施普遍存在，但其 FDI 集中在相对较少的几个地方。

另一方面，主要是市场寻求型和自然资源寻求型行业的 FDI 也流向竞争较低的地区；并且，尽管激励措施仍然普遍存在，但它们可能不是必要条件。例如，采掘业、电力和公用事业、金融服务中的 FDI 项目在地理上最分散。激励措施在这些行业相对不常见，但仍有大约 50% 的发展中国家提供激励措施（图 3.4，左下）。由于对 FDI 的竞争在这些部门更加有限，而且区位决策很可能受市场需求和自然资源的可用性的支配，所以最好对这些激励措施进一步研究，并可能加以消除，因为它们很可能是多余的。

在 GIC 调查结果中，认为税收激励（如免税期）对投资决策重要或极为重要的调查对象比例在市场寻求型和自然资源寻求型投资者中（47%）远低于效率寻求型投资者（64%）。GIC调查还发现，与发达国家效率寻求型的公司相比，发展中国家效率寻求型的投资者更关心激励措施。

但在国家激励制度改革之前，对FDI动机和激励措施成本和收益按国家进行分析是确认总体趋势的重要步骤（专栏3.2）。

专栏3.2

国家层面的激励措施成本效益分析方法与结果

该专栏总结了最近在数据可获性有限的发展中国家关于吸引FDI的税收激励措施的成本效益分析（CBA）方面的研究。即使在低数据环境中，基本的分析步骤也有助于促进关于税收激励的信息更充分的政策对话。

为了分析激励措施的成本，最低要求是按行业收集从激励措施中受益的企业名单。虽然没有明确地涵盖成本，但这样的信息可能是一个有用的起点，看看哪些行业享有最多激励措施。如果激励措施只能使一个行业内的少数企业受益，它还可以表明竞争的扭曲。通过将激励措施的普遍性数据与企业普查或劳动力调查等二级来源的结果变量（例如就业和投资）相结合，可以进行行业级分析，以激励进一步的数据收集和研究。虽然缺乏适当的CBA，但这种基本的方法可以帮助一个国家确定在给予激励措施和受益于激励措施之间明显不成比例的行业。例如，最近对科特迪瓦（世界银行2016b）的一项研究发现，尽管有15%的建筑业企业受益于激励措施，但这个行业只占总投资的5%，占全国的就业人数仅为2%。

理解激励措施成本的一个更好的起点是税收支出分析。这需要评估在没有激励措施的情况下特定公司应该缴纳的公司税和间接税。这些信息可以由税务机关使用公司个体的纳税申报表制作。定期收集和公布这些数据会提高激励措施的透明度，使决策者和其他利益相关者能够更好地评估其成本。哥伦比亚[a]、摩洛哥[b]、南非[c]等国家遵循这一做法，但许多其他国家既不跟踪也不公布税收支出。

保密问题常常限制税务管理部门为了分析目的而分享企业级税收支出数据的能力。在这种情况下，行业层面的总体数据仍然可以通过识别行业产生税收支出和好处之间的不均衡提供有用的政策指导。例如，在斯里兰卡（世界银行2016a）的研究表明，尽管通信业吸收了总税收支出的27%，但它只占总就业的1%。

当企业层面的数据可用时，对成本和收益可以进行更为严格的评估。一种可能性是分析有无激励措施的企业的投资回报。虽然这种方法涉及确定投资的可信最低回报的判断，但它可以给出直观的却与政策高度相关的洞见。例如，上述对斯里兰卡的分析还表明，通信行企业平均投资回报率较高，而且即使没有受益于激励措施，其回报率仍将保持在全国平均水平之上。这一发现表明，给予该行业的激励措施可能是多余的，因为无论如何都会有投资。

税收激励的成本和收益的正式定量评估是通过用户的资本成本（UCC）方法进行的。这种方法更加数据密集型，因为它需要几年时间的从资产负债表和/或报税表中得到的企业层级数据。它可以通过隔离给定税收减免的边际投资效应，产生关于一国税收投资关系的计量经济学上可信的估计。UCC可以被看作是有利可图的投资的税前最低回报率。通过构建，UCC的投资弹性将根据时间和企业（或企业组）而变化；因此，将这些趋势与没有税收激励的UCC相比较就可以估计由于现有的税收激励而导致的固定资产的变化。基于这种方法的最近的分析工作已经得出了关于多米尼加共和国、马来西亚和南非的不同行业和不同激励工具的每创造一个工作岗位或每单位投资的净财政成本的严密估计。但这需要大量数据，使这种方法难以在许多中低收入国家复制。

一个用以揭示税收激励创造的好处的更容易复制的方法是投资者动机调查。这样的调查会询问企业在做出投资位置决策时关于激励决策和其他特征方面的问题。根据其回答，如果企业被激励措施吸引，企业就被归类为边际投资者，而无论如何都会来的投资者则被归为非边际投资者。虽然通过调查答复进行这种分类需要一些非平凡性判断，但这种方法已在发展中国家广泛使用。

总的来说，基于最近的一系列投资者动机调查（James 2013），投资者即使没有激励措施（冗余率）也会投资的比例通常很高，从萨尔瓦多的32%到几内亚的92%和卢旺达的98%。

然而，由于行业和投资者动机的差异显著，总的结果不足以得出可信的成本收益结果。因此，调查样本的大小必须足够大，以得出按行业和投资者动机分解的冗余率，这是代价昂贵的。如果有这样的详细分解，可以将特定行业的冗余率与有关税收支出和其在就业、投资及其他变量方面的好处的信息结合，以计算成本收益比。

a. "788法第87条（2002）规定哥伦比亚政府有义务出具一份详细报告，其中必须评估和明确激励措施的财政影响。国家海关税务局经济研究室（DIAN）已经系统地公布了自2003年以来的哥伦比亚税收支出估计，并给出了过去的10年中优惠待遇的主要类别，将这些待遇在个人和公司间进行了区分。" Villela, Lemgruber, and Jorratt（2010）。

b. 摩洛哥公布了作为年度预算一部分的税收支出的详细账目。支出按纳税工具、受益人类型和产业部门提供。详细的报告还包含了所授激励政策种类、法律依据、预期目标和合格受益人的信息。2015年的完整文档可访问 http://www.finances.gov'ma/Docs/2014/DB/dep—fisc_fr.pdf.

c. 南非向国家预算公布了补充信息，提供有关税收支出的一些细节。

企业层面和国家层面变量会改变激励措施的影响

税收激励措施在吸引FDI方面的有效性还取决于几个企业层面和国家层面的变量。之前的研究区分了绿地投资与并购（Hebous, Ruf, and Weichenrieder 2010），出口导向与国内导向的FDI（James, 2009），横向与纵向FDI（Overesch and Wamser 2008）。已经发现税收激励对绿地FDI（Hebous, Ruf, and Weichenrieder 2010），出口导向型FDI（James 2009）和垂直型FDI（Overesch和Wamser 2008）的影响更大。由于所有这些企业特征与效率寻求型FDI一致，调查结果普遍证实，效率寻求型FDI对税收激励措施更具响应性。在基础设施较好的国家（Bellak and others 2009）和投资环境较好的国家（James 2009）中，投资激励政策也被证明更为有效。

将发展中国家税收激励数据库与世界银行企业调查数据联系起来，阐明了激励机制的作用，以及发展中国家的企业和国家特征。企业调查系统地收集企业对其运营中遇到的障碍的看法，包括税收负担。虽然有一些证据表明这一指标与实际的FDI流入量有关（Kinda 2010），但将观察到的激励措施对投资者关于税收制度看法的影响解释为激励导致更多FDI的必要但不充分的条件可能更合理。公司可能面临其他障碍，因此即使其对税收制度的看法因激励措施而得到改善也不会投资。但是，如果公司甚至没有将激励措施视为对其面对的税收制度的改进，那么可以合理地得出这种激励措施无效的结论。将发展中国家税收激励数据库与企业调查中关于外国企业看法的信息合并，产生了有用的见解（表3A.6）：

毫不奇怪，企业所得税率（CIT）与企业将税率视为障碍的可能性正相关。CIT率下降10个百分点与外国企业将税率视为障碍的可能性下降3.6至4个百分点相关。

对企业经营行业提供的1天免税期与将税率视为障碍的可能性下降3.3至6.9个百分点相关。该平均结果掩盖了这一影响取决于企业和国家特征的显著变化。例如，免税期与企业对税率的看法之间的联系对出口企业来说要强得多。在出口商中，如果一个国家在其经营行业提供免税期，将税率视为障碍的可能性则下降12个百分点，而非出口商相应为3.8个百分点。

这一发现与全球投资竞争力调查结果一致，表明激励措施对效率寻求型投资者更为重要：29%的效率寻求型企业报告说，在决定在发展中国家投资或扩张时，免税期至关重要。企业调查仅包括制造业和服务业企业，不包括自然资源寻求型企业，因此数据集中的出口导向型企业相当于效率寻求型投资者，这证实了先前的发现，即激励措施对此类FDI更为重要。[8]

同样，免税期的存在与企业将税收视为障碍之间的联系似乎对大企业（9.8个百分点）比对小企业（3.3个百分点）更强。这可能反映出激励措施对最低投资要求的广泛使用。它还可能表明获得激励措施的高额前期成本问题（例如确定符合要求并经历繁琐的申请流程）使这些激励措施只对大企业有利。这引起了严重的效率和公平问题。加强透明度的改革（专栏3.3）可以减少激励措施的前期成本，并有助于避免因腐败和经济扭曲造成的间接成本。

免税期与企业的看法之间的联系在新老企业之间似乎没有差别。这应该引起关注，因为免税期通常是为了促进新的投资，而不是维持现有的投资。在实践中，现有投资者经常使用寻租行为，包括游说和战略性再投资，将免税期延长到预期的时间以外，这可以解释数据中的这一发现。这类目标问题严重限制了税收激励对促进FDI的有效性。对激励措施预先设定日落条款有助于更好地使政策决策免受这种压力。

在运输状况糟糕或投资环境恶劣的国家，免税期与企业对税率的看法之间的积极联系并不成立。这与文献一致，表明激励措施在促进此类环境中的FDI方面无效（Bellak，Leibrecht and Damijan 2009；James 2009）。因此，免税期显然不能弥补这些方面的缺点，并且可能主要使那些本来就会投资的企业受益。效率寻求型FDI最有可能对激励措施作出反应，它们对投资环境和运输成本特别敏感，并且容易聚集在最具竞争力的地区。因此，这一发现可能源于效率寻求型投资者避开投资环境较弱的国家而不考虑激励措施，而市场寻求型和自然资源寻求型的投资者的反应性较低，无论其投资环境如何都会在这些国家里经营。

> **专栏3.3**
>
> **加强税收激励透明度的改革的例子**
>
> **激励措施清单**
>
> 发布提供的激励措施类型、其法律依据、授予总量、资格标准、管理流程和其他相关信息的最新信息是提高透明度的重要的第一步。通常情况下，在发展中国家无法全面获取这些信息，需要通过查阅可能包括激励措施的法律和法规来汇编这些信息，这一过程也可以产生对激励机制设计的重要洞见。对于投资者而言，这一清单可用于宣传相关信息并创造更公平的竞争环境。约旦是发展中国家激励措施清单的一个很好的例子。约旦投资委员会在其网站上以用户友好的形式发布了所有法律中投资者可获得的激励措施清单，以及申请激励措施的行政程序。该清单由内部IT系统提供支持，并由专门的团队每年更新。最近的另一个例子是巴基斯坦，联邦投资委员会在其网站上公布了通过联邦一级立法向投资者提供的所有税收和关税税收激励措施。
>
> **将所有激励措施条款合并进税法**
>
> 将激励措施纳入税法可以避免这些措施分散在国家的立法（通常包括投资法规，采矿法规，农业法规或经济特区法律）中。它还确保立法机构将这些措施作为年度预算过程的一部分加以审查。此外，它还支持税务管理部门有效跟踪和监督激励措施的能力。同时，仅根据税法给予激励，避免了与投资者签订个别协议的自由裁量做法，从而限制了寻租和腐败的范围。在突尼斯，2016年批准的新投资法规不是提供激励措施，而是与税法相关的财政激励法令。在斯里兰卡，正在考虑通过一项新的税务法把所有现有的税收激励措施纳入其中，不再允许斯里兰卡投资局根据自己的权力给予激励。
>
> **最大限度地减少自由裁量权并建立明确客观的激励措施资格标准**
>
> 减少管理或提供激励机构的自由裁量权可提高对投资者而言的可预测性，并减少寻租和腐败的机会。对于税收激励，一种良好做法是根据法律规定的标准，而不是通过单独的审批程序，向合格投资者提供激励措施。例如，哥斯达黎加通过其《自由贸易区法》确定了激励措施的明确资格标准，该法确定了授予激励的门槛和做法。

结论

虽然减少有害的税收竞争仍然是多边议程的优先事项，但发展中国家政府可以采取单方面措施，以更有针对性和更合算的方式使用税收激励措施，可以通过实施基于两个支柱的量身定制的改革战略来实现这一目标：

- 针对投资决策最可能受激励措施左右的投资者采取激励措施。这需要彻底了解该国FDI的类型和动机以及现有激励措施的成本和收益。
- 改进激励措施的设计、透明度和管理，以减少间接成本并避免意外后果。

任何激励机制的一个重要出发点是在利益相关方之间进行明确和达成共识，以确定通过激励措施实现的具体的和可衡量的政策目标。如果目标未定义，或尝试完成太多或定义模糊的目标，就无法评估激励措施成功与否，并且必然会导致失败。建立一个强有力的监测和评估框架以跟踪这些目标的进展是必不可少的，这可以为税收激励的公共成本提供正当性，并检测和调整多余或低效的支出。

税收激励措施应针对效率寻求型的投资者，但必须首先解决投资环境的基本面。获得全球流动的效率寻求FDI的"一块蛋糕"需要在积极的政府参与方面付出更多努力。效率寻求型FDI的税收竞争非常激烈；对于效率寻求型FDI比例最高的一些行业，几乎所有发展中国家都提供某种企业税收激励措施。但效率寻求型FDI也比其他形式的FDI要求更高，因为它需要更高质量的投资环境，基本的基础设施，合理的运输成本和有利于投资的政策框架。如果缺乏这些因素，投资者不太可能对哪怕最慷慨的激励措施做出回应。因此，对于在这些方面表现不佳的发展中国家而言，最有希望的战略是避免使用激励措施，而是保护其收入基础，以支持对基础设施的投资和改善投资环境，同时制定一项中期战略，使自身对于效率寻求型FDI更有竞争力。另一方面，已经具备吸引效率寻求型FDI的特征的国家在某些情况下可能会找到针对此类FDI的有针对性的激励措施，以提高其地区竞争力。

对自然资源寻求型和市场寻求型投资者来说，税收激励往往是多余的，应该成为进一步评估的目标和可能要去除的主要目标。不同地理区域和收入群体的国家一直为市场寻求型和自然资源寻求型的FDI提供投资激励措施。在大多数情况下，这些投资者不是激励措施明确指向的对象，而是受益于向一个国家的所有或大多数投资者都提供的激励措施。对于这些投资者而言，激励措施更有可能是多余的，因为其支持的投资无论如何都可能进行。

针对具体国家的激励措施的成本收益分析，包括通过分析有和没有激励措施的投资回报来评估冗余，对于进一步根据国家具体情况调整此建议非常重要。

发展中国家可以通过从基于利润的工具转向与明确的政策目标相关的基于成本的工具来改进激励措施的设计。大多数发展中国家一直严重依赖免税期和优惠税率。这种以利润为基础的工具的缺点已经十分明确，因为它们对于利润高且时间短的企业更具吸引力，与之相对的是基于成本的工具，如税收减免和退税，它们直接降低投资成本。通过税收筹划和利润转移，基于利润的激励措施也更容易被滥用。

由于基于成本的激励措施可以改进得更加贴近政策目标，东道国应相应地确定一套切合实际的政策目标，并据此设计工具。应建立监测和评估系统，以跟踪预期结果的进展情况。最后，在整个实验性过程中，政策制定者应该采取措施相应地学习和适应。[9]

通过提高透明度和加强管理实践，发展中国家可以减少寻租和腐败所产生的激励措施的间接成本，并避免过多的行政费用。这包括通过强制要求在相关法律中明确规定所有激励措施来避免使用自由裁量或临时激励措施。将激励措施的法律基础整合进税法也有助于提高透明度并便于税务管理部门的控制。在行政方面，减少提供激励措施的自由裁量权，并且理想情况下，根据法律自动向任何合格投资者提供激励，这可以减少前期成本，这些前期成本可能使激励措施缺乏吸引力，特别是对于较小的投资者。最后，为了避免成熟企业捕获和永久更新激励措施，进而在实践中往往使税收激励措施在产生新投资方面无效，激励措施应始终是临时性的，如包括预先宣布的日落条款。

关于在发展中国家使用税收激励政策的证据显然需要进一步扩展。发展中国家税收激励数据库的当前版本仅涵盖CIT激励措施；应对其加以扩展，特别是加入海关和增值税激励措施，以及加入地方数据。[10] 鉴于现有数据和方法在系统地探讨激励措施和FDI之间的因果效应方面的局限性，一个关键的优先事项是按行业收集发展中国家的激励措施和FDI的长期时间序列数据。

另一条研究途径可以关注全球可比的企业级数据，并关注激励措施的微观效应（例如投资回报和企业扩张）。这种基于微观的研究也可以超越对FDI进入的关注，并考虑激励措施对FDI留存的作用、外国企业和国内企业之间的联系、就业或其他受到激励措施的企业的行为特征。

附录 3A

表 3A.1　发展中国家税收激励数据库

低收入国家		中低收入国家		中高收入国家	
海地	LAC	柬埔寨	EAP	中国	EAP
阿富汗	SAR	印度尼西亚	EAP	斐济	EAP
尼泊尔	SAR	老挝	EAP	马来西亚	EAP
布隆迪	SSA	蒙古国	EAP	泰国	EAP
乍得	SSA	缅甸	EAP	阿尔巴尼亚	ECA
刚果民主共和国	SSA	巴布亚新几内亚	EAP	阿塞拜疆	ECA
埃塞俄比亚	SSA	菲律宾	EAP	白罗斯	ECA
冈比亚	SSA	萨摩亚	EAP	波斯尼亚和黑塞哥维那	ECA
几内亚	SSA	斯里兰卡	EAP	保加利亚	ECA
利比里亚	SSA	东帝汶	EAP	格鲁吉亚	ECA
马达加斯加	SSA	越南	EAP	哈萨克斯坦	ECA
马拉维	SSA	亚美尼亚	ECA	前南马其顿	ECA
莫桑比克	SSA	摩尔多瓦	ECA	黑山	ECA
卢旺达	SSA	塔吉克斯坦	ECA	罗马尼亚	ECA
塞内加尔	SSA	乌克兰	ECA	塞尔维亚	ECA
塞拉利昂	SSA	乌兹别克斯坦	ECA	土耳其	ECA
南苏丹	SSA	玻利维亚	LAC	土库曼斯坦	ECA
坦桑尼亚	SSA	危地马拉	LAC	阿根廷	LAC
乌干达	SSA	洪都拉斯	LAC	伯利兹	LAC
津巴布韦	SSA	尼加拉瓜	LAC	巴西	LAC
		埃及	MENA	哥伦比亚	LAC
		摩洛哥	MENA	哥斯达黎加	LAC
		突尼斯	MENA	多米尼克	LAC
		孟加拉国	SAR	多米尼加共和国	LAC
		印度	SAR	厄瓜多尔	LAC
		巴基斯坦	SAR	格林纳达	LAC
		喀麦隆	SSA	圭亚那	LAC
		佛得角	SSA	牙买加	LAC
		刚果共和国	SSA	墨西哥	LAC
		科特迪瓦	SSA	巴拿马	LAC

续表

低收入国家	中低收入国家		中高收入国家	
	加纳	SSA	巴拉圭	LAC
	肯尼亚	SSA	秘鲁	LAC
	莱索托	SSA	圣卢西亚	LAC
	毛里塔尼亚	SSA	苏里南	LAC
	尼日利亚	SSA	委内瑞拉	LAC
	圣多美和普林西比	SSA	阿尔及利亚	MENA
	苏丹	SSA	伊拉克	MENA
	斯威士兰	SSA	约旦	MENA
	赞比亚	SSA	黎巴嫩	MENA
			利比亚	MENA
			马尔代夫	SAR
			安哥拉	SSA
			博茨瓦纳	SSA
			赤道几内亚	SSA
			加蓬	SSA
			毛里求斯	SSA
			纳米比亚	SSA
			南非	SSA

资料来源：发展中国家税收激励数据库。

注：EAP = 东亚和太平洋地区；ECA = 欧洲和中亚地区；LAC = 拉丁美洲和加勒比地区；MENA = 中东和北非地区；SAR = 南亚地区；SSA = 撒哈拉以南非洲地区

表3A.2　全球对免税期的使用，2015年

	东亚和太平洋地区	欧洲和中亚地区	拉丁美洲和加勒比地区	中东和北非地区	南亚地区	撒哈拉以南非洲地区	低收入	中低收入	中高收入	总计
数据库中涵盖的国家数量	15	18	23	8	6	37	20	39	48	107
按行业和地区划分的免税期普遍性（在特定行业提供免税期的国家的比例，百分比）										
建筑与建材	71	56	48	50	50	32	35	47	52	47
机械与设备	71	56	48	50	50	30	30	47	52	46
航空航天	64	56	48	50	50	30	30	47	50	45
汽车业和其他运输工具制造	64	56	48	50	50	30	30	47	50	45
信息技术和电子技术	71	56	48	50	33	30	30	45	52	45
服装、纺织品和鞋类	64	56	48	50	33	30	30	45	50	44
食品与饮料	64	56	48	50	33	30	30	45	50	44
其他制造业	64	56	48	50	33	30	30	45	50	44
生物技术、制药和医药产品	57	56	48	50	33	30	30	42	50	43
农业和渔业	64	39	30	13	33	32	30	42	33	36
旅游与酒店	50	33	35	38	33	24	25	37	33	33
采掘业	29	39	26	25	33	24	20	32	29	28
交通与物流服务	43	33	22	13	33	24	20	29	29	27
教育与健康	50	28	22	13	50	19	15	32	27	26
信息技术服务	50	39	22	13	17	19	15	26	31	26
金融服务	29	39	26	13	17	19	15	21	31	25
电力，公用事业和电信	36	28	22	13	50	19	15	29	25	25
再生能源	29	33	26	13	33	19	15	26	27	25
商业服务	43	28	26	13	17	16	15	24	27	24
娱乐业	43	28	22	13	17	19	15	24	27	24

续表

	东亚和太平洋地区	欧洲和中亚地区	拉丁美洲和加勒比地区	中东和北非地区	南亚地区	撒哈拉以南非洲地区	低收入	中低收入	中高收入	总计
回收	29	28	22	13	17	22	15	24	25	23
贸易和零售业	29	33	22	13	17	19	15	21	27	23
总计（至少有一个行业享受免税期的国家）	71	61	48	50	50	41	40	55	52	51
按行业和地区、年份划分的免税期中位持续时间										
航空航天	10.0	6.0	15.0	10.0	5.0	10.0	8.5	9.5	10.0	10.0
服装、纺织品和鞋类	9.0	6.0	15.0	10.0	7.5	10.0	8.5	9.0	10.0	10.0
汽车业和其他运输工具制造	9.0	6.0	15.0	10.0	5.0	10.0	8.5	8.5	10.0	10.0
生物技术、制药和医药产品	9.0	6.0	15.0	10.0	7.5	10.0	8.5	9.0	10.0	10.0
商业服务	9.0	5.0	12.0	10.0	10.0	10.0	10.0	10.0	9.0	10.0
建筑与建材	8.5	6.0	15.0	10.0	10.0	10.0	7.0	10.0	10.0	10.0
金融服务	9.0	5.0	12.0	10.0	10.0	10.0	10.0	10.0	9.0	10.0
食品与饮料	9.0	6.0	15.0	10.0	7.5	10.0	8.5	9.0	10.0	10.0
信息技术和电子技术	8.5	6.0	15.0	10.0	7.5	10.0	8.5	9.0	10.0	10.0
机械与设备	8.5	6.0	15.0	10.0	5.0	10.0	8.5	8.5	10.0	10.0
其他制造业	9.0	6.0	15.0	10.0	7.5	10.0	8.5	9.0	10.0	10.0
电力，公用事业和电信	10.0	5.0	9.0	10.0	10.0	10.0	10.0	10.0	8.5	10.0
旅游和酒店	8.0	6.5	10.0	10.0	6.5	10.0	5.0	7.5	10.0	10.0
贸易和零售业	9.0	6.5	9.0	10.0	10.0	10.0	10.0	10.0	9.0	10.0
运输和物流服务	9.5	6.5	9.0	10.0	7.5	10.0	10.0	10.0	9.0	10.0
采掘业	10.0	5.0	12.0	10.0	8.5	10.0	7.5	10.0	9.5	10.0
回收	9.0	5.0	9.0	10.0	10.0	10.0	10.0	10.0	8.5	9.5
再生能源	9.0	5.0	12.0	10.0	7.5	10.0	10.0	7.5	9.0	9.5
娱乐业	8.5	5.0	9.0	10.0	10.0	10.0	10.0	10.0	8.0	9.0
农业和渔业	9.0	5.0	15.0	10.0	7.5	8.5	6.0	9.5	8.5	8.5
教育和健康	8.0	5.0	9.0	10.0	5.0	10.0	10.0	7.0	8.0	8.5
信息技术服务	8.0	5.0	9.0	10.0	10.0	10.0	10.0	9.0	8.0	8.5
总计	9.0	5.0	15.0	10.0	10.0	10.0	10.0	10.0	10.0	10.0
不同类型免税期的获得条件的普遍性，百分比										
位置条件（省或经济特区）	92	68	69	100	91	72	57	83	78	77
对出口或向出口商进行销售的条件	40	16	25	81	30	24	38	49	33	30
其他条件（例如研发、先进机械的使用）	65	24	32	48	34	38	24	40	23	40

资料来源：发展中国家税收激励数据库。

表 3A.3　全球对优惠税率的使用，2015 年

	东亚和太平洋地区	欧洲和中亚地区	拉丁美洲和加勒比地区	中东和北非地区	南亚地区	撒哈拉以南非洲地区	低收入	中低收入	中高收入	总计
数据库中涵盖的国家数量	15	18	23	8	6	37	20	39	48	107
按行业和地区划分的优惠税率普遍性（在特定行业提供优惠税率的国家的比例，百分比）										
食品与饮料	40	33	22	25	67	27	25	46	21	31
信息技术和电子技术	33	39	22	25	67	27	25	46	21	31
航空航天	33	33	22	25	67	27	25	44	21	30
汽车业和其他运输工具制造	33	33	22	25	67	27	25	44	21	30
生物技术、制药和医药产品	33	33	22	25	67	27	25	44	21	30
机械与设备	33	33	22	25	67	27	25	44	21	30
建筑与建材	40	33	22	13	50	27	25	38	23	29
其他制造业	33	33	22	25	50	27	25	41	21	29
服装、纺织品和鞋类	27	33	22	25	50	27	25	38	21	28
农业和渔业	33	33	13	0	67	14	20	31	15	21
电力、公用事业和电信	27	28	17	0	50	19	20	28	17	21
旅游与酒店	27	28	17	13	50	16	20	28	17	21
教育与健康	20	28	17	13	50	16	20	23	17	21
金融服务	27	28	17	0	33	19	20	26	17	21
信息技术服务	33	28	17	0	50	14	15	26	19	21
运输和物流服务	20	28	17	13	50	16	20	23	19	21
娱乐业	27	28	17	0	50	14	15	23	19	20
采掘业	13	22	13	13	50	22	30	23	13	20
回收	20	28	17	0	50	16	20	23	17	20
再生能源	20	28	17	0	50	16	20	23	17	20
商业服务	20	28	17	0	50	14	15	23	17	19
贸易和零售业	13	28	17	0	50	14	15	21	17	18
总计	60	39	26	38	67	38	40	56	27	40
中位优惠幅度（按行业和地区划分的标准企业所得税率−优惠税率，百分比）										
航空航天	16.0	10.0	25.0	18.0	16.0	13.5	11.0	15.0	15.0	15.0
服装、纺织品和鞋类	14.5	10.0	25.0	18.0	13.0	13.5	11.0	15.0	15.0	15.0
汽车业和其他运输工具制造	16.0	10.0	25.0	18.0	16.0	13.5	11.0	15.0	15.0	15.0
生物技术、制药和医药产品	16.0	10.0	25.0	18.0	16.0	13.5	11.0	15.0	15.0	15.0
机械与设备	15.5	10.0	24.5	0.0	15.0	12.0	11.5	15.5	12.5	15.0
建筑与建材	14.5	10.0	25.0	18.0	16.0	13.5	11.0	15.0	15.0	15.0
其他制造业	16.0	10.0	25.0	18.0	16.0	13.5	11.0	15.0	15.0	15.0
服装、纺织品和鞋类	16.0	10.0	25.0	18.0	16.0	13.5	11.0	15.0	15.0	15.0
农业和渔业	16.0	10.0	25.0	18.0	15.0	13.5	12.0	15.0	15.0	15.0
电力、公用事业和电信	16.5	10.0	24.5	0.0	10.0	15.0	11.5	25.0	12.5	15.0
建筑与建材	12.0	10.0	25.0	15.0	13.0	13.5	11.0	15.0	15.0	13.0
娱乐业	15.5	10.0	24.5	0.0	13.0	12.0	12.0	13.0	15.0	13.0
运输和物流服务	16.0	10.0	24.5	15.0	13.0	13.5	11.5	13.0	15.0	13.0
商业服务	16.0	10.0	24.5	0.0	13.0	12.0	12.0	13.0	12.5	12.5
信息技术服务	16.0	10.0	24.5	0.0	13.0	12.0	11.5	18.0	10.0	12.5
农业和渔业	13.0	9.5	26.0	0.0	13.0	11.0	12.0	13.0	10.0	12.0
教育和健康	12.0	10.0	24.5	12.0	13.0	12.0	12.0	13.0	12.0	12.0
采掘业	22.5	9.5	26.0	12.0	13.0	11.0	11.0	15.0	15.0	12.0
回收	16.0	10.0	24.5	0.0	13.0	12.0	12.0	13.0	12.5	12.0
再生能源	16.0	10.0	24.5	0.0	13.0	12.0	12.0	13.0	12.5	12.0

续表

	东亚和太平洋地区	欧洲和中亚地区	拉丁美洲和加勒比地区	中东和北非地区	南亚地区	撒哈拉以南非洲地区	低收入	中低收入	中高收入	总计
旅游和酒店	14.5	10.0	24.5	12.0	13.0	12.0	12.0	13.0	16.0	12.0
贸易和零售业	17.0	10.0	24.5	0.0	13.0	12.0	12.0	13.0	12.5	12.0
总计	16.0	10.0	25.0	15.0	13.0	12.0	12.0	15.0	15.0	13.0
不同类型税收减免的获得条件的普遍性，百分比										
位置条件（省或经济特区）	53	31	54	95	43	41	54	34	57	45
对出口或向出口商进行销售的条件	34	18	9	95	56	35	44	47	5	32
其他条件（例如研发、先进机械的使用）	46	10	23	14	67	81	67	47	35	46

资料来源：发展中国家税收激励数据库。

表3A.4　全球对税收减免和退税的使用，2015年

	东亚和太平洋地区	欧洲和中亚地区	拉丁美洲和加勒比地区	中东和北非地区	南亚地区	撒哈拉以南非洲地区	低收入	中低收入	中高收入	总计
数据库中涵盖的国家数量	15	18	23	8	6	37	20	39	48	107
按行业和地区划分的税收减免的普遍性（在特定行业提供税收减免的国家的比例，百分比）										
机械与设备	20	11	4	13	17	14	20	10	10	12
服装、纺织品和鞋类	20	11	4	13	0	14	20	10	8	11
汽车业和其他运输工具制造	13	11	4	13	0	14	20	8	8	10
生物技术、制药和医药产品	20	11	4	13	0	11	20	10	6	10
建筑与建材	20	11	4	13	0	11	20	8	8	10
食品与饮料	20	11	4	13	0	11	20	10	6	10
信息技术和电子技术	13	11	4	13	0	14	20	8	8	10
航空航天	13	11	4	13	0	11	20	8	6	9
其他制造业	13	11	4	13	0	11	20	8	6	9
旅游和酒店	13	11	0	13	0	14	20	8	6	9
再生能源	13	11	4	13	0	8	15	5	8	8
教育和健康	13	11	0	13	0	8	10	5	8	7
娱乐业	13	11	0	13	0	8	5	5	8	7
电力，公用事业和电信	13	11	4	13	0	8	10	5	8	7
农业和渔业	13	11	0	13	0	8	10	5	6	7
信息技术服务	20	11	0	13	0	3	5	5	8	7
回收	13	11	0	13	0	5	10	5	6	7
贸易和零售业	20	11	0	13	0	3	5	8	6	7
运输和物流服务	13	11	0	13	0	5	10	5	6	7
商业服务	13	11	0	13	0	3	5	5	6	6
金融服务	13	11	0	13	0	3	5	5	6	6
采掘业	13	11	0	0	0	3	5	3	6	5
总计	33	11	9	13	17	16	25	13	15	16
不同类型税收减免的获得条件的普遍性，百分比										
位置条件（省或经济特区）	20	0	18	100	100	76	58	61	19	44

续表

	东亚和太平洋地区	欧洲和中亚地区	拉丁美洲和加勒比地区	中东和北非地区	南亚地区	撒哈拉以南非洲地区	低收入	中低收入	中高收入	总计
对出口或向出口商进行销售的条件	14	0	100	100	100	60	58	7	16	41
其他条件（例如研发、先进机械的使用）	96	100	100	0	100	84	100	95	99	83

资料来源：发展中国家税收激励数据库。

表3A.5　2009~2015年税收激励措施的变化

	东亚和太平洋地区	欧洲和中亚地区	拉丁美洲和加勒比地区	中东和北非地区	南亚地区	撒哈拉以南非洲地区	低收入	中低收入	中高收入	总计
数据库中涵盖的国家数量	14	18	23	8	6	34	18	37	48	103
在2009年至2015年期间引入新税收激励措施或使现有激励措施力度更大的国家比例，百分比										
农业和渔业	36	33	22	25	17	44	28	32	35	33
航空航天	36	39	22	25	17	35	22	30	35	31
服装、纺织品和鞋类	36	39	22	25	17	32	17	30	35	30
汽车业和其他运输工具制造	36	39	22	25	17	32	17	30	35	30
生物技术、制药和医药产品	36	39	22	25	17	32	17	30	35	30
商业服务	36	33	30	50	17	35	22	30	42	34
建筑与建材	36	39	22	25	17	32	17	30	35	30
教育和健康	36	33	26	50	17	41	22	32	42	35
娱乐业	36	33	30	50	17	44	22	35	44	37
采掘业	36	33	22	13	17	32	28	32	25	28
金融服务	36	33	26	38	17	35	22	24	42	32
食品与饮料	36	39	22	25	17	32	17	30	35	30
信息技术服务	36	39	26	50	0	38	22	30	42	34
信息技术和电子技术	36	39	22	25	17	32	17	30	35	30
机械与设备	36	39	22	25	17	32	17	30	35	30
其他制造业	36	39	22	25	17	32	17	30	35	30
电力，公用事业和电信	36	33	26	38	0	38	17	30	40	32
回收	36	33	26	50	17	41	22	35	40	35
再生能源	36	33	26	50	17	38	22	32	40	34
旅游和酒店	36	39	26	50	17	41	22	35	42	36
贸易和零售业	36	33	26	50	17	35	22	32	38	33
运输和物流服务	36	33	26	50	17	38	17	32	42	34
总计（至少在一个行业有更强激励措施的国家）	36	39	35	50	17	65	44	43	48	46
在2009年至2015年之间取消税收激励措施或降低力度的国家比例，百分比										
航空航天	7	22	17	38	33	12	17	14	21	17
服装、纺织品和鞋类	0	17	17	38	33	12	17	11	19	16
汽车业和其他运输工具制造	7	17	17	38	33	15	17	14	21	17
生物技术、制药和医药产品	0	17	17	38	33	12	17	11	19	16
商业服务	0	17	17	38	33	12	17	11	19	16

续表

	东亚和太平洋地区	欧洲和中亚地区	拉丁美洲和加勒比地区	中东和北非地区	南亚地区	撒哈拉以南非洲地区	低收入	中低收入	中高收入	总计
建筑与建材	7	17	9	13	33	12	17	11	13	13
金融服务	0	17	17	25	33	12	17	8	19	15
食品与饮料	7	17	9	13	33	12	17	11	13	13
信息技术和电子技术	0	17	9	13	33	12	17	8	13	12
机械与设备	0	17	17	38	33	15	22	8	21	17
其他制造业	0	17	9	13	17	12	17	8	10	11
电力,公用事业和电信	0	17	17	38	33	12	17	11	19	16
旅游和酒店	7	17	9	13	33	12	17	11	15	14
贸易和零售业	0	17	17	38	33	12	17	11	19	16
运输和物流服务	0	17	17	38	33	12	17	11	19	16
采掘业	0	17	17	38	33	12	17	11	19	16
回收	0	17	9	13	50	15	17	11	15	14
再生能源	0	17	9	13	33	12	17	8	13	12
娱乐业	0	17	4	13	33	12	17	8	10	11
农业和渔业	7	17	13	13	33	12	17	8	17	14
教育和健康	0	17	9	13	33	15	17	8	15	13
信息技术服务	7	17	9	13	33	12	17	11	13	13
总计（至少在一个行业中激励措施力度下降的国家）	14	22	22	50	50	21	22	16	31	24

资料来源：发展中国家税收激励数据库。

表 3A.6 税收激励措施与外国企业将税率视为商业障碍的看法的回归结果

变量		(1) 边际	(2) 边际	(3) 边际	(4) 边际	(5) 边际	(6) 边际	(7) 边际
CIT	企业所得税	0.0037***	0.0036***	0.0037***	0.0037***	0.0036***	0.0040***	0.0036***
		(0.0008)	(0.0009)	(0.0009)	(0.0009)	(0.0009)	(0.0010)	(0.0009)
HOLIDAY	1 =在国家和经营行业提供免税期	−0.0686***	−0.0600***	−0.0384*	−0.0327**	−0.0608***	0.0099	−0.0262
		(0.0163)	(0.0172)	(0.0220)	(0.0163)	(0.0167)	(0.0195)	(0.0175)
EXPORTER	1 =出口企业		−0.0633***	−0.0268	−0.0642***	−0.0634***	−0.0631***	−0.0646***
			(0.0169)	(0.0201)	(0.0169)	(0.0169)	(0.0186)	(0.0173)
LARGE	1 = 大企业 (大于50%的销售额)		0.0081	0.0069	0.0332**	0.0081	0.0096	0.0111
			(0.0153)	(0.0151)	(0.0162)	(0.0153)	(0.0160)	(0.0148)
NEW	1 = 新企业（10年或更短）		−0.0175	−0.0169	−0.0175	−0.0184	−0.0157	−0.0172
			(0.0160)	(0.0160)	(0.0161)	(0.0175)	(0.0165)	(0.0159)
LPI	1 =高于物流绩效指数得分中位数		0.0055	0.0038	0.0090	0.0055	0.0586***	0.0119
			(0.0181)	(0.0165)	(0.0181)	(0.0181)	(0.0158)	(0.0172)
DB	1 = 高于营商环境DTF中位数（不包括"纳税"）		−0.0322***	−0.0291***	−0.0295**	−0.0322***	−0.0231*	−0.0104
			(0.0122)	(0.0110)	(0.0123)	(0.0121)	(0.0138)	(0.01435)
	交互项 HOLIDAY*EXPORTER			−0.0819***				
				(0.0310)				
	交互项 HOLIDAY*LARGE				−0.0655***			
					(0.0204)			
	交互项 HOLIDAY*NEW					0.0024		
						(0.0173)		

续表

变量	(1) 边际	(2) 边际	(3) 边际	(4) 边际	(5) 边际	(6) 边际	(7) 边际
交互项 HOLIDAY*LPI						−0.1330*** (0.0320)	
交互项 HOLIDAY*DB							−0.0700** (0.0333)
其他控制变量	国内生产总值，人均国内生产总值						
固定效应	行业，年						
观测值	5396	5191	5191	5191	5191	5191	5191

资料来源：基于世界银行发展中国家税收激励数据库和企业调查数据计算。"营商环境报告"变量不包括该指标的税收部分，以避免与税收变量共线性。

注：该表显示了 logit 回归的边际效应，该回归考查外国企业对世界银行企业调查问题的回答（将税率视为商业障碍的程度）与 CIT 税率以及调查进行的年份中其所在行业的免税期，以及一些企业和国家特定的控制变量的相关性。系数可以解释为考虑到相关解释变量的值变化且所有其他解释变量保持在其平均值时，将税率视为"严重"或"非常严重"的商业障碍的可能性变化。"营商环境报告"变量（DB）测量与表现最好的国家之间的"前沿距离分数"（DTF），并删除与税收相关的组件以避免内生性问题。该样本包含 5396 家制造业和服务业企业，其外资所有权份额至少为 10%，分布在 81 个发展中国家，并在 2009 年至 2015 年期间进行过企业调查。结果是潜在的选择是有偏的，这意味着在扩展至边际投资者时需谨慎。具体而言，这组调查对象要么不管投资环境存在任何弱点都选择投资，或者相反，由于可以获得特殊税收激励而投资。类似的选择效果也可能反映在企业规模和出口状况上。对于优惠税率的可用性与免税期可获性也有相似的结果。在发展中国家，税收减免和退税的使用不够普遍，不足以复制结果。在包括对优惠税率和税收减免/退税的控制下关于免税期的结果依然稳健。括号中是标准误，按行业计。

***p<0.01；**p<0.05；*p<0.1. 显著性为 10% 或更高的结果以粗体显示。

注释

1. 根据 James（2009），投资激励政策可以被定义为"政府为特定企业或企业集团提供的可衡量的有利经济条件，目标是将投资引导到受青睐的行业或地区，或影响这些投资的特征。这些有利条件可以是财政方面的（如税收优惠）或非财政方面的（如支持业务发展或增强竞争力的补助、贷款或退税）。"这一定义提出了两个重要的区别：地点激励（旨在影响投资者的地点决策，与行为激励（旨在影响投资的特征），以及财政（通过税收减让）与非财政。本章重点介绍地点财政激励措施。

2. 例子包括经合组织的基础侵蚀和利润分享（BEPS）过程及欧盟关于国家援助的规则。发展中国家在这方面也取得了一些进展，包括西非经济与货币联盟（WAEMU）和东非共同体（EAC）等区域组织，后者通过了关于成员国使用税收优惠政策的行为准则。

3. 例如，西非经济与货币联盟条约旨在减少对区内贸易的扭曲并调动国内税收。为此，成员国已经就税务协调的进一步机制达成了一致，这就导致成员间企业税率的一些趋同。但是，区域协调规则允许对成员国投资法规下的激励措施进行豁免，从而创造出 Mansour and Rota-Graziosi（2013）所称的协议的"弱点"，他们还提出了成员国各种法律基础下投资激励政策激增的证据，这些激励实际上破坏了税收协调机制的目的。

4. 数据库可根据要求提供用于研究

目的。有兴趣的研究人员可以通过 jvonuexkull@worldbank.org 联系本章作者 Erik von Uexkull。

5. 世贸组织补贴与反补贴措施协议（SCM）禁止对大多数产品进行出口补贴，并规定了针对此类补贴的措施（例如，要求企业出口一定比例的产品才有资格获得激励，以及要求购买本地投入品而不是进口投入品）。某些例外情况适用于低收入国家。

6. 优惠幅度是指标准企业所得税税率与作为激励的优惠税率之间的差额。

7. 例如，一家汽车制造商可能在一个国家设立一家工厂以服务于国内市场，而另一家汽车制造商可能设立工厂作为全球出口离岸外包战略的一部分。

8. 从这些估计中删除了以公司出口状况为条件的激励措施，以便分离不同类型的企业对同一类型激励措施的反应。如果将仅对出口商提供的激励留在数据库中，这将不是一个有效的结论。

9. Andrews, Pritchett, and Woolcock（2017）：问题驱动的迭代适应方法强调了实验、学习、迭代和适应对于解决问题的重要性。

10. 由于目前的数据库仅包括关于地点激励措施的信息，本章未探讨发展中国家对投资者决策的行为激励措施的证据。

参考文献

Allen, N. J., J. Morisset, N. Pirnia, and L. T. Wells, Jr. 2001. "Using Tax Incentives to Compete for Foreign Investment: Are They Worth the Costs?" Foreign Investment Advisory Service Occasional Paper 15, World Bank, Washington, DC.

Andrews, M., L. Pritchett, and M. Woolcock. 2017. *Building State Capability: Evidence, Analysis*, Action. Oxford, U.K.: Oxford University Press.

Bellak, C., M. Leibrecht, and J. P. Damijan. 2009. "Infrastructure Endowment and Corporate Income Taxes as Determinants of Foreign Direct Investment in Central and Eastern European Countries." *The World Economy* 32 (2): 267–90.

Bénassy-Quéré, A., L. Fontagne, and A. Lahreche- Revil. 2005. "How Does FDI React to Corporate Taxation?" *International Tax and Public Finance* 12 (5): 583–603.

Desai, M. H., C. Fritz Foley, and J. R. Hines, Jr. 2006. "Taxation and Multinational Activity: New Evidence, New Interpretations." *Survey of Current Business* 86 (2): 16–22.

Djankoff, S., T. Ganser, C. McLiesh, R. Ramalho, and A. Schleifer. 2010. "The Effect of Corporate Taxes on Investment and Entrepreneurship." *American Economic Journal: Macroeconomics* 2 (3): 31–64.

Dunning, J. H. 1980. "Toward an Eclectic Theory of International Production: Some Empirical Tests." *Journal of International Business Studies* 11 (1): 9–31.

Dunning, J. H. 1993. *Multinational Enterprises and the Global Economy*. Addison Wesley.

Egger, P. H., S. Loretz, M. Pfaffermayr, and H. Winner. 2008. "Bilateral Effective Tax Rates and Foreign Direct Investment." Oxford University Centre for Business Taxation Working Papers 0802. Oxford, UK.

Freund, C., and T. H. Moran. 2017. "Multinational

Investors as Export Superstars: How Emerging-Market Governments Can Reshape Comparative Advantage." Working Paper 17-1, Peterson Institute for International Economics, Washington, DC.

Hebous, S., M. Ruf, and A. Weichenrieder. 2010. "The Effects of Taxation on the Location Decision of Multinational Firms: M&A vs. Greenfield Investments." CESifo Working Paper 3076. Munich, Germany.

Heckemeyer, J., and M. Overesch. 2013. "Multinationals' Profit Response to Tax Differentials: Effect Size and Shifting Channels." ZEW Discussion Paper 13-045, Zentrum für Europäische Wirtschaftsforschung, Mannheim.

Hunady, J., and M. Orviska. 2014. "Determinants of Foreign Direct Investment in EU Countries—Do Corporate Taxes Really Matter?" *Procedia Economics and Finance* 12: 243–50.

IMF (International Monetary Fund), OECD (Organisation for Economic Co-operation and Development), UN (United Nations), and World Bank. 2015. "Options for Low Income Countries' Effective and Efficient Use of Tax Incentives for Investment." In *International Monetary Fund Report to the G-20 Development Working Group.*

James, S. 2009. "Tax and Non-Tax Incentives and Investments: Evidence and Policy Implications." Foreign Investment Advisory Service, World Bank, Washington, DC.

———. 2013. "Tax and Non-Tax Incentives and Investments: Evidence and Policy Implications." Investment Climate Advisory Services, World Bank, Washington, DC.

James, S., and S. Van Parys. 2010. "The Effectiveness of Tax Incentives in Attracting Investment: Panel Data Evidence from the CFA Franc Zone." *International Tax and Public Finance* 17 (4): 400–29.

Kinda, T. 2010. "Investment Climate and FDI in Developing Countries: Firm-Level Evidence." *World Development* 38 (4): 498–513.

Klemm, A., and S. Van Parys. 2012. "Empirical Evidence on the Effects of Tax Incentives." *International Tax and Public Finance* 19 (3): 393–423.

Mansour, M., and G. Rota-Graziosi. 2013. "Tax Coordination, Tax Competition, and Revenue Mobilization in the West African Economic and Monetary Union." IMF Working Paper 13/163, International Monetary Fund, Washington, DC.

OECD (Organisation for Economic Co-operation and Development). 1998. "Harmful Tax Competition: An Emerging Global Issue." OECD, Paris.

Overesch, M., and G. Wamser. 2008. "Who Cares about Corporate Taxation? Asymmetric Tax Effects on Outbound FDI." IFO Working Papers 59, IFO Institute for Economic Research, University of Munich.

UNCTAD (United Nations Conference on Trade and Development). 2015. *World Investment Report: Reforming International Investment Governance.* Geneva: UNCTAD.

UNIDO (United Nations Industrial Development Organization). 2011. *Africa Investor Report: Towards Evidence-Based Investment Promotion Strategies*. Geneva: UNIDO.

Van Parys, S. 2012. "The Effectiveness of Tax Incentives in Attracting Investment: Evidence from Developing Countries." *Reflets et perspectives de la vie économique* 2012/3: 129–41.

Villela, L., A. Lemgruber, and M. Jorratt. 2010. "Tax Expenditure Budgets: Concepts and Challenges for Implementation." IDB Working Paper 131, Inter-American Development Bank, Washington, DC.

World Bank. 2016a. "Sri Lanka: Moving toward a New Investment Incentives Framework." Mimeo, World Bank, Washington, DC.

———. 2016b. "Examen du régime d'incitations à l'investissement en République de Côte d'Ivoire." Mimeo, World Bank, Washington, DC.

Zolt, E. M. 2013. "Tax Incentives and Tax Base Protection Issues." Papers on Selected Topics in Protecting the Tax Base of Developing Countries Draft Paper 3, United Nations, New York, NY.

来自发展中国家的对外直接投资

第四章

Jose Ramon Perea, Matthew Stephenson

近年来,发展中国家[1]的对外直接投资(OFDI)迅速增长,在2015年约占全球外国直接投资(FDI)流量的五分之一,而1995年仅为4%。尽管较大的发展中国家,尤其是金砖国家(巴西、俄罗斯联邦、印度、中国和南非)驱动了这一现象,但抛开规模或发展水平这些因素来讲,许多发展中国家现在也参与OFDI。这种OFDI变得愈发重要,所以我们需要更好地理解它本身及其含义。OFDI不仅在接受方经济体中具有经济效应(正如研究所显示的),而且在源经济体中同样如此("母国效应")。因此,不断增长的OFDI可能需要发展中国家政府采取新的投资政策改革和投资促进努力,以最大限度地为母国经济和其企业带来收益。

本章描述了发展中国家企业的OFDI的兴起、其发展影响和政策含义。报告借鉴了几个全球数据源,以评估随着时间的推移,发展中国家跨国公司(MNCs)的投资决策的变化。本章还着眼于引力模型对FDI流量的发现,以及关于发展中国家跨国公司在几个行业的(包括制药、风力涡轮机、家用电器和汽车)投资的定性证据。

本分析回答了三个问题,其答案对政策制定者、企业和从事发展工作的人员具有重要意义:

1. 发展中国家OFDI的显著特征是什么,特别是在趋势、目的地、行业和进入模式方面?
2. OFDI是否对源经济体有利?如果是,那么促进因素或中介因素是什么?
3. 与OFDI有关的政策发挥了什么作用?需要进一步进行何种研究以更好地理解并影响政策?

几个关键的研究结果如下:

近年来来自发展中国家的OFDI蓬勃发展,导致其在流量和存量上占OFDI总额的相对比例都更大。从绝对意义上讲,金砖国家投资者是发展中国家OFDI的主要驱动者,占2015年全部发展中国家OFDI存量的62%,仅中国就占36%。

发展中国家政府已逐渐从限制OFDI转向支持OFDI,尽管有一半的发展中家仍存在某种限制形式,特别是在低收入国家。在某些情况下,发展中国家政府甚至开始向战略部门提供激励措施,原因之一是越来越多的证据表明,OFDI可以促进母国经济的创新和出口。然而,发展中经济体的吸收能力与发达国家相比较为有限,这是制约对外投资产生积极母国效应的关键因素。

这些发现表明了若干政策上的考虑。投资促进机构(IPAS)不仅希望瞄准FDI的传统来源,还包括诸如发展中国家OFDI这样的新来源。同时,政策制定者会希望评估其国家的OFDI监管框架,因为限制可能会破坏对母国经济的积极影响。政策制定者还希望考虑扩大企业层面和经济体层面吸收能力的措施,以完全发挥OFDI在母国经济中的积极作用。很显然,需要更多政策导向的研究来帮助发展中国家的官员更好地调整和定位未来的政策干预措施。

发展中国家OFDI的兴起

发展中国家的OFDI出现过三次"浪潮"(Gammeltoft 2008)。第一次在20世纪60年代和70年代,进口替代产业化限制了FDI的进入和潜在的OFDI的出现,因为发展中国家的目的是培育国内产业,让资本留在国内(Cuervo-Cazurra 2008;Gammeltoft, Barnard, and Madhok 2010)。保护主义措施降低了国内企业在国际竞争中的动力,限制了它们在母国市场之外扩张的能力。通常情况下,少量发展中国家OFDI一般是流向同一个地区的其他发展中国家,主要是自然资源寻求型[2](发展中国家寻求其缺乏的初级投入品)和市场寻求型(一些发展中国家寻求在文化相似和地理相近的国家扩大销售)的组合(Dunning, Kim, and Park 2008;Ramamurti 2009;Wells 2009)。

第二次浪潮在20世纪80年代和90年代,投资模式发生了重大转变。结构改革和外向型工业化使发展中国家转向FDI,各国都在寻求吸引为了使出口更具竞争力所需的外国资本、知识和技能。随着贸易和投资自由化进程的加快,发展中国家OFDI也开始增长。大约有三分之二的OFDI流向发达经济体,剩下的三分之一流向发展中国家,主要是邻国(Aykut and Ratha 2004)。随着发展中国家通过在低成本地区进行一些制造业活动并融入国际生产网络,它们开始加入全球价值链(GVCs)(UNCTAD 2013),也更加倾向于效率寻求型。

从21世纪初到现在,新浪潮正在见证发展中国家OFDI从流量到存量的新一轮崛起。虽然发达国家和发展中国家的OFDI一直是动态的,但在总FDI中,发展中国家OFDI的流量相对比例(图4.1)从1995年的4%上升到2014年的27%,相当于3150亿美元。发展中国家OFDI存量(图4.2)占FDI总存量的比例也在增长,虽然增速较慢。在1995年到2015年间,发展中国家在全球FDI存量中的比例增加了三倍,从4%增加到12%,相当于2.8万亿美元。

发展中国家的国内政策选择和全球经济状况都有助于形成投资领域的这些变化。就国内政策而言,在第二次浪潮中(20世纪80—90年代),自由化和放松管制改革在许多发展中国家引发了竞争压力,最终"推动"企业走出母国市场(Sauvant 2008)。与此同时,新加坡和其他高增长经济体的企业在20世纪90年代

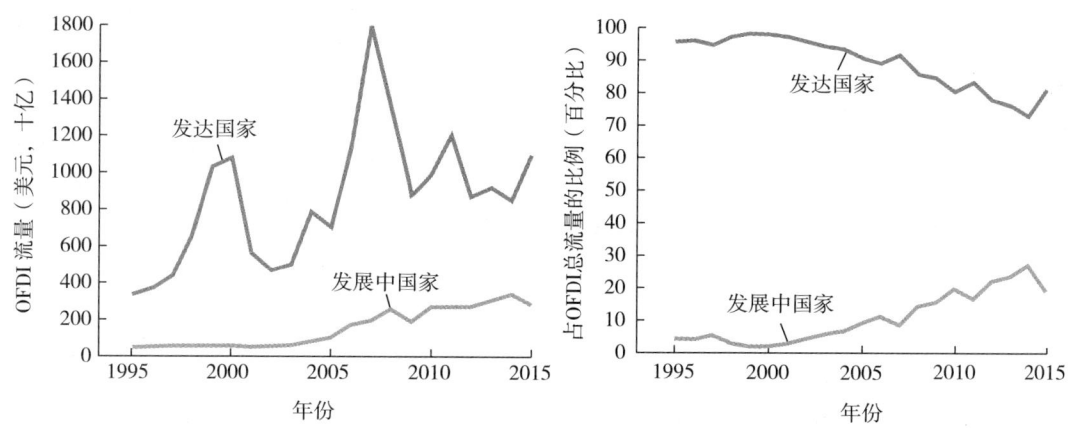

图 4.1　发展中国家 OFDI 的流量

资料来源：基于 UNCTAD 计算。

注：OFDI = 对外直接投资。

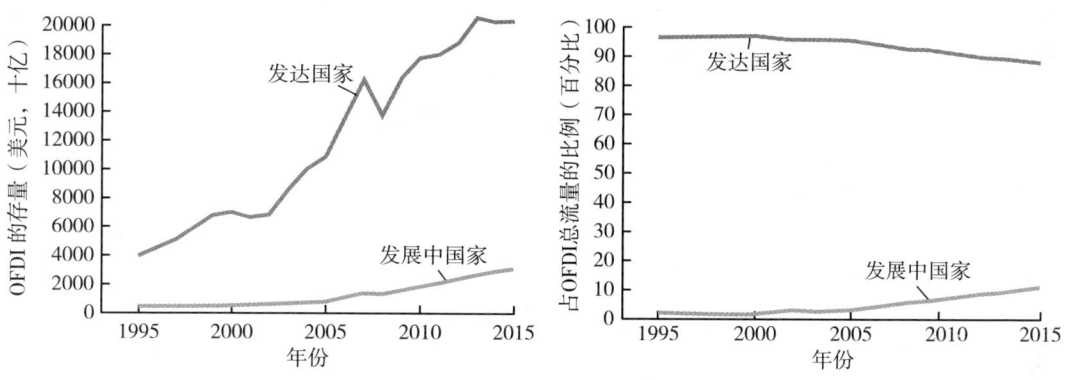

图 4.2　发展中国家 OFDI 的存量

资料来源：基于 UNCTAD 计算。

注：OFDI = 对外直接投资。

末把OFDI作为一种"实现提高资源配置的效率，并将风险从任一地区的经济冲击中分散开来"的发展战略（Lee, Lee, and Yeo 2016）。其他发展中国家的企业也很快跟上，OFDI越来越多地被视为在国际市场上获取市场、资本、技术和知识的手段，从而提升了国家竞争力（Luo, Xu, and Han 2010）。一些支持性的政策措施，如慷慨的融资和激励措施，助推这一趋势。

全球经济状况也将发展中市场的企业"拉"进了OFDI。首先，在这十年中，许多发展中国家快速而持续的增长促进了企业的成长和繁荣，进而推进了国际化。其次，在同一个十年中，大宗商品价格的上涨给发展中国家的商品出口商带来了巨额收益，创造了巨大的流动性，其中部分用于为OFDI提供资金。

放大：谁，哪里，什么，以及如何

本部分着眼于各种各样的全球数据集（UNCTAD、fDi市场数据库和汤森路透）所揭示的发展中国家企业OFDI趋势，并确定这些流量的主要地理来源和目的地、主要进入模式（绿地与并购模式）、行业分布以及其他模式。

谁？发展中国家 OFDI 的来源

东亚和太平洋地区已逐渐成为发展中地区 OFDI 的主要来源（图 4.3）。在 2000 年至 2004 年期间，这一地区占发展中国家企业总 OFDI 的 22%，在 2010 年至 2015 年间飙升至 49%，[3] 相比之下，欧洲和中亚地区、拉丁美洲和加勒比地区则随着时间的推移减少了它们的相对比例。20 世纪 90 年代中后期，拉丁美洲和加勒比地区在发展中国家 OFDI 中占 37%，在 2010 年至 2015 年间下降到 15%，[4] 欧洲和中亚地区的份额从 2000 年至 2004 年间的巅峰 36% 跌至 2010 年至 2015 年的 25%。[5] 最后，撒哈拉以南非洲地区、中东和北非地区、南亚地区的对外流量在所有时期都保持较低的比例。

如前所述，金砖国家是发展中国家 OFDI 的一个重要来源（图 4.4）。这五个国家在 1995 年间产生了 62% 的此类 OFDI，此份额在 2015 年基本保持不变。然而，这些数字与这些国家参与全球经济的其他方面大体一致。[6] 除了金砖国家外，其他较大或相对较高收入的发展中国家（例如智利、马来西亚和墨西哥）也是发展中国家中最大的投资者。事实上，如果按照收入阈值分类（附录 4A），发展中国家的 OFDI 主要由较高收入发展中国家驱动。在 1995 年至 1999 年间，来自发展中国家 78.8% 的 FDI 流量来源于中高收入国家，有 13.8% 来自高收入国家，7.1% 来自中低收入国家，只有 0.3% 来自低收入国家。在 2010 年至 2015 年间，这些相对比例基本不变，中高收入国家占了发展中国家 OFDI 总存量的 79.9%，高收入国家占 11%，中低收入国家占 8.7%，低收入国家占 0.3%。这样，中高收入和高收入国家一直占发展中国家 OFDI 的绝大部分。

特别是中国已成为发展中国家 OFDI 的主要驱动者，占总量的 36%（图 4.4）。按资金流量来衡量，从 2004 年以来，中国 OFDI 持续稳定增长——从占发展中国家 OFDI 总流量的 10% 上升到 2015 年的 49%。中国也是东亚和太平洋地区崛起为 OFDI 产生的主要发展中地区的核心原因

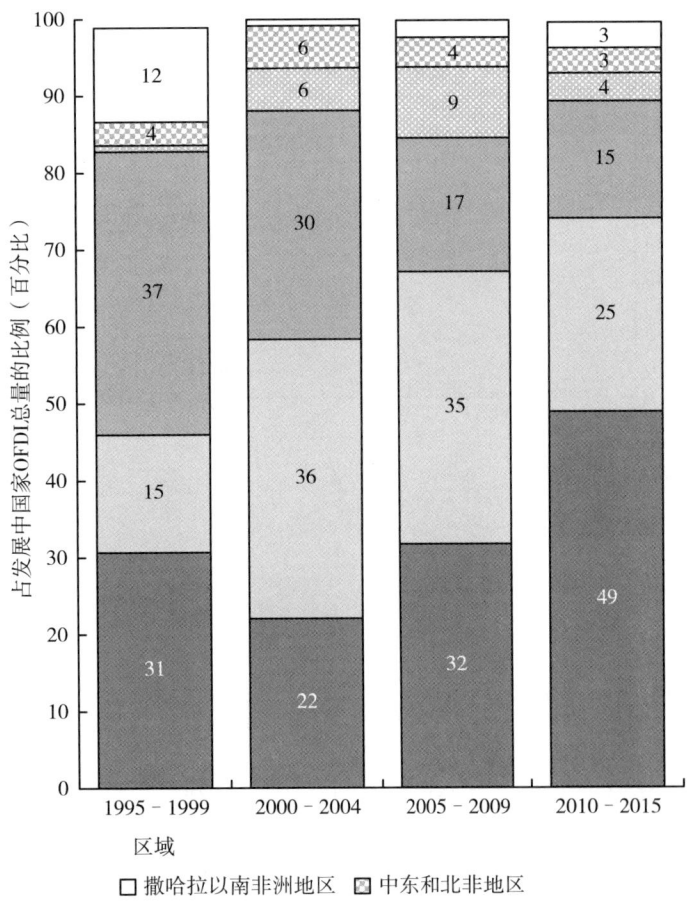

图 4.3 东亚和太平洋地区在发展中国家 OFDI 中领先

资料来源：基于 UNCTAD 计算。

注：OFDI = 对外直接投资。

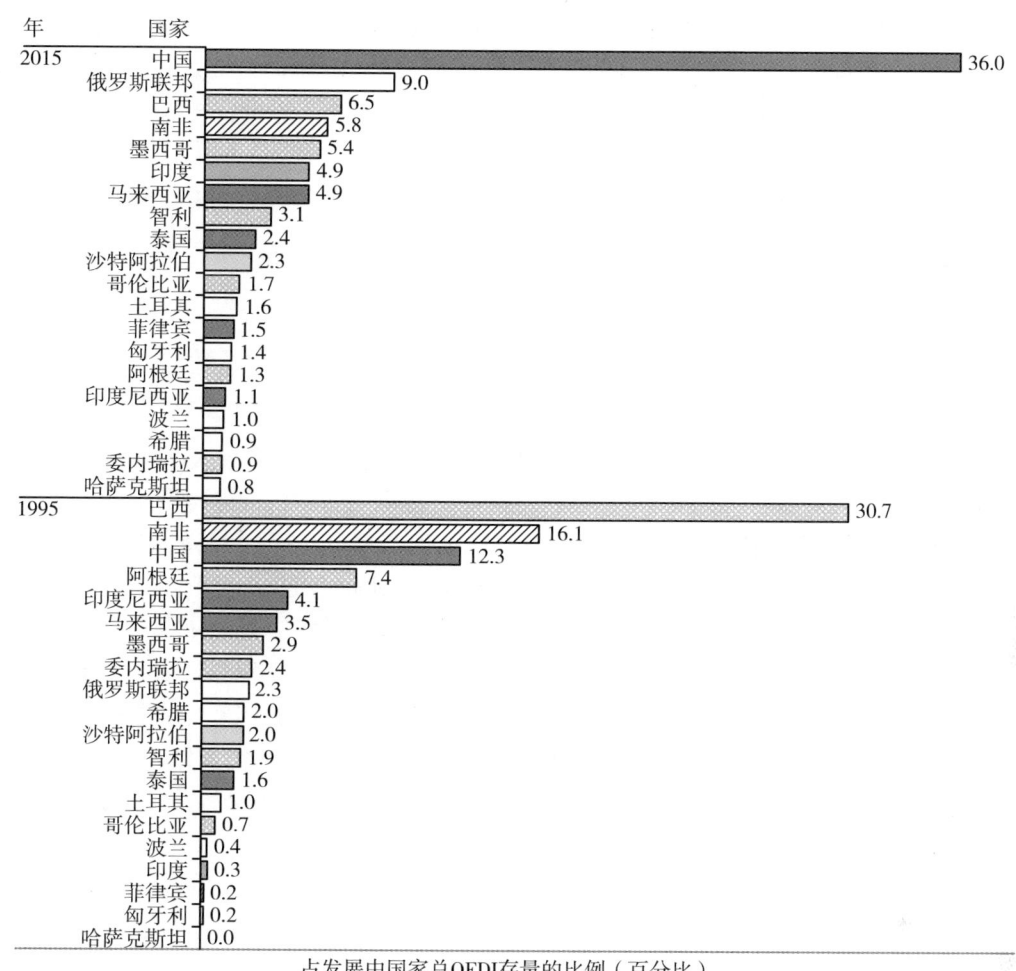

图 4.4 最主要的发展中国家对外投资者

资料来源：基于UNCTAD计算。

注：OFDI = 对外直接投资。

（图 4.3）。该国已从1995年至1999年在东亚和太平洋地区OFDI流量占比的40%发展到2010年至2015年的75%。中国OFDI的活力反映了支持企业国际化的独特制度和监管框架（专栏4.1）。

如果将OFDI活动相对于国民经济规模进行评估，就会出现一批不同的国家。OFDI存量与国内生产总值（GDP）的比率揭示了国家通过OFDI国际化的程度。这一比率表明发展中国家的OFDI是一个相对较新的现象：1995年，在135个发展中国家中87个具有OFDI正存量。然而，实际上所有发展中国家的OFDI与GDP的比率都很低，只有三个经济体（博茨瓦纳、尼日利亚和南非，都在撒哈拉以南非洲地区）的存量超过GDP的10%。2015年出现了一个更加多样化的景象，109个发展中国家有正OFDI存量。更重要的是，这些国家中有26个国家OFDI与GDP的比率为10%或更高。这一比率最高的国家列表（图4.5）中包括低收入、中低收入和中高收入经济体，表明各国经济规模或发展水平的异质性更大。总而言之，这一相对度量揭示了一系列经济体都在积极参与对外投资，由于它们相对FDI总体而言作用较小，所以它们通常在有关OFDI的讨论范围之内。

专栏4.1

OFDI在中国经济中不断发展的作用

来自中国的OFDI占发展中国家所有OFDI存量的三分之一以上，中国已经成为OFDI政策改革的先锋。中国OFDI的发展趋势是显而易见的。从2000年到2015年，其OFDI流量每年平均增长超过一倍（UNCTADstat），因此，到2016年，它已经达到了两个里程碑：OFDI第一次超过了对内FDI，而且中国的OFDI流量仅次于美国，是世界第二。这意味着中国产生了第六大的OFDI存量（UNCTAD 2017）。然而，就OFDI与GDP的比率而言，中国的OFDI的敞口仍然低于世界上那些对外投资最多的发展中国家（图4.5）。

是什么导致了这种戏剧性的增长？中国的OFDI背后既有推力也有拉力。一方面，宏观经济条件推动企业走出国内市场（从最初的收支平衡盈余到后来国内产能的过剩），使投资海外成为一种优先政策。另一方面，维持国内经济增长的关键性投入把企业拉到国外（最初是确保获得关键商品，后来是获得知识和技术），正如中国的发展战略试图将中国从制造业驱动型转向创新驱动型经济。

因此，中国OFDI的行业细分经历了重大变革。在2003年至2005年间，65%的中国OFDI流量的目标是第一产业，而18%的目标是服务业。十年后，这些分布情况发生了逆转：在2013年至2015年间，26%的中国OFDI流量的目标是第一产业，而47%的目标是服务业。这种逆转在一定程度上可以通过中国OFDI动机的演变得到解释，从最初的自然资源寻求型到越来越多的市场寻求型、效率寻求型和最后的战略资产寻求型。中国企业越来越多地将OFDI视为一种手段，以开发新市场消化过剩的国内产能，并获得比本土开发更快更廉价的、难于开发的生产能力。其目标是继续国内产业升级，提高国际竞争力。

OFDI分布的这种变化的部分原因还可以通过国有企业（SOEs）和私营企业（POEs）在OFDI行为上的差异作出部分解释，以及私企在OFDI方面日益重要的作用。证据表示，中国的国企愿意投资政治上有风险的东道国经济体，以获取符合国家优先目标的资产（例如获取自然资源）（Amighini, Rabellotti, and Sanfilippo 2013）。相比之下，中国的私企和其他国家的私企一样寻求利润最大化和风险最小化，并且规避有风险的投资环境。私企作为OFDI的驱动者变得越来越重要，这反映了中国私营经济的发展，导致在发达经济体中的市场寻求型和战略资产寻求型OFDI的增加（Dollar 2016; Lardy 2014）。

在2006年，国企持有中国OFDI存量的81%，而私企仅持有19%；10年后，中国的OFDI存量几乎在国企（占非金融性资产的50.4%）和私企（49.6%）之间平分（Wang 2017）。特别是中国进入美国的OFDI（美国是中国最大的OFDI目的地市场），私企在2015年和2016年都占到了OFDI的近80%，即使这仅仅一年当中，中国进入美国的OFDI就增加了两倍（Rosen and Hanemann 2017）。

中国OFDI的这些模式应该放在一个不断演变和日益复杂的OFDI监管框架的背景下理解。在2001年至2014年间，中国逐渐放宽了对外直接投资的监管，从限制性框架转向支持性框架（Sauvant and Chen 2014）。在2014年，监管框架成熟，在海外投资时承担起企业的社会责任，如对东道国经济的环境和社会影响。然后，在2016年底，中国政府宣布计划加强对中国OFDI的检查和监督，特别是在与投资企业的核心业务无关的领域，或对国内经济价值有限的领域（例如在电影工作室或体育俱乐部方面的OFDI）。还包括确定中国国有企业不得投资的行业（"负面清单"）的计划，如重污染行业（China Daily 2017a）。2014年的变化为中国OFDI的实施方式增加了一个质量维度，最近中国的政策也为OFDI的目标行业增加了一个质量维度。

最近的监管收紧对中国的对外直接投资产生了很大的影响。与前一年同期相比，中国的并购交易在2017年前六个月下降了20%（Hanemann，Lysenko，and Gao 2017）。到2017年年中，交易的数量已经恢复到与预紧期差不多的水平，但由于对大规模交易的更为细致的审查，平均交易规模大幅下降。在2016年间，宣布的OFDI收购价值平均每月超过150亿美元，但在2017年1月至6月期间，平均每月不到80亿美元（Hanemann，Lysenko，and Gao 2017）。虽然私企对外直接投资占OFDI总量的比例越来越高，但监管上的收紧似乎更利于国企，或许是因为它们更能够在不断变化的政治背景下发展：在2017年上半年，几乎没有大型私有部门并购交易，而国企占总交易额的60%，与2016年模式正相反（Hanemann，Lysenko，and Gao 2017）。虽然并购型OFDI在大多数行业已经下降，但进入第一产业、高技术产业和现代服务业（电信、媒体和计算机）的OFDI已经证明是最有弹性的，这反映了这三个领域在中国发展战略中的战略重要性。

中国越来越多地使用OFDI获取先进的知识和技术，也导致其和一些发达经济体（特别是美国和欧盟）的政治、经济关系日益紧张。为了对这些日益增长的压力略做说明，仅以2016年上半年为例，中国在欧洲的投资就超过了前三年的总和，而且目标常常是针对尖端技术，这引发了欧洲在对东道国经济体的长期影响上的担忧。对投资的市场准入互惠程度相对较低（发达经济体对中国OFDI更加开放）促使人们呼吁建立更公平的竞争环境。2017年2月，德国、法国和意大利共同向欧盟委员会提交了一份关于筛选外商投资的议案，明显针对中国OFDI，并借鉴了澳大利亚、加拿大、日本和美国的做法（Grieger 2017）。2017年初，中国决定向FDI开放更多的行业（例如自动化、数字化、金融服务、交通运输和可再生能源）（China Daily 2017b）。接着，在2017年8月，中国开始要求国家集团在进行任何交易之前评估OFDI的政治风险（FT 2017）。对于这些措施与任何潜在的新筛选机制的执行结合在一起是否会缓解政治经济紧张局势，目前还言之过早。

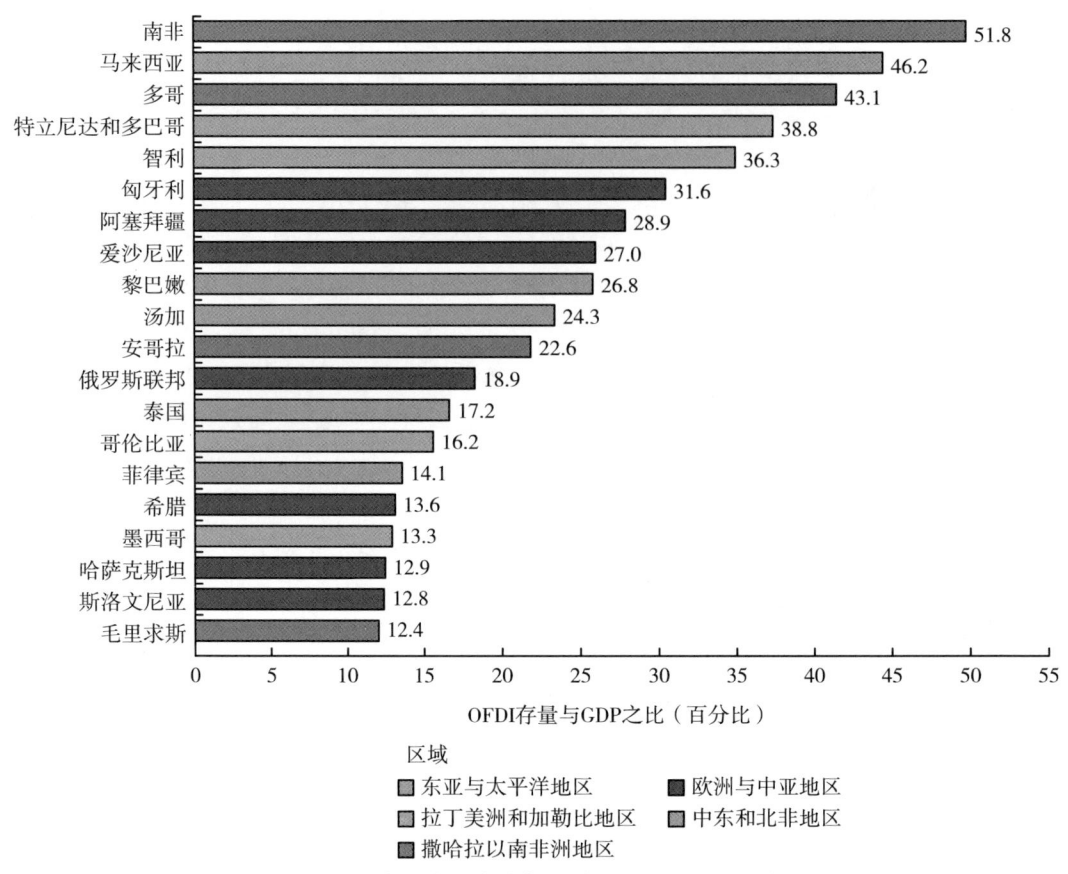

图 4.5 发展中国家大都通过 OFDI 实现国际化

资料来源：基于 UNCTAD 和世界银行的世界发展指标计算。

注：GDP = 国内生产总值；OFDI = 对外直接投资。

在哪里？来源国—东道国 FDI 的关系

发展中国家跨国公司参与的 OFDI 的增长也使愈发依赖这种外部资本来源的国家数量增加了。发展中国家持有的来自其他发展中国家的向内 FDI 存量的比例[7]在许多经济体中都有所增加。2001年，仅 11 个发展中国家（5 个在撒哈拉以南非洲地区，5 个在欧洲和中亚地区，1 个在拉丁美洲和加勒比地区）拥有的向内 FDI 存量中一半或更多来自其他发展中国家。2012年，这一数字达到了 55 个国家。对于撒哈拉以南非洲地区、欧洲和中亚地区以及南亚地区的国家来说，发展中国家是特别重要的 FDI 来源国。由于许多这类东道国经济体的特点是经济发展水平较低，[8]这些趋势似乎与文献一致，文献发现，发展中国家 OFDI 较少受到东道国体制和经济环境薄弱的影响（Cuervo-Cazurra 2008；Ma and Van Assche 2011）。

发展中国家 OFDI 在各地区的地理分布（图 4.6）表明发展中国家的跨国公司在决定投资地点时所要面对的权衡。例如，来自南亚地区、欧洲和中亚地区、拉丁美洲和加勒比地区的 OFDI 相对集中在发达经济体。对南亚地区而言，发达经济体占其 2012 年对外投资总存量的 75%，对欧洲和中亚地区来说，占 69%；对拉丁美洲

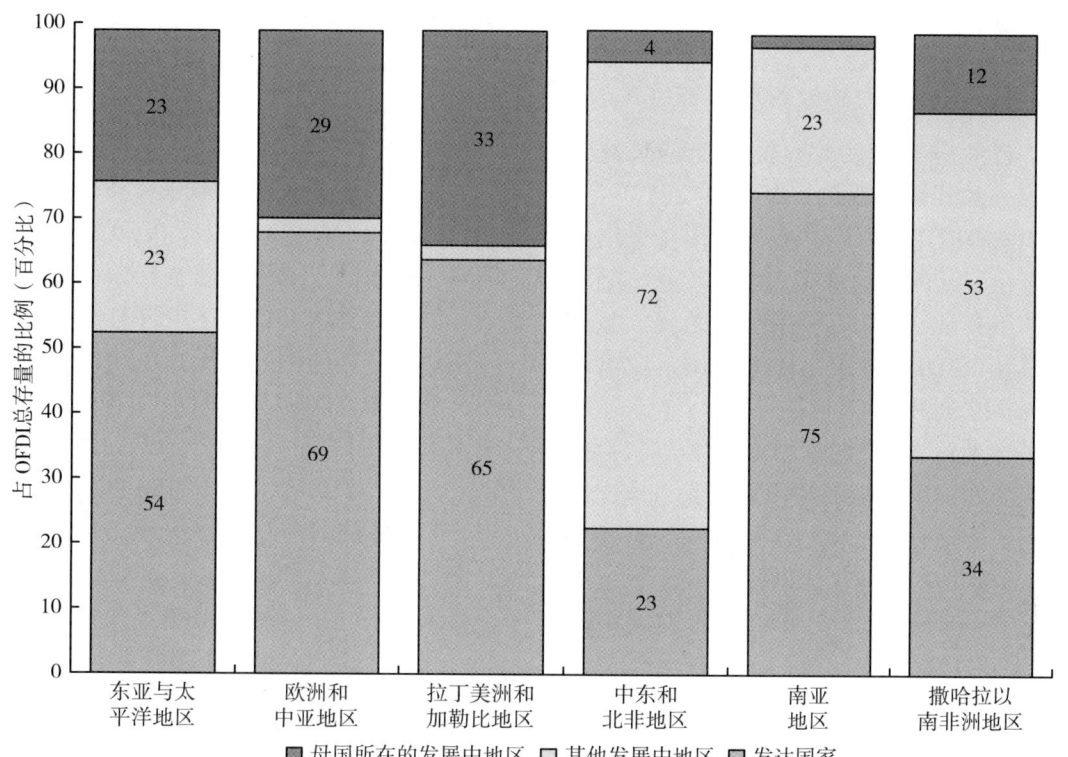

图 4.6 发展中国家 OFDI 在各地区的区位不同

资料来源：基于 UNCTAD 计算。

注：OFDI = 对外直接投资。

和加勒比地区来说，占 65%。发达经济体作为发展中国家跨国公司投资目的地的重要性可以归因于这些东道国市场的规模和实力，而这是一个关键的 FDI 区位决定因素（Assunção, Forte, and Teixeira 2011）。对于欧洲和中亚地区、拉丁美洲和加勒比地区来说，留在同一地区的 OFDI 的比例也有重要意义。这种"区域偏向"是因为这些地区的跨国公司偏好这些市场中较低的交易成本，这些市场的特点是文化联系、地理邻近性或先前既有的贸易关系[9]（Aykut and Goldstein 2006）。总而言之，发展中国家 OFDI 的地理分布表明发展中国家的跨国公司在决定其子公司的位置时所面临的权衡，即更看重在临近的、熟悉的市场中投资的收益，超过对消费者需求疲软或效率低下的制度环境的考虑。

发展中国家企业的 OFDI 会受到这种关于市场规模和实力与自然和文化距离权衡的影响吗？我们的计量经济分析（附录 4B）扩展了 Gómez-Mera and others（2015）的分析，该研究解释了四个新兴经济体（巴西、印度、韩国和南非）的 OFDI 模式，抽取了 133 个发展中国家作为样本[10]。我们的研究结果表明，发展中国家跨国公司的 OFDI 寻求平衡市场吸引力和遥远陌生市场相关的交易成本。一方面，东道国市场规模（人口、人均 GDP）的测度是 OFDI 定位的重要预测指标。另一方面，与地理距离相关的交易成本，以及来源国与东道国经济体之间缺乏共同语言环境或缺乏共同的被殖民历史会限制发展中国家跨国公司的跨境投资的前景。

什么和怎样？行业和进入方式

行业分布表明FDI模式受越来越丰富的一系列动机驱动。2003至2015年间累积的OFDI值[11]（附录4C）相对平均地分布在广泛的各行业中（第一产业、制造业和服务业）。但几乎在所有区域，服务业都在OFDI存量中占很大比例，比重从36%（欧洲和中亚地区）到41%（东亚和太平洋地区）。欧洲和中亚地区与撒哈拉以南非洲地区也强烈倾向采掘业，该比例占到了境外存量的40%。因此，在这两个地区，制造业[12]往往比例较低。

相对均衡的部门分布表明发展中国家的OFDI变得愈发复杂。以前尝试厘清OFDI的行业分布模式的研究（Gammeltoft 2008）发现对服务业的偏好特别高于对制造业或自然资源的偏好。这种对服务业的偏好部分原因是许多发展中国家在过去几十年所经历的公共服务业私有化浪潮，吸引了FDI进入这些行业（Sader 1993）。最近，OFDI投身知识密集型行业，既有制造业也有服务业（例如制药、软件和信息技术服务），这种进入已经获得了动力（Gammeltoft 2008）。因此，OFDI是获取卓越技术、对增强企业的国际竞争力有所贡献的工具。从各方面考虑，发展中国家OFDI丰富多样的行业分布表明，投资动机同样丰富多样，所有发展中地区都在一定程度上参与自然资源寻求型、效率寻求型、市场寻求型和战略资产寻求型的对外投资。

基于2003年至2015年间FDI项目的数量，来自大多数发展中地区的公司表现出略偏向于绿地FDI而不是收购。[13]这证实了先前研究中发现的相同偏好（Davies, Desbordes, and Ray 2015；UNCTAD 2015）。然而，发达国家对OFDI的绿地偏好更为明显（图4.7）：39个行业中，发达国家的OFDI在其中25个行业的绿地运营中占了更大比例，中值比例为58%。另一方面，发展中国家OFDI仅在20个行业中偏向绿地运营，中值比例为50%。

发展中国家OFDI对并购的相对偏好与发达经济体的偏好相比，在知识密集型制造业[14]中更为明显（图4.7）：9个发展中国家OFDI在并购上多出15个百分点或以上（相对于发达经济体的OFDI）的行业中，7个是技术和知识密集型[15]（汽车零部件、商用机器和设备、发动机、运输工具代工、空间和国防、半导体）。

先前的趋势表明OFDI作为发展中国家跨国公司进行制造业升级的一种机制的重要性。

知识密集型产业的一个重要方面是其对无形资产的依赖，这些资产主要包括在研发、品牌化或管理软件等领域的默契和经验知识。这些特征使得无形资产难以复制（OECD 2013）。因此，并购是获取目标企业固有知识或无形资产的唯一手段（Slangen and Hennart 2007）。

总之，我们的数据分析揭示了下列主要发展趋势：

- 发展中国家公司的OFDI是全球投资流量和存量的一个日益重要的来源。
- 各区域发展中国家OFDI的主要来源是东亚和太平洋地区。从绝对意义上讲，金砖国家投资者是发展中国家OFDI的主要驱动者，占发展中国家总OFDI存量的62%，仅中国就占36%。
- 在各个国家的经济规模和发展水平方面，OFDI与GDP比率高的国家更加具有异质性。

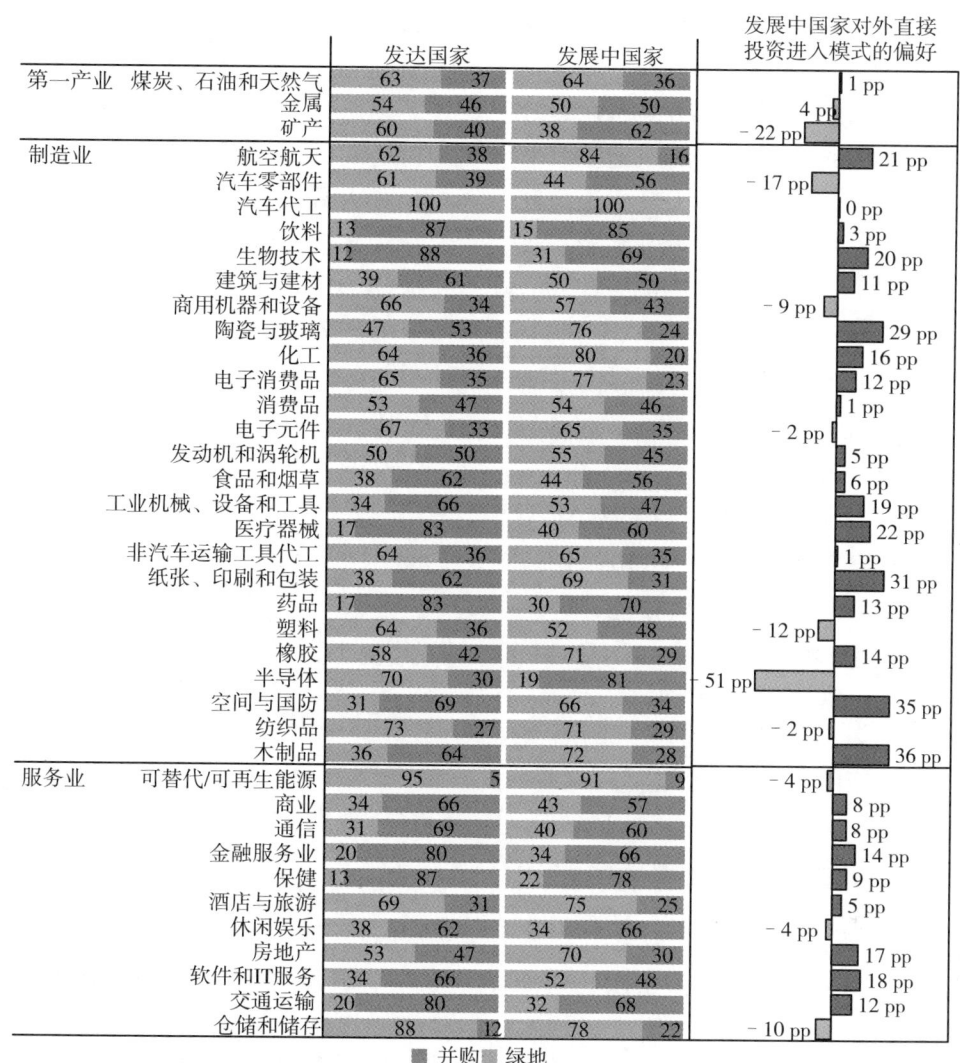

图 4.7 发展中国家的制造业跨国公司更倾向于通过并购进行投资

资料来源：基于《金融时报》fDi 市场数据库和汤森路透计算。

注：对于发达国家和发展中国家，图中显示了 2003 年至 2015 年间累计的 OFDI 项目进入模式的数量。最后一列表明发展中国家 OFDI 模式的百分比差异，用正（负）值表明发展中国家相对于发达经济体的 OFDI 对绿地（M & A）模式的偏好。IT = 信息技术；OFDI = 对外直接投资。

- 至于发展中国家 OFDI 的地理定位的区域差异：南亚地区、欧洲和中亚地区三分之二以上的 OFDI 存量都流向发达经济体，而中东和北非地区、撒哈拉以南非洲地区分别有 76% 和 65% 对外投资的存量流向发展中国家。一般而言，发展中国家 OFDI 的地理分布表明发展中国家的跨国公司用自然和文化上的接近性平衡了市场规模的重要性。

- 相对于发达国家的 OFDI，发展中国家的 OFDI 瞄准制造业的目标时更加依赖并购模式。这对于知识密集型产业尤其如此，因为发展中国家跨国公司越来越多地利用OFDI来提高产能和竞争力。
- 最后，发展中国家OFDI分布在大量各式各样的产业中，包括制造业、采掘业和服务业。因此，它涵盖了全方位的投资类型（自然资源寻求型、效率寻求型、市场寻求型和战略性资产寻求型）。

随着越来越多的发展中国家继续通过OFDI来实现国际化，一个相关的问题是OFDI在支持国内发展方面能够发挥的作用是什么。发展中国家可以利用OFDI得到技术，提高国内产能，升级生产流程，提高竞争力，增强管理技能，并获得分销网络（Amann and Virmani 2014；Driffield and Love 2003, 2007）。

本章的其余部分将通过回顾有关OFDI母国效应的文献来探讨这些可能性。

发展水平对OFDI行为有影响吗？

投资者调查和引力模型估计（附录4B）都表明，发展中国家跨国公司的OFDI对标准东道国经济区位决定因素（例如市场规模、收入水平、距离、共同语言、殖民联系）的反应方式与发达国家OFDI大致相同：两者都被吸引到地理上相近、文化相似的大型成长中的经济体当中。然而，有证据表明，发展中国家的投资者更愿意以"踏脚石"的战略瞄准更小更近的经济体（Arita 2013）。这些企业中的一些发现自己难以在更远、更大、更具竞争力的市场上竞争，也缺乏发达国家企业的网络和经验。对亚洲和拉丁美洲的研究发现，投资者通常只有首先成功扩张到同一区域规模较小、收入较低的经济体后，才会再发展到庞大而复杂的市场中（Cuervo-Cazurra 2008；Gao 2005；Hiratsuka 2006）。

发达国家和发展中国家的对外投资行为之间的差异也表现在技术的作用方面。发达国家普遍利用OFDI形式现有技术资产。但一些发展中国家的跨国公司利用OFDI来获取新的技术资产。对金砖国家的领先企业的研究提供了一些案例（Holtbrugge and Kreppel 2012；Rodriguez-Arango and Gonzalez-Perez 2016；UNCTAD 2005）。原因在于，大多数金砖国家的跨国公司在专利、管理知识或尖端工艺方面处于劣势，因此向国外寻求这些东西，以此作为后发国家追赶战略的一部分。然而，从计量经济学的证据来看，这似乎主要适用于中国。在许多研究中，一个达成的共识是中国的跨国公司利用OFDI来获取其所缺乏的知识、技能和技术（Dong and Guo 2013；Huang and Wang 2011；Kang and Jiang 2012；Ramasamy, Yeung, and Laforet 2012；Zhang and Roelfsema 2014）。

考虑到"机构优势"的观点，发展中国家的投资者也可能相对更愿意以制度质量较低的东道国经济体为目标[16]（Cuervo-Cazurra and Genc 2008）。这一理论表明，发展中国家跨国公司的管理者更习惯于处理不确定性问题，并且在和不可预测的监管机构和腐败的政府官员打交道方面可能更灵活。一些研究支持这一论点，有的研究发现最不发达国家中的发展中国家跨国公司相对较多（Cuervo-Cazurra and Genc 2008），有的表明东道国政治风险和OFDI（特别是中国的OFDI）之间存在反向关系（Buckley and others 2007；Cui and Jiang 2009；Duanmu and Guney 2009；Kang and Jiang 2012；Quer,

Claver, and Rienda 2012）。

OFDI对发展是否重要？识别OFDI的母国效应

发展中国家OFDI可以通过不同的传播渠道来影响投资者的母国经济。本部分首先探讨这些渠道，然后通过两个变量展示关于这些渠道的证据：创新和出口。

发展中国家可以利用OFDI作为追赶战略，以获取技术、提高国内产能、升级生产过程、提高竞争力、提高管理技能、获取分销网络（Amann and Virmani 2014；Driffield and Love 2003, 2007）。因此，OFDI在发展中国家的发展战略中可以起到重要的作用。[17]OFDI对母国经济的影响可以表现在三个不同的层面。最初，只有跨国公司可直接体验到海外投资的影响（一阶效应）。后来，企业的知识、能力和行为在强化后可能会影响其他自身不属于对外投资者的国内企业（二阶效应）。最后，随着时间的推移，这种影响可能遍及整个国家经济。

OFDI至少可以通过三种方式影响母国经济：

1. 规模效应：OFDI会让一个企业增长到比只限于在母国市场经营时更大的水平。这种增长可能会产生基于规模经济和范围经济带来的传统收益，[18]降低生产成本和经营成本。
2. 竞争效应：与发展中国家企业投资的国外市场的其他企业竞争可迫使发展中国家企业提高效率和升级生产过程。因此，在东道国市场上的竞争可以助力发展中国家企业在本土活动的效率和扩张。
3. 知识效应：OFDI通过并购、合资或其他形式的合作，使企业直接获得知识。知识的形式可以是技术、生产技术或管理技能。这种知识转移最初只对外国分支机构有利。为了让它对母国经济带来好处，知识需要被转移回母公司——所谓反向知识转移（例如通过人员交流、生产转移或管理轮岗）。同时，在母国经济体中也会通过知识溢出对其他企业产生间接的知识转移。

然而，这些传输渠道对发展中国家的跨国公司以及母国市场的本土企业会产生不同的影响。规模效应和竞争效应可能会促使竞争力较弱的企业退出母国市场。知识效应可能只会对那些有能力整合这些知识的企业有利，从而使对外投资导致以技能为基础的不平等。劳动力和资本等刚性要素市场可能会加剧调整成本，而发展不充分的要素市场可能会限制对外投资对母国经济的潜在好处（例如非熟练劳动力无法整合OFDI产生的知识和创新，或是资本市场不完美会导致OFDI挤出母国经济体内的国内投资）。需要适当的政策，在尽量降低其成本的同时，最大限度地提高对外投资的好处。

OFDI对创新和出口的影响

下面的综述关注关于OFDI对母国经济影响方面现有文献提及证据最多的两大关键经济好处：推动创新和扩大出口。

发展中国家跨国公司的OFDI可以促进国内创新

OFDI提高母国经济体创新的能力已得到大量研究的证明。[19]关键的传播渠道是促进创新的竞争效应，以及直接和间接的知识效应。知识的形式可以是技术、生产技术或管理技能。将对外投资分类是非常重要的，因为其中一种特定类型的OFDI——知识寻求型，即战略资产寻求型投资的一部分[20]，可能对母国创新产生最大的正面影响。

发展中国家跨国公司似乎在利用向创新密集型经济体的对外投资来刺激母国创新。有一项研究考察了2000年至2008年间20个发展中国家的OFDI进入发达国家的情况（Chen，Li，and Shapiro 2012）。研究发现，东道国经济体中的研发雇员数和研发支出增加了发展中国家母公司的研发支出。[21]因此，东道国研发力度似乎是一个关键因素，其决定着发展中国家跨国公司的海外投资在母国经济体产生创新溢出的潜力（专栏4.2）。

证据还表明，在知识密集型的行业部分中，对外投资对母国创新的影响更为明显。[22]在汽车、化工和制药工业中，有证据表明OFDI企业对未进行海外投资的国内企业会产生反向技术溢出效应。[23]无论对发达国家还是发展中国家的投资来说，OFDI对母国研发产生的积极影响是显而易见的，尽管对发达国家的影响更为显著。[24]

南南OFDI也越来越成为母国创新能力的来源。虽然以前的范例将发达国家视为知识和技术的储存库，因此主要关注北北或北南投资流动，但一个多极全球技术网络正在出现，并且出现越来越多南南之间、以创新为导向的互动和合作。[25]部分原因是发展中国家创造的知识可能更符合其他发展中国家的需求，而这些知识的复杂度使其可能更容易被相似发展水平上的其他经济体吸收。来自非洲的证据表明，当企业之间的知识鸿沟过大时，由于企业无法吸收知识，从而企业之间的相互作用不太可能形成知识转移或溢出（Boly and others 2014 in Moran，Gorg，and Seric 2016；Deng 2010；Farole and Winkler 2014）。因此，除非企业首先提高自身的吸收能力，否则利用向外投资来瞄准高度复杂的知识以完成向知识前沿的跃进可能就不是一种有效的策略。因此，不同的发展水平可能需要不同的OFDI知识获取和不同的创新策略，这些也取决于经济体的吸收能力（Criscuolo and Narula 2008）。

专栏4.2

发展中国家的跨国公司利用OFDI促进创新和出口

在整个发展中世界，企业都在利用对外投资来提高自己的能力和业绩。特别值得注意的是其中涉及行业的广度。三个不同国家的三个行业可以说明对外投资如何促进母国企业的创新、出口和企业增长。

在土耳其，两家领先的家电企业利用对外投资来定位国外市场的研发活动，以增加母公司的创新。领先企业Arcelik在世界各地共有七个研发中心。对研发的强调意味着，在2015年该企业在所有土耳其企业中已经拥有最多的世界知识产权组织（WIPO）专利申请，比土耳其排名第二的公司多八倍，使Arcelik目前在全球排名第78位。另一家顶级土耳其企业Vestel也在利用对外投资来获取国外技术并促进创新。它把销售收入的2%投入研发，在英国和中国拥有国外研发中心。因此，Vestel也是世界研发支出1000强企业中的三家土耳其企业之一。

约旦的制药行业提供了一个很好的例子，说明一个相对较小的发展中国家如何利用对外投资来发展国内产业的能力和竞争力。约旦最大的制药企业Al Hikma制药公司在世界范围内，在发达国家和发展中国家都进行了一系列的并购和绿地投资，以获取技术和市场。Al Hikma现在在德国、意大利、约旦、葡萄牙、沙特阿拉伯和美国拥有由美国食品和药物管理局认可的生产设施，在阿尔及利亚、埃及、约旦、沙特阿拉伯、突尼斯和美国也有研发中心。Hikma因此成为美国市场上第三大通用注射剂供应商。根据约旦制药商协会的统计，约80%的约旦产品最终会出口到六十多个国家，其中大部分出口到其他阿拉伯国家。

中国的风力涡轮机行业展示了对外投资如何推动母国市场的创新以及支持政策可以发挥怎样的关键作用。2005年中国的风力发电容量为1260兆瓦；到2016年底已增长了100倍以上，达到168690兆瓦（Global Wind Energy Council 2016）。国际能源署估计中国每小时就建造两台风力涡轮机。因此，中国现在的风力装机容量比欧盟的总和还要多，是美国的两倍还多。OFDI在促进获取技术方面发挥了关键性作用。2009年至2014年间，中国在风电行业进行了44次对外投资。中国政府通过补贴、税收激励、研发支出、技术合作和对外投资金融激励及支持等政策工具来指导和促进这一进程。这代表了发展中国家利用政策措施向发达经济体跨越的一个引人注目的例子。

发展中国家跨国公司海外投资可以扩大国内出口

实证证据证实，对外投资扩大了母国的出口。关键的传导渠道是规模效应和知识效应：对外投资可以打开新市场，为中间产品或成品的出口导向型生产创造机会。对外投资还可以知识和技术带回母国经济体，这些知识和技术能提升出口竞争力。OFDI也可以用来通过后向和前向的供应链整合来插入全球价值链，刺激中间投入品的出口。然而，因为外国市场现在由本地生产提供服务，如果将生产转移到国外，就会降低最终产品和服务的出口，从而可能产生负面效应。因此，净效应在理论上是不明确的，取决于这些不同效应的相对强度。

然而，在实践中，强有力的实证证据证实，对外投资和母国出口是互补的而不是替代的，OFDI增加了母国出口（专栏4.2）。例如1981年到2013年间的马来西亚、菲律宾、新加坡和泰国，最近一项研究发现，在所有这四个国家FDI增加了而不是替代了母国出口。[26]在这项研究中，OFDI增加1%导致菲律宾的出口增加了7亿5000万美元，新加坡增加了7200万美元，泰国增加了4100万美元，马来西亚增加了3100万美元。

时间跨度可能是决定OFDI对母国出口影响的一个重要维度。较长的时间范围可以有更多通过不同的传输信道进行调整的时间，从而具有更大的效果。这一证据是由欧盟出口提供的，对外投资的增长在短期内对出口造成了不大的积极影响，但长期效应始终大于其短期效应。[27]

当涉及其他潜在的母国利益，如生产率、国内投资、就业以及最终的经济增长时，文献资料仍然没有定论。虽然研究发现发达国家OFDI在就业增长和经济活动中的影响主要是积极的，但有关发展中国家OFDI的文献更不成熟，还只是提供了暂时性的结论，对此的综述不在本报告的范围之内。

吸收能力是关键

虽然OFDI可以为母国经济带来好处，但发展中国家的企业层面和经济整体的吸纳能力有限，这可能限制了OFDI的母国效应（专栏4.3）。

专栏4.3

吸收能力在企业和经济体两个层面都很重要

吸收能力被定义为"从环境中识别、吸收和利用知识的能力"（Cohen and Levinthal 1989）。它既适用于个体企业的层面，也适用于整体经济体层面。在企业层面，吸收能力是企业如何有效地整合知识资源的函数。提升企业层面吸收能力的措施可以包括制定培训计划、增加研发支出和/或开发知识管理工具。这些措施在很大程度上取决于企业个体的决策。

在经济体层面，吸收能力取决于是否存在帮助企业整合知识资源并发展企业间的联系和学习的框架和机制。提高经济体层面的吸纳能力的措施可以包括建立制度性合作伙伴关系、帮助传播信息、促进企业联系和设计学校课程。这些措施在很大程度上将取决于政策制定者的决策。

吸收能力可以通过两种不同的方式影响OFDI的母国效应。一种观点认为，离技术前沿最远的公司可能从溢出效应中获益最大，因为它们开始发展的基础差。另一种观点表明，这些公司可能没有能力充分利用新技术，相反，最接近技术前沿的公司最适合采用OFDI提供的前沿技术。[28] 实证证据对这两种观点都支持，认为吸收能力与OFDI母国效应之间存在一个U形函数，低端的简单知识和高端的复杂知识更有可能促进这些效应（Girma 2005；Girma and Gorg 2007）。

积极的母国效应的关键是企业的吸收能力水平与企业通过OFDI找到的知识之间的匹配。

从更基础的知识水平开始的企业可以从更简单的知识中获益最多，这比让其能获取前沿知识却不能吸收它更能提供创新推动力。相比之下，那些已经有更复杂知识的企业可以从更复杂的知识中获益最多，这比让其把已有知识作为目标更能提供创新推动力。在这两种情况下，母国企业吸收知识的能力和正在获得的知识类型必须匹配。随着知识的获得和吸收能力的增加，这种匹配会随着时间的推移而改变。在某种程度上，发展中国家企业应该有足够的吸收能力来投资于前沿领域知识的获取。因此，政府会希望确保在努力提高吸收能力时考虑到私营部门的不同需求。[29]

吸收能力可以在企业层面和经济体层面加以衡量。在进行OFDI决策时，企业的吸收能力是决定与目标知识和技术适当匹配的关键。但应考虑在经济层面采取政策干预来提高吸收能力。政府官员可以采取措施，提高整个行业的吸收能力，例如培训计划、基础设施供应和网络建设，而不是试图通过补贴或保护主义措施来提高个体企业的吸收能力创造国家级优胜企业（Moran 2015）。

最后，发达国家和发展中国家之间在吸收能力上的差异不是由结构变量引起的，而是仅仅反映了不同的发展阶段（Ramamurti 2012）。发达国家通过培训、研发、联系、制度性合作等方式建立了自己的吸收能力，所有这些都可以通过政策干预来培育。因此，政府政策可以帮助发展中国家通过提高吸收能力赶上来，最大限度地发挥OFDI的积极作用（专栏4.3）。

各经济体正在逐步放开对OFDI的监管

在许多发展中国家，OFDI政策已逐渐从限制转向更加支持，尽管限制仍然存在（图4.8）。2015年，几乎一半的发展中国家（49%，或156个国家中的77个）都有一些OFDI的限制。低收入发展中国家[30]比其他发展中国家更容易限制OFDI。在2015年，60%的低收入发展中国家中有OFDI限制（60个国家中的36个）；相比之下，只有43%的非低收入发展中国家有OFDI限制（96个国家中的41个）。[31]对OFDI的限制随经济发展水平的不同而变化，这一新发现与早先关于各个经济体的FDI外汇兑换限制的文献一致，其发现所有高收入国家都保持FDI外汇兑换制度不受限制。[32]因此，当国家发展水平提高了，对外投资的限制似乎下降了，尽管这一关系的趋势需要进一步研究。

有关OFDI的限制性监管框架源于对资本外流会使母国经济中的收支平衡和资本可用性恶化的担忧。限制OFDI的措施可以以下列形式出现：批准要求、报告要求、外汇管制、投资金额上限、对目的行业或目的经济体的限制（Kuźmińska-Haberla 2012）。对2011年84个发展中国家的OFDI限制的观察说明了OFDI限制性的差异，即使是在处于类似发展水平的国家间也差异巨大（Sauvant and others 2014）。

金砖国家提供了OFDI监管变化的代表性景象：

- 中国在2000年至2014年间从限制到鼓励OFDI，虽然在2016年底再次加强了限制（专栏4.1）。
- 巴西普遍青睐OFDI，在2007年采取金融激励措施鼓励在巴西经济具有比较优势的特定领域的OFDI（例如采矿、石油、纸浆和造纸、牛肉）（Nunes de Alcântara and others 2016）。
- 俄罗斯也总体上欢迎OFDI，主要是在能源领域，但它也禁止个别交易（Fortescue and Hanson 2015）。
- 虽然有最近的自由化运动，印度仍保持着相对严格的限制OFDI框架。OFDI在房地产领域[33]是被禁止的，在金融服务方面是相当受限的，在能源和自然资源、制造业、教育和医院方面需要印度储备银行的事先批准。也对在周边国家（例如不丹、尼泊尔和巴基斯坦）的OFDI的执行方式进行了限制。[34]也对印度企业的净值设置了数量限制。如果OFDI被批准，企业必须对每一笔OFDI交易提交年度业绩报告。[35]
- 南非也限制对外直接投资，尽管有其

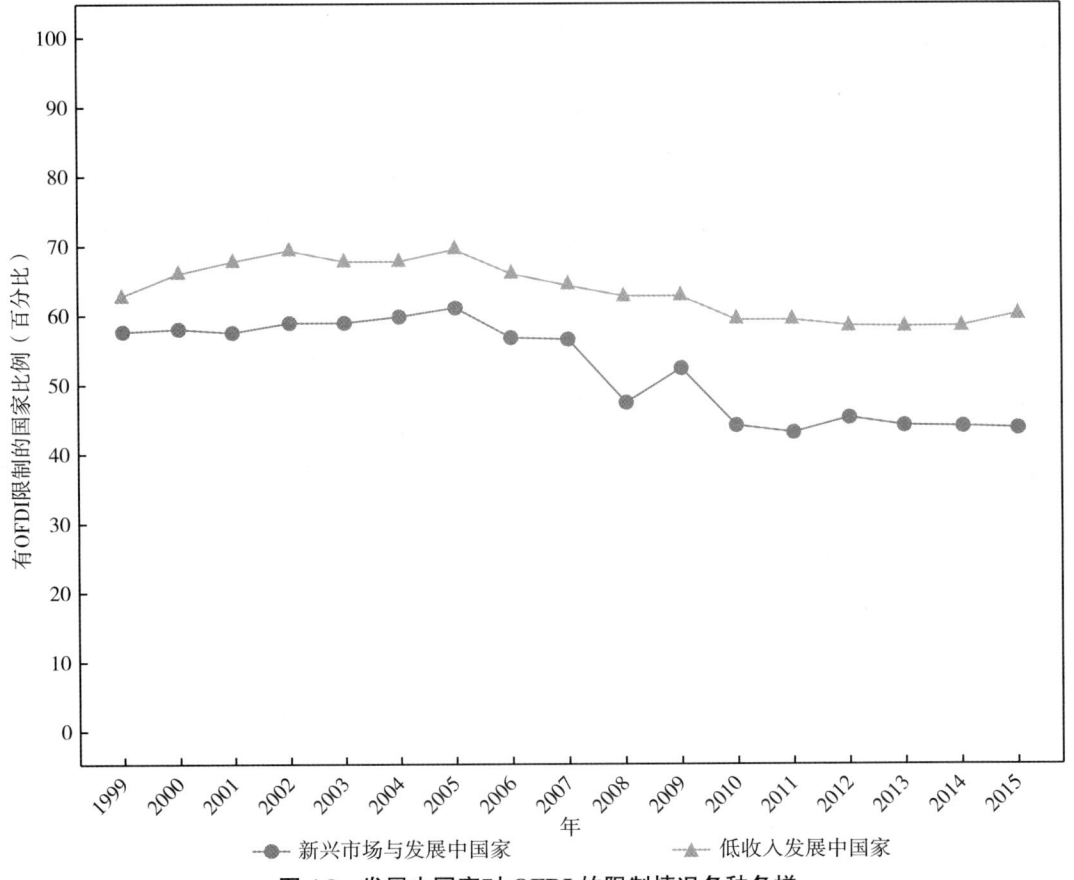

图 4.8　发展中国家对 OFDI 的限制情况各种各样

资料来源：根据国际货币基金组织关于外汇安排和兑换限制的年度报告（IMF 2016）有关数据计算而得。

注：此图使用国际货币基金组织国家类别定义（IMF 2014）。新兴市场和发展中国家是所有不属于低收入发展中国家的发展中国家（IMF 2016）。OFDI = 对外直接投资。

特定的监管条件。OFDI公司每自然年OFDI不得高于10亿兰特，如果高于这个金额就必须向南非储备银行提出正式申请，并确保通过投资获得目标实体至少10%的投票权。即使是10亿兰特以下的交易，仍然存在限制，比如净销售收益要返回南非，并经批准不得出售南非拥有的知识产权。[36]

考虑到OFDI对母国经济的潜在益处，存在OFDI限制的发展中国家政府可能会谨慎地权衡其成本和收益。

结论

从实践经验来看，发展中国家OFDI显然有潜力为母国市场的发展做出实质性贡献。有证据表明，OFDI提高了母国创新和出口，但关于生产率、国内投资、就业和经济增长尚未得出确凿的证据。一个原因可能是，对企业或行业层面的变量的影响相对容易检测，在经济体层面上更难做到。

即使在单一变量内,对外投资的影响也会随着行业、生产要素、投资类型以及时间的推移而变化。事实上,OFDI会在这些不同的维度上同时表现出正面和负面的影响。例如,它可能会有利于高技能劳动力,但同时损害低技术劳动力;或者它可能迫使竞争力较弱的母国企业退出市场,同时提高更具竞争力的母国企业的生产效率和利润,这些企业能抓住机遇或适应新环境。在时间范围内也可能出现差异。短期内,对外投资对母国经济的影响可能十分有限,但随着时间的推移,不同的传导渠道(规模效应、竞争效应和知识效应)可能会凸显出来,对母国经济产生越来越大的影响。要全面理解OFDI,我们不能仅仅认为它只是对母国经济产生积极或消极影响,要在不同维度上对其影响进行分解。

因此,OFDI政策应该采用整体的方法,应该同时考虑单变量的影响和决策者关心的变量集的影响。与贸易一样,OFDI将创造赢家和输家,但总体而言,对母国经济的正面影响可能大于负面影响。具体而言,我们的研究提出以下政策考虑:

鉴于发展中国家OFDI的重要性日益增加,各国政府可以不仅把投资促进活动的目标对准发达国家OFDI这一传统来源,也可以对准来自发展中国家的新来源。南南和区域内发展中国家OFDI占FDI总流量的相当大的比例。因此,投资促进机构可能希望从区域里的邻国和其他区域里的发展中经济体里招来发展中国家的OFDI,将其视为潜在的投资来源。这一来源有很大的希望,但在许多投资推广策略中却没有得到足够的重视。

各国政府也可能希望重审对OFDI的任何限制,权衡它们的成本和收益,并确保这些是基于稳健的政策目标。[37] 发展中国家OFDI几个最大的源市场最近已经放宽了对OFDI的限制,尽管限制依然存在。这些控制可以基于宏观经济目标,如确保金融稳定或促进国内投资,但有证据表明,来源国也可以从OFDI中受益,束缚可能只会限制积极的母国效应。

政府通过采取措施增强经济体层面的吸收能力,可以最大限度地发挥OFDI潜在的积极的母国效应。由于实证证据表明,吸收能力是一个U形函数(一端是简单的知识,另一端是复杂的知识),政府可能希望首先确定技术差距的大小,来相应调整政策干预的类型。可以考虑的措施包括提高研发支出、提供培训项目、促进企业联系,建立制度性合作、帮助传播信息、重新设计学校课程。

鉴于发展中国家企业的OFDI只在过去十年中蓬勃发展,目前的研究相当有限,仍有许多问题。需要更多研究母国效应在不同的OFDI类型中如何变化,无论是自然资源寻求型,效率寻求型,市场寻求型,还是战略资产寻求型。对母国经济的影响很可能取决于参与OFDI的动机,但还没有任何研究来解释这些动态机制。

此外,关于发展中国家OFDI对母国经济的生产率、就业、增长和国内投资的影响需要更多的证据。

最后,发展中国家政府需要更好地理解投资激励和其他政策如何影响企业的OFDI决策。更清楚地理解这三个领域的动态机制将使决策者更好地设计和实施OFDI政策干预。

附录4A. 不同收入类别的发展中国家的OFDI

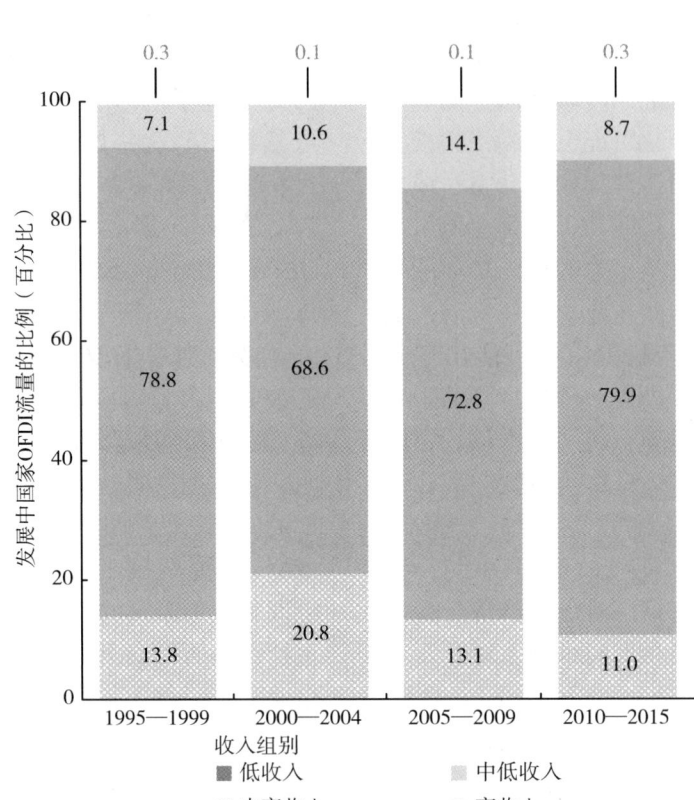

图 4A.1 不同收入类别的发展中国家的 OFDI 分布

资料来源：基于UNCTAD和世界银行的世界发展指标计算。

注：OFDI = 对外直接投资。

附录4B. 关于发展中国家FDI决定因素的引力模型估计

本附录介绍了引力模型的细节和结果，该模型评估了指导发展中国家OFDI的标准FDI区位决定因素的强度。引力模型已成为解释国家间经济关系的广泛使用的框架。早期的实证应用可以追溯到20世纪60年代，当时主要集中在解释双边贸易的模式（Linneman 1966）。这类研究中最有力的发现之一是相对市场规模、地理距离以及共同文化和制度特征（比如语言、殖民经验或贸易协定等）作为两国贸易预测因素的显著性。利用越来越多的双边经济数据，引力模型最终应用于对资本流动的研究上，特别是FDI（Bevan和Estrin 2004；Talamo 2007）。

本部分的引力研究遵循了Gómez-Mera and others（2015）的实证研究，该研究通过引力模型解释了四个新兴经济体（巴西、印度、韩国和南非）的OFDI模式。这个模型包括母国市场规模（人均GDP，人口）的标准区位决定因素和一些标准双边变量（例如距离、共同语言、殖民关系）。因此，研究得出以下结论：第一，东道国经济体的市场规模是这些新兴经济体对外投资的显著预测指标。第二，共享语言或殖民经历所产生的较低交易成本是影响投资可能性的显著决定因素。第三，国家之间的物理距离降低了投资的可能性。第四，源经济体和东道国经济体之间存在双边投资协定（BITs）是这些国家OFDI的预测因素，这也减少了地理距离产生的成本。

本报告分析在两个主要方式上与Gómez-Mera and others（2015）不同。首先，使用联合国贸易和发展会议的FDI双边数据集可以创建一个面板数据集，涵盖了2001年至2012年期间进行OFDI的发展中国家。其次，存在面板数据集这一事实影响了对泊松伪极大似然[38]（PPML）方法的选择，这种方法为估算具有引力变量的面板数据集提供了若干优势（Santos Silva and Tenreyro 2006）。以下等式说明了基线计量经济学模型。

$$FDI_{ijt} = \alpha + \beta_1 GDPPC_{jt} + \beta_2 POP_{jt}$$
$$+ \beta_3 DISTCAP_{ij} + \beta_4 Contig_{ij}$$
$$+ \beta_5 Commlang_{ij} + \beta_6 Colony_{ij}$$
$$+ \beta_7 BIT_{ijt} + \beta_8 DIST_{ij} * BIT_{ijt}$$
$$+ \beta_9 X_{ijt} + \beta_{10} D_i + e_{ijt},$$

其中因变量是来源国 i 和东道国 j 之间在年 t 的FDI流量。模型包括一个控制着来源国固定效应的分类变量[39]（D）。东道国市场吸引力变量包括以目前的国际美元计算的购买力平价的人均国内生产总值（$GDPPC$）和人口（POP）。标准引力变量是来源国和东道国首都之间的距离（$DISTCAP$），代表来源国和东道国有边界的虚拟变量（$Contig$），代表有相同语言的虚拟变量（$Commlang$），代表相同的殖民历史的虚拟变量（$Colony$）。与Gómez-Mera and others（2015）一致的是，加入从来源国到东道国的出口（X）用来控制贸易和FDI之间的互补关系。此外，还包括一个代表已批准的双边投资条约的虚拟变量，这个变量既独立又与两国的距离交互（数据定义和来源见表4B.1）。通过使用这些变量和数据来源建立了一个涵盖了2001年至2012年间133个来源国和147个东道国（既有发达国家也有发展中国家）的面板。

PPML估算的结果，无论有无交互项（表4B.2），表明分析扩展到发展中国家

表4B.1 变量和数据来源

变量	定义	来源
FDI	FDI双边流量($)	UNCTAD FDI 双边数据集
GDPPC	人均国内生产总值，购买力平价（当前国际美元）	世界发展指标
POP	人口总数（百万）	世界发展指标
DISTCAP	首都之间的距离	CEPII
Contig	来源国和东道国存在边界的虚拟变量	CEPII
Commlang	来源国和东道国使用相同官方语言的虚拟变量	CEPII
Colony	来源国和东道国拥有相同殖民历史的虚拟变量	CEPII
BIT	两国间存在已批准的双边投资协定	ICSID (2017)
X	从源头到目的地的出口值，t-2、t-1、t的三年移动平均数，联合国商品贸易统计数据库	UN Comtrade

表4B.2 泊松伪极大似然估算结果

变量	泊松伪极大似然系数（1）	泊松伪极大似然系数（2）
GDPPC	0.0220***	0.0219***
	(9.98)	(9.72)
POP	0.00084***	0.00083***
	(3.17)	(3.14)
DISTCAP	−0.00019***	−0.00021***
	(−7.49)	(−6.93)
Contig	0.3014	0.2967
	(1.42)	(1.40)
Commlang	0.9148***	0.9069***
	(4.04)	(4.01)
Colony	0.7181**	0.7063**
	(2.25)	(2.27)
BIT	0.9210***	0.7700***
	(4.48)	(2.82)
X	0.0166***	0.0169***
	(6.14)	(5.98)
DISTCAP*BIT		0.0000348
		(0.88)
Year	0.2058***	0.2059***
	(12.45)	(12.45)
Constant	−421.40***	−421.51***
	(−12.70)	(−12.70)
Observations	290061	216009

资料来源：使用表4B.1中的数据来源计算。

注：***p<0.01；**p<0.05；* p<0.1。括号中是Z值。泊松伪最大似然估计特化稳健标准误和原点—目标聚类，允许成对聚类标准误。

FDI来源的综合样本时，东道国市场强度和物理与文化接近度之间的权衡仍然存在。结果很大程度上证实了在Gómez-Mera and others（2015）中发现的：母国市场吸引力变量（*GDPPC*，*POP*）和共享文化关系（*Commlang*，*Colony*）带来的交易成本降低是来自发展中国家的FDI流量的显著预测因素。另一方面，距离是这些流量的显著抑制因素。因此，双边投资协定是FDI流量的推动者。考虑到所有因素，与Gómez-Mera and others（2015）唯一不一致的结果是双边投资协定的影响，双边投资协定在减少距离对FDI流量的有害影响方面起作用，而两个变量之间的交互项在任何特定情况下都不显著。[40]

附录4C. 发展中国家各行业的OFDI

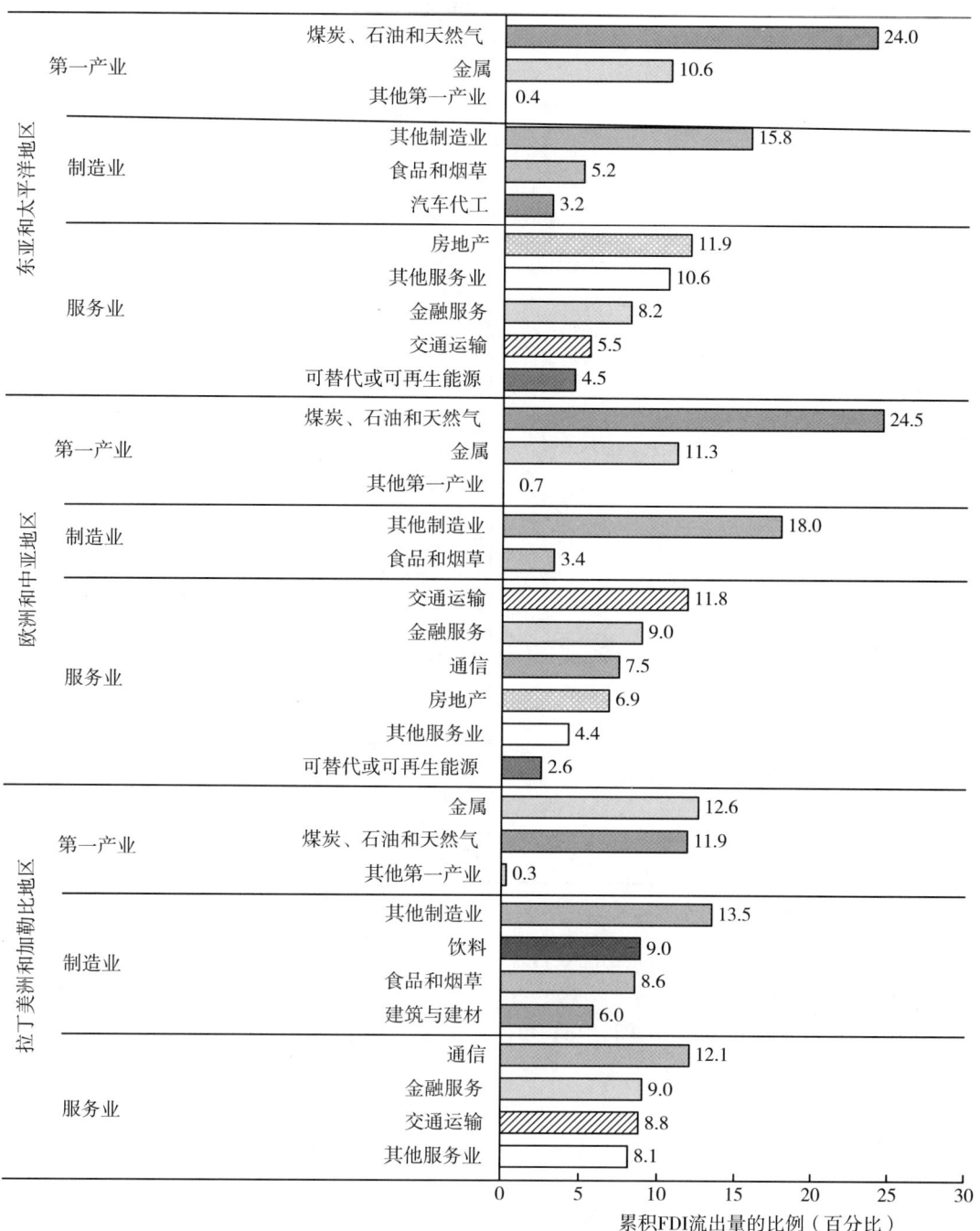

图 4C.1 发展中国家 OFDI 在不同产业中的分布

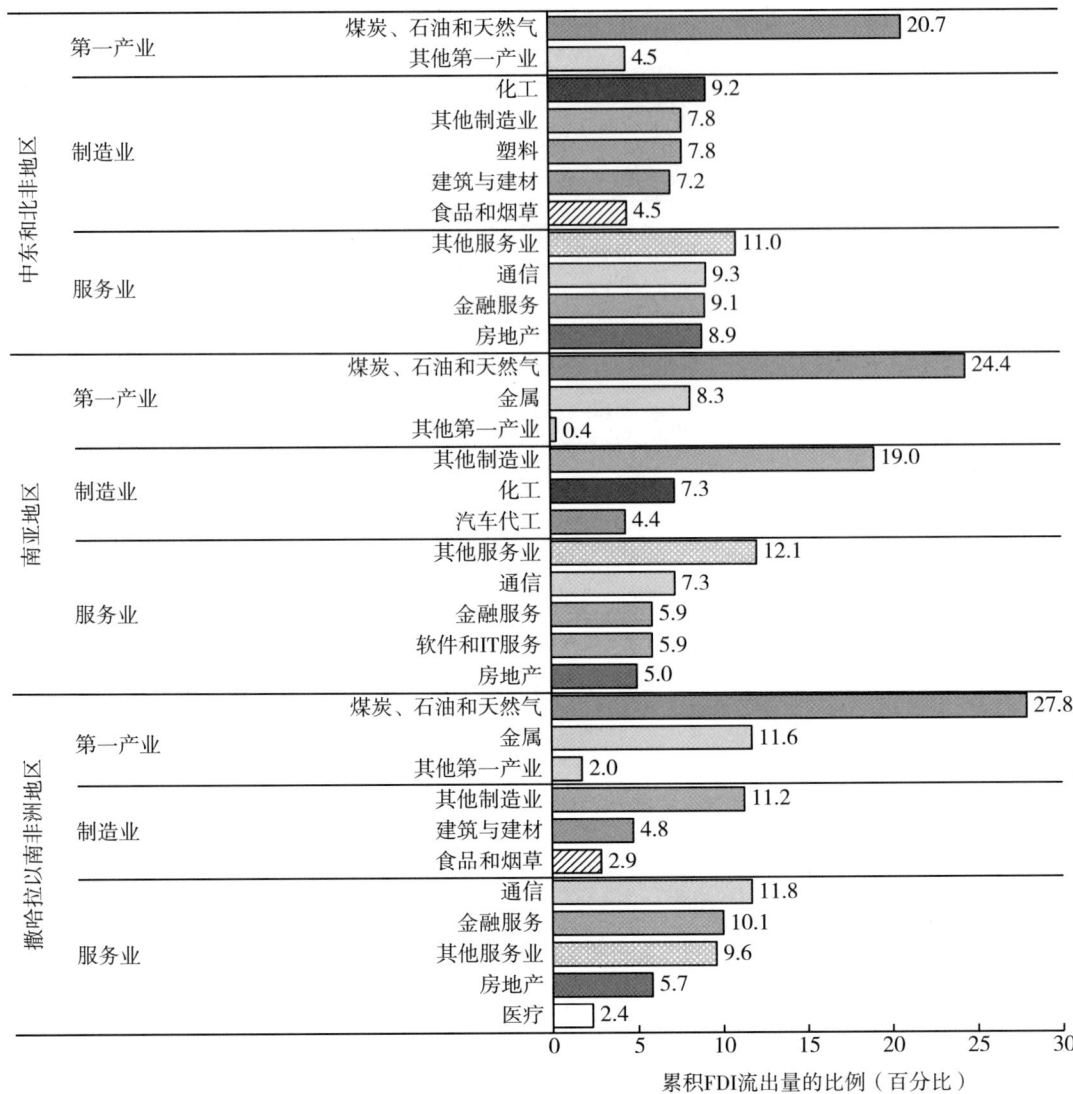

图 4C.1　发展中国家 OFDI 在不同产业中的分布（续）

资料来源：基于《金融时报》fDi 市场数据库和汤森路透计算。

注：对于每一个发展中地区，该图显示了 OFDI 项目在 2003 年至 2015 年间累计值的相对比例。IT = 信息技术；OFDI = 对外直接投资。

注释

1. 国家根据世界银行的收入分类分为发达国家或发展中国家。以 1995 年作为描述性分析的起始年，发展中国家群组包括当年的低收入或中等收入国家。为了保持一致，这些国家即使最终超过了高收入门槛，仍然留在发展中国家群组。这些经济体包括阿根廷（2014~2015），智利（2012~2015），克罗地亚（2008~2015），捷克共和国（2006~2015），爱沙尼亚（2006~2015），赤道几内亚（2007~2014），希腊（1996~2015），匈牙利（2007~2015），拉脱维亚（2009；2012~2015），立陶宛（2012~2015），毛里求斯（1998~2015），阿曼（2007~2015），波兰（2009~2015），俄罗斯联邦（2012~2014），沙特阿拉伯（2004~2015），斯洛伐克共和国（2007~2015），斯洛文尼亚（1997~2015），特立尼达和多巴哥（2006~2015），乌拉圭（2012~2015）和委内瑞拉（2014）。之后已经进行了两次额外调整。第一次，根据经合组织名单去掉了38个税收和金融避风港，参见http：//www.oecd.org/countries/monaco/jurisdictionscommittedtoimprovingtransparencyandestablishingeffectiveexchangeofinformationintaxmatters.htm。其次，鉴于对于中国OFDI的中介作用，中国香港特别行政区也被撤下。

2. 根据投资者动机，文献使用四种类型来区分FDI流量：自然资源寻求型、效率寻求型，市场寻求型和战略资产寻求型（Dunning 2000）。

3. 按价值计算，该地区的OFDI从2000~2004年累计的320亿美元增加到2010~2015年累计的7880亿美元。

4. 这些份额分别相当于330亿美元和2420亿美元。

5. 相当于2000~2004年的累计510亿美元和2010~2015年的累计3990亿美元。

6. 一个例子是这些国家对全球GDP增长的贡献。在1995~2000年期间，金砖国家占发展中国家GDP增长的一半。这一贡献近年来进一步增加，在2010~2015年期间高达60%。

7. 这一数字是基于UNCTAD的FDI双边数据集，该数据集描绘了2001年至2012年期间跨母国和东道国经济体的投资流量和存量。

8. 发展中国家对内OFDI的比例与人均国内生产总值（购买力平价）之间的相关系数为-0.51。

9. 研究这种区域偏向的另一个维度是跨区域贸易区块。在这方面，成员国之间的FDI的相对重要性在不同的关税同盟和区域贸易协定之间存在显著差异。举例来说，根据UNCTAD的双边FDI数据集，协定间OFDI存量的比例（例如协定中一成员国来自其他成员国的OFDI存量的比例），加勒比共同体（CARICOM）几乎为零，南方共同市场（Mercosur）占10%，西非经济和货币联盟（WAEMU）占22%，东南亚国家联盟（ASEAN）占36%，东非共同体（EAC）占76%。

10. 发展中国家的样本与本章中的描述性分析（例如1995年低于高收入门槛的国家）所使用的样本相同。

11. 为了说明不同行业的FDI趋势，该分析依据的是两个关于FDI项目的交易层面数据来源提供的信息。首先，fDi市场数据库的数据集跟踪了企业级绿地FDI项目的媒体公告。其次，汤森路透的数据集提供了个体的并购交易额。再用Kierkegaard（2013）详述的匹配方法把两个数据集合并。总之，来自这两个数据集的信息使我们能够创建涵盖2003-2015年的单一FDI数据集，同时包括绿地和并购。

12. "其他制造业"和"其他服务业"这两个组包括比例小于各地区包括的行业的其他制造业和服务业。例如，在东亚和太平洋地区的"其他制造业"所包含的所有行业拥有的对外直接投资份额小于通信（3.7%）。因此，这些剩余类别中包含的行业可能因地区而异。"其他制造业"中始终包含的制造业是航空航天、汽车零部件、生物技术、商业机器和设备、消费电子产品、消费品、电子元件、发动机和涡轮机、工业机械、医疗设备、非汽车运输工具代工和制药。小到可以被纳入"其他服务业"类别的服务行业包括商业服务，休闲娱乐以及仓储。

13. 对绿地的偏好在南亚地区、欧洲和中亚地区最为明显，南亚地区60%的项目以及欧洲和中亚地区55%的项目以这种方式进行。唯一例外是拉丁美洲和加勒比地区，有54%的项目是通过并购实现的。按累积项目价值（与项目数量相比）衡量，绿地项目在总OFDI中的比例在南亚地区为68%，在中东和北非地区为62%，在东亚和太平洋地区为60%，在欧洲和中亚地区为59%，撒哈拉以南非洲地区为58%。同样，唯一的例外是拉丁美洲和加勒比地区，其绿地项目在总OFDI中的比例为33%。

14. 这些信息在图4.7的最后一栏中有表示，显示了绿地投资在发展中国家OFDI中的比例相对于发达经济体的偏差。

15. 欧盟统计局（2017）确定了那些具有高或中高技术密集度的行业。

16. 机构素质包含若干属性。世界银行的世界治理指标（WGI）给出了六个方面：话语权和问责制，政治稳定性和没有暴力，政府效率，监管质量，法治和腐败控制。

17. 各国也可以发挥重要作用，通过被称为"母国措施"或"母国决定因素"的方式，鼓励企业开展OFDI。关于经济体可以采取哪些措施支持本国企业OFDI的全面讨论，参见Sauvant and others（2014）。这些措施可以采取信息提供，支持服务，金融措施和财政措施的形式。母国决定因素与母国效应之间的关系是一个丰富且尚未开发的领域，值得进一步研究。

18. 虽然规模经济源自业务规模扩大导致的平均成本较低，但范围经济是由于生产类似商品或提供类似服务导致的平均费用较低。

19. 通常通过衡量研发（支出，雇员数）和专利（登记，引用）来考查创新。

20. Dunning对FDI动机的经典分类包括战略资产寻求型FDI（Dunning 2000）；最近，学者们使用了知识寻求型FDI这一术语（Meyer 2015）。前一类型比后者更广泛：所有知识寻求型FDI都是战略资产寻求型，但并非所有战略资产寻求型都是知识寻求型。例如，为了品牌识别而获得的品牌是战略资产寻求型，而不是知识寻求型。知识寻求型OFDI旨在增强公司拥有的特定优势，通过获取新知识来提高其竞争力（Chen，Li，and Shapiro 2012）。本章主要涉及知识寻求型OFDI而非其他战略资产寻求型，因为这种投资更有可能产生母国效应。在本章中，术语"知识"涵盖不同形式的知识，包括技术和管理技能。

21. Chen，Li，and Shapiro（2012）探究了三种母国经济体知识相关的自变量（研发雇员数、研发支出和专利）对不同母国技术能力的阐释力（由母国经济体企业层面的R&D支出为代表）。

22. 参见前面"什么和怎样？行业和进入方式"一节关于知识密集型产业

的讨论。
23. 关于化工和制药部门，见Criscuolo（2009）。对于汽车行业，参见Mani（2013）。
24. 关注印度汽车行业时，Pradhan and Singh（2008）考查了1988年至2008年的OFDI，发现对发达和发展中东道国经济体的投资来说，OFDI对母国内部研发力度都产生了积极影响，尽管发达经济体OFDI的影响更大。
25. 关于南南技术网络日益增长的重要性的讨论，见Nepelski and De Prato（2015）。
26. OFDI的系数在所有国家的5%水平上均为正相关且具有统计显著性，说明OFDI和出口是互补的（Ahmad, Draz and Yang 2016）。
27. 该研究考察了1986年至1996年期间欧洲联盟15个国家的对外投资存量对双边出口的影响（Egger 2001）。
28. 关于不同水平吸收能力的启示的讨论，参见Tang and Altshuler（2015）。
29. 其他研究表明，企业的出口强度、规模、治理结构和研发支出都可能影响吸收能力。第一，作为出口商的企业对国外市场有更多的了解和经验，这可能使其更有能力理解和吸收外国技术（Tang and Altshuler 2015）。第二，小企业可能会享受更多的溢出效应，因为它们不那么官僚化，更容易适应新技术（Sinani and Meyer 2004）；尽管如此，小企业可能无法与外国企业进行有效竞争（Aitken and Harrison 1999）。第三，许多发展中国家出现了大型家族企业集团，这是为了解决与产权薄弱、合同执行问题和普遍腐败相关的市场失灵问题。然而研究发现，这种基于关系的治理与创新水平较低相关，因为创新使得投入于关系之中的沉没成本变得不那么有价值，这表明其吸收能力水平较低（Li, Park, and Li 2003）。第四，研发支出费用可以提高接受者的吸收能力，同时也有助于将纯知识转化为生产性创新的投入（Chen, Li, and Shapiro 2012）。
30. 国际货币基金组织将低收入发展中国家定义为人均国民总收入水平低于减贫与增长信托基金（PRGT）收入等级水平的非小国家（IMF 2014）。
31. 然而，维持某种形式的OFDI限制的不同收入水平国家所占比例并不能反映出限制的相对强度。根据个别国家的例子，即使今天某些形式的OFDI限制在许多国家仍然存在，似乎也会随着时间的推移而变得越来越不严格。未来的研究将探讨不同发展水平国家和不同时期的OFDI限制的相对强度。
32. 参见Anderson（2013）世界银行集团关于"转换和转移货币：对所有经济体的FDI进行基准外汇限制的报告"。
33. 印度政府规定房地产是"购买和出售房地产或交易可转让发展权（TDR），但不包括乡镇发展，建造住宅/商业楼宇、道路或桥梁"。参见https://www.rbi.org.in/Scripts/FAQView.aspx?Id=32
34. 同上。
35. 同上。
36. 参见https://www.resbank.co.za/RegulationAndSupervision/FinancialSurveillanceAndExchangeControl/Guidelines/Guidelines%20and%20public%20awareness/Guidelines%20-%20FDI.pdf
37. 关于亚洲发展中经济体如何成功改

革其OFDI监管框架的讨论，请参见Rasiah，Gammeltoft，and Jiang（2010）。

38. Gómez-Mera and others（2015）设计了一个横截面计量经济学设定，其中包括两个步骤：用于确定投资可能性的logit模型，以及用于确定投资正数的驱动因子的零截断负二项模型。由于我们的因变量是给定年份两个国家之间的FDI流量，分析采用泊松伪最大似然估计（PPML）。在弱势假设下，Santos Silva and Tenreyro（2006）发现PPML提供了一致的估计，避免了标准非线性引力设定中的异方差性问题。因此，PPML估计量在有固定效应时也是一致的。它也更适于涵盖零观测，消除了样本选择性有偏的可能性。

39. 由于与解释变量的共线性问题，PPML下的引力方程没有设定双边国家成对固定效应（这一效应控制未观察到的时不变异质性），相反，设定包括了单源固定效应。

40. CEPII数据集包括替代变量，用于测试相同的殖民历史和语言。具体来说，是1945年之后具有相同殖民者的来源国和东道国的虚拟变量（comcol）和两个国家中至少9%的人口使用同一语言时虚拟值为1的变量（comlang-ethno）。使用这些替代变量并没有改变任何结果，除了comcol，但它作为相同殖民历史的代理变量是不显著的。

参考文献

Ahmad, F., M. U. Draz, and S. C. Yang. 2016. "A Novel Study on OFDI and Home Country Exports: Implications for the ASEAN Region." *Journal of Chinese Economic and Foreign Trade Studies* 9 (2): 131–45.

Aitken, B. J., and A. E. Harrison. 1999. "Do Domestic Firms Benefit from Direct Foreign Investment? Evidence from Venezuela." *American Economic Review* 89 (3): 605–18.

Amann, E., and S. Virmani. 2014. "Foreign Direct Investment and Reverse Technology Spillovers." *OECD Journal: Economic Studies* 3 (1): 129–53.

Amighini, A. A., R. Rabellotti, and M. Sanfilippo. 2013. "Do Chinese State-Owned and Private Enterprises Differ in Their Internationalization Strategies?" *China Economic Review* 27: 312–25.

Anderson, J. 2013. "Converting and Transferring Currency: Benchmarking Foreign Exchange Restrictions to Foreign Direct Investment across Economies." World Bank, Washington, DC.

Arita, S. 2013. "Do Emerging Multinational Enterprises Possess South-South FDI Advantages?" *International Journal of Emerging Markets* 8 (4): 329–53.

Assunção, S., R. Forte, and A. Teixeira. 2011. "Location Determinants of FDI: A Literature Review." FEP Working Papers 433, Faculdade de Economia, Universidade do Porto, Portugal.

Aykut, D., and A. Goldstein. 2006. "Developing Country Multinationals: South–South Investment Comes of Age." Working Paper 257, OECD Development Centre, Paris, France.

Aykut, D., and D. Ratha. 2004. "South-South FDI Flows: How Big Are They?"

Barba Navaretti, G., and D. Castellani. 2004. "Investments Abroad and Performance at Home: Evidence from Italian Multinationals." CEPR Discussion Paper 4284, Centre for Economic Policy Research, London.

Bevan, A.A. and S. Estrin. 2004. "The Determinants of Foreign Direct Investment into European Transition Economies." *Journal of Comparative Economics* 32 (4): 775–87.

Bitzer, J., and H. Görg. 2009. "Foreign Direct Investment, Competition and Industry Performance." *The World Economy* 32 (2): 221–33.

Boly, A., N. D. Coniglio, F. Prota, and A. Seric. 2014. "Diaspora Investments and Firm Export Performance in Selected Sub-Saharan African Countries." *World Development* 59: 422–33.

———. 2015. "Which Domestic Firms Benefit from FDI? Evidence from Selected African Countries." *Development Policy Review* 33 (5): 615–36.

Braconier, H., K. Ekholm, and K. H. M. Knarvik. 2001. "In Search of FDI-Transmitted R&D Spillovers: A Study Based on Swedish Data." *Review of World Economics* 137 (4): 644–65.

Buckley, P. J., L. J. Clegg, A. R. Cross, X. Liu, H. Voss, and P. Zheng. 2007. "The Determinants of Chinese Outward Foreign Direct Investment." *Journal of International Business Studies* 38 (4): 499–518.

Chen, V. Z., J. Li, and D. M. Shapiro. 2012. "International Reverse Spillover Effects on Parent Firms: Evidences from Emerging Market MNEs in Developed Markets." *European Management Journal* 30 (3): 204–18.

Chen, W., and H. Tang. 2015. *Chinese Investment in Africa Is More Diverse and Welcome than You Think.* Quartz Africa. https://qz.com/488589/chinese-investment-in-africa-is-more-diverse-and-welcomed-than-we-give-it-credit/.

China Daily. 2017a. "SOEs Face 'Red Line' on Investment." *China Daily*, January 19. http://english.gov.cn/state_council/ministries/2017/01/19/content_281475545487067.htm.

———. 2017b. "Making China FDI-friendly again." *China Daily*, February 20. http://english.gov.cn/news/top_news/2017/02/20/content_281475572940524.htm.

Cohen, W. M., and D. A. Levinthal. 1989. "Innovation and Learning: The Two Faces of R&D." *The Economic Journal* 99 (397): 569–96.

Criscuolo, C. 2009. "Innovation and Productivity: Estimating the Core Model across 18 Countries." In *OECD, Innovation in Firms: A Microeconomic Perspective*, 111–38. Paris: OECD Publishing.

Criscuolo, P., and R. Narula. 2008. "A Novel Approach to National Technological Accumulation and Absorptive Capacity: Aggregating Cohen and Levinthal." *The European Journal of Development Research* 30 (1): 56–73.

Cuervo-Cazurra, A. 2008. "The Multinationalization of Developing Country MNEs: The Case of Multilatinas." *Journal of International Management* 14 (2): 138–54.

Cuervo-Cazurra, A., and M. Genc. 2008. "Transforming Disadvantages into Advantages: Developing-Country MNEs in the Least Developed Countries." *Journal of International Business Studies* 39 (6): 957–79.

Cui, L. and F. Jiang. 2009. "FDI Entry Mode Choice of Chinese Firms: A Strategic Behavior Perspective." *Journal of World Business* 44 (4): 434–44.

Deng, P. 2009. "Why Do Chinese Firms Tend to Acquire Strategic Assets in International Expansion?" *Journal of World Business* 44 (1): 74–84.

———. 2010. "Absorptive Capacity and A Failed Cross-Border M&A." *Management Research Review* 33 (7): 673–82.

Davies, R., R. Desbordes, and A. Ray. 2015. "Greenfield versus Merger & Acquisition FDI: Same Wine, Different Bottles?" Working Paper Series, UCD Centre for Economic Research, No 15/03.

Dollar, D. 2016. "China as a Global Investor." *China's New Sources of Economic Growth: Vol. 1: Reform, Resources and Climate Change*. Edited by Ligang Song, Ross Garnaut, Cai Fang and Lauren Johnston. Australia National University Press, Acton.

Dong, B. and G. Guo. 2013. "A Model of China's Export Strengthening Outward FDI." *China Economic Review* 27: 208–26.

Driffield, N., and J. H. Love. 2003. "Foreign Direct Investment, Technology Sourcing and Reverse Spillovers." *The Manchester School* 71 (6): 659–72.

———. 2007. "Linking FDI Motivation and Host Economy Productivity Effects: Conceptual and Empirical Analysis." *Journal of International Business Studies* 38: 460–73.

Driffield, N., J. H. Love, and K. Taylor. 2009. "Productivity and Labour Demand Effects of Inward and Outward Foreign Direct Investment on UK Industry." *Manchester School* 77 (2): 171–203.

Driffield, N., and P. C. (Michelle) Chiang. 2009. "The Effects of Offshoring to China: Reallocation, Employment and Productivity in Taiwan." *International Journal of the Economics of Business* 16 (1): 19–38.

Duanmu, J.-L. and Y. Guney. 2009. "A Panel Data Analysis of Locational Determinants of Chinese and Indian Outward Foreign Direct Investment." *Journal of Asia Business Studies* 3 (2): 1-15.

Dunning, J. H. 2000. "The Eclectic Paradigm as an Envelope for Economic and Business Theories of MNE Activity." *International Business Review* 9 (2): 163–90.

Dunning, J. H., C. S. Kim, and D. H. Park. 2008. "Old Wine in New bottles: A Comparison of Emerging-Market TNCs Today and Developed-Country TNCs Thirty Years Ago." In *The Rise of Transnational Corporations from Emerging Markets: Threat or*

Opportunity?, edited by K. P. Sauvant, 158–78. Cheltenham, UK: Edward Elgar Publishing.

Echandi, R., J. Krajcovicova, and C. Z. W. Qiang. 2015. "The Impact of Investment Policy in a Changing Global Economy." Policy Research Working Paper 7437, World Bank, Washington, DC.

Egger, P. 2001. "European Exports and Outward Foreign Direct Investment: A Dynamic Panel Data Approach." *Weltwirtschaftliches Archiv* 137 (3): 427–49.

Eurostat. 2017. "Statistics Explained." http://ec.europa.eu/eurostat/statistics-explained/index.php/Main_Page.

Farole, T., and D. Winkler, eds. 2014. *Making Foreign Direct Investment Work for Sub-Saharan Africa: Local Spillovers and Competitiveness in Global Value Chains*. Directions in Development. World Bank, Washington, DC.

FT (Financial Times). 2017. "China Tightens Rules on State Groups' Foreign Investments." August 3. *Financial Times*. https://www.ft.com/content/3251987c-7806-11e7-90c0-90a9d1bc9691.

Fortescue, S., and P. Hanson. 2015. "What Drives Russian Outward Foreign Direct Investment? Some Observations on the Steel Industry." *Post-Communist Economies* 27 (3): 283–305.

Gammeltoft, P. 2008. "Emerging Multinationals: Outward FDI from the BRICS Countries." *International Journal of Technology and Globalisation* 4 (1): 5–22.

Gammeltoft, P., H. Barnard, and A. Madhok. 2010. "Emerging Multinationals, Emerging Theory: Macro- and Micro-Level Perspectives." *Journal of International Management* 16 (2): 95–101.

Gao, T. 2005. "Foreign Direct Investment from Developing Asia: Some Distinctive Features." *Economics Letters* 86 (1): 29–35.

Garcia-Herrero, A., L. Xia, and C. Casanova. 2015. "Chinese Outbound Foreign Direct Investment: How Much Goes Where after Roundtripping and Offshoring?" BBVA Working Paper 15/17, Hong Kong SAR, China.

Girma, S. 2005. "Absorptive Capacity and Productivity Spillovers from FDI: A Threshold Regression Analysis." *Oxford Bulletin of Economics and Statistics* 67 (3): 281–306.

Girma, S., and H. Gorg. 2007. "Evaluating the Foreign Ownership Wage Premium using A Difference-in-Differences Matching Approach." *Journal of International Economics* 72 (1): 97–112.

Global Wind Energy Council. 2016. "Global Wind Report: Annual Market Update." http://www.gwec.net/publications/global-wind-report-2/global-wind-report-2016/.

Gómez-Mera, L., T. Kenyon, Y. Margalit, J. G. Reis, and G. Varela. 2015. *New Voices in Investment: A Survey of Investors from Emerging Countries*. World Bank Studies. Washington, DC: World Bank.

Grieger, G. 2017. "Foreign Direct Investment Screening: A Debate in Light of China-EU FDI flows." EPRS

(European Parliamentary Research Service) Document PE 603.941. http://www.europarl.europa.eu/thinktank/en/document.html?reference=EPRS_BRI%282017%29603941

Hanemann, T., A. Lysenko, and C. Gao. 2017. "Tectonic Shifts: Chinese Outbound M&A in 1H 2017." Rhodium Group Report. June 2017. http://rhg.com/notes/tectonic-shifts-chinese-outbound-ma-in-1h-2017.

Herzer, D. 2011. "The Long-Run Relationship between Outward FDI and Total Factor Productivity: Evidence for Developing Countries." *Journal of Development Studies* 47 (5): 767–85.

———. 2012. "How does Foreign Direct Investment Really Affect Developing Countries' Growth?" *Review of International Economics.* 20 (2): 396–414

Hiratsuka, D. 2006. "Outward FDI from and Intraregional FDI in ASEAN: Trends and Drivers." Discussion Paper 77, Institute of Developing Economies, JETRO, Chiba

Holtbrügge, D. and H. Kreppel. 2012. "Determinants of Outward Foreign Direct Investment from BRIC Countries: An Explorative Study." *International Journal of Emerging Markets* 7 (1): 4–30.

Huang, Y. and B. Wang. 2011. "Chinese Outward Direct Investment: Is There a China Model?" *China & World Economy* 19 (4): 1–21.

ICSID (International Centre for Settlement of Investment Disputes). 2016. *Annual Report on Exchange Arrangements and Exchange Restrictions.* Washington, DC.

———. 2017. Database of Bilateral Investment Treaties. https://icsid.worldbank.org/en/Pages/resources/Bilateral-Investment-Treaties-Database.aspx.

IMF (International Monetary Fund). 2014. "Proposed New Grouping in WEO Country Classifications: Low-Income Developing Countries." IMF Policy Paper, Washington, DC.

———. 2016. *Annual Report on Exchange Arrangements and Exchange Restrictions.* Washington, DC: IMF.

Kalotay, K., and A. Sulstarova. 2010. "Modelling Russian Outward FDI." *Journal of International Management* 16 (2): 131–142.

Kang, Y. and F. Jiang. 2012. "FDI Location Choice of Chinese Multinationals in East and Southeast Asia: Traditional Economic Factors and Institutional perspective." *Journal of World Business* 47: 45–53.

Kierkegaard, J. 2013. "New Avenues for Empirical Analysis of Cross-Border Investments: An Application for the ASEAN Members and Middle and Low Income Country Outward Investments." PhD dissertation, Johns Hopkins University, Washington, DC.

Kimura, F., and K. Kiyota. 2006. "Exports, FDI, and Productivity: Dynamic Evidence from Japanese Firms." *Review of World Economics (Weltwirtschaftliches Archiv)* 142 (4): 695–719.

Kuźmińska-Haberla, A. 2012. "The Promotion of Outward Foreign Direct Investment—Solutions from Emerging Economies." Working Paper, Institute of International

Business, University of Gdansk no. 31, Poland.

Lardy, N. R. 2014. *Markets over Mao.* Peterson Institute for International Economics, Washington, DC.

Lee, C., C. G. Lee, and M. Yeo. 2016. "Determinants of Singapore's Outward FDI." *Journal of Southeast Asian Economies* 33 (1): 23–40.

Li, S., S. H. Park, and S. H. Li. 2003. "The Great Leap Forward: The Transition from Relation-Based Governance to Rule-Based Governance." *Organizational Dynamics* 33 (1): 63–78.

Linneman, H. 1966. "An Econometric Study of International Trade Flow." North-Holland, Amsterdam, 77.

Luo, Y., Q. Z. Xu, and B. J. Han. 2010. "How Emerging Market Governments Promote Outward FDI: Experience from China." *Journal of World Business* 45 (1): 68–79.

Ma, A. C., and A. Van Assche. 2011. "Product Distance, Institutional Distance and FDI." Mimeo, University of San Diego, School of Business Administration.

Mani, S. 2013. "Outward Foreign Direct Investment from India and Knowledge Flows, the Case of Three Automotive Firms." *Asian Journal of Technology Innovation* 21: 25–38.

Meyer, K. E. 2015. "What Is 'Strategic Asset-Seeking FDI'?" *Multinational Business Review* 23 (1): 57–66.

MOFCOM. 2015. *Belt and Road Helps China Become Net Capital Exporter: Report* (accessed May 5, 2017), http://english.mofcom.gov.cn/article/zt_beltandroad/news/201511/20151101156468.shtml.

Moran, T. 2015. "The Role of Industrial Policy as a Development Tool: New Evidence from the Globalization of Trade-and-Investment." CGD Policy Paper 071. Center for Global Development, Washington, DC. http://www.cgdev.org/publication/role-industrial-policy-development-tool-new-evidenceglobalization-trade-and-investment

Moran, T., H. Gorg., and A. Seric. 2016. "Quality FDI and Supply-Chains in Manufacturing." Kiel Centre for Globalization Policy Paper 1, Kiel.

Narula, R. 2004. "Understanding Absorptive Capacity in an 'Innovation System' Context: Consequences for Economic and Employment Growth." MERIT-Infonomics Research Memorandum Series 3, Maastricht.

Nepelski, D., and G. De Prato. 2015. "International Technology Sourcing between a Developing Country and the Rest of the World. A Case Study of China." *Technovation* 35: 12–21.

Nguyen, H. T., G. Duysters, J. H. Patterson, and H. Sander. 2009. "Foreign Direct Investment Absorptive Capacity Theory." Paper presented at GLOBELICS 2009, 7th International Conference, Dakar, Senegal, October 6–8.

Nunes de Alcântara, J., C. M. P. Paiva, N. C. P. Bruhn, H. R. de Carvalho, and C. L. L. Calegario. 2016. "Brazilian OFDI Determinants." *Latin American Business Review* 17 (3): 177–205.

OECD (Organisation for Economic Co-Operation and Development). 2013. *Interconnected Economies: Benefiting from Global Value Chains*. Paris.

Pradhan, J. P., and N. Singh. 2008. "Outward FDI and Knowledge Flows: A Study of the Indian Automotive Sector." *International Journal of Institutions and Economies* 1 (1): 155–86.

Quer, D., E. Claver, and L. Rienda. 2012. "Political Risk, Cultural Distance, and Outward Foreign Direct Investment: Empirical Evidence from Large Chinese Firms." *Asia Pacific Journal of Management* 29 (4): 1089–1104.

———. 2015. "Chinese Outward Foreign Direct Investment: A Review of Empirical Research." *Frontiers of Business Research in China* 9 (3): 326–70.

Ramamurti, R. 2009. "What Have We Learned about Emerging-Market MNEs?" In *Emerging Multinationals in Emerging Markets*, edited by Ravi Ramamurti and Jitendra V. Singh, 399–426. Cambridge, U.K.: Cambridge University Press.

———. 2012. "What is Really Different About Emerging Market Multinationals?" *Global Strategy Journal* 2 (1): 41–7.

Ramasamy, B., M. Yeung, and S. Laforet. 2012. "China's Outward Foreign Direct Investment: Location Choice and Firm Ownership." *Journal of World Business* 47: 17–25.

Rasiah, R., P. Gammeltoft, and Y. Jiang. 2010. "Home Government Policies for Outward FDI from Emerging Economies: Lessons from Asia." *International Journal of Emerging Markets* 5 (3/4): 333–57.

RBI (Reserve Bank of India). "Frequently Asked Questions, Overseas Direct Investments" (accessed April 12, 2017), https://www.rbi.org.in/Scripts/FAQView.aspx?Id=32.

Rodriguez-Arango, Liliana and Maria Alejandra Gonzalez-Perez. 2016. "Giants from Emerging Markets: The Internationalization of BRIC Multinationals." In *The Challenge of BRIC Multinationals*, edited by Rob Van Tulder, Alain Verbeke, Jorge Carneiro, and Maria Alejandra Gonzalez-Perez, 195–226. Progress in International Business Research, Vol. 11. Emerald Group Publishing Limited.

Rosen, D. H., and T. Hanemann. 2017. "New Neighbors 2017 Update: Chinese FDI in the United States by Congressional District." Rhodium Group Report.

Sader, F. 1993. "Privatization and Foreign Investment in the Developing World. 1988–92." World Bank Policy Research 1202, Washington, DC.

Santos Silva, J. M. C., and S. Tenreyro. 2006. "The Log of Gravity." *The Review of Economics and Statistics* 88 (4): 641–58.

Sauvant, K. P. 2008. "The Rise of TNCs from Emerging Markets: The Issues." In *The Rise of Transnational Corporations from Emerging Markets: Threat or Opportunity?* edited by K. P. Sauvant, 3–14. Cheltenham, U.K.: Edward Elgar Publishing.

Sauvant, K. P., and V. Z. Chen. 2014.

"China's Regulatory Framework for Outward Foreign Direct Investment." *China Economic Journal* 7 (1): 141–63.

Sauvant, K. P., P. Economou, K. Gal, S. W. Lim, and W. Wilinski. 2014. "Trends in FDI, Home Country Measures and Competitive Neutrality." In *Yearbook on International Investment Law & Policy 2012–2013*, edited by Andrea Bjorklund, 3–107. New York: Oxford University Press.

Sinani, E., and K. E. Meyer. 2004. "Spillovers of Technology Transfer from FDI: The Case of Estonia." *Journal of Comparative Economics* 32 (3): 445–66.

Slangen, A., and J. F. Hennart. 2007. "Greenfield or Acquisition Entry: A Review of the Empirical Foreign Establishment Mode Literature." *Journal of International Management.* 13 (4): 403–29.

South African Reserve Bank. 2016. "Guidelines to Authorised Dealers in Respect of Genuine New Foreign Direct Investments of Up to R1 billion per Company per Calendar Year (2016-05-10)." South African Reserve Bank, Pretoria.

Talamo, G. 2007. "Institutions, FDI, and the Gravity Model." In *Workshop PRIN 2005 SU, Economic Growth; Institutional and Social Dynamics*, 25-27.

Tang, J. T., and R. Altshuler. 2015. "The Spillover Effects of Outward Foreign Direct Investment on Home Countries: Evidence from the United States." Unpublished. http://dx.doi.org/10.2139/ssrn.2545129.

Turkish Household Appliances Suppliers. 2017. "Turkish Household Appliances Supply Industry Sector in Turkey." http://www.turkhas.org/upload/statistics.pdf.

UNCTAD (United Nations Conference on Trade and Development). 2005. "Case Study on Outward Foreign Direct Investment by South African Enterprises." TD/B/COM.3 / EM.26/2/Add .5. Geneva. http://unctad.org/en / Docs / c3em26d2a5_en.pdf.

———. 2013. *World Investment Report 2013: Global Value Chains: Investment and Trade for Development.* Geneva.

———. 2015. *World Investment Report 2015: Reforming International Investment Governance.* Geneva.

———. 2017. *World Investment Report 2017: Investment and the Digital Economy.* Geneva.

Vahter, P., and J. Masso. 2007. "Home versus Host Country Effects of FDI: Searching for New Evidence of Productivity Spillovers." *Applied Economics Quarterly* 53 (2): 165–96.

Wang, M. 2017. "Chinese Overseas Investment." Unpublished (3/19/17).

Wang, P., and Z. H. Yu. 2014. "China's Outward Foreign Direct Investment: The Role of Natural Resources and Technology." *Economic and Political Studies* 2 (2).

Wells, L. T., Jr. 2009. "Third World Multinationals: A Look Back." In *Emerging Multinationals in Emerging Markets*, edited by R. Ramamurti and

J. V. Singh, 23–41. Cambridge, UK: Cambridge University Press.

Zhang, Y. and H. Roelfsema. 2014. "Unravelling The Complex Motivations Behind China's Outward FDI." *Journal of the Asia Pacific Economy* 19 (1): 89–100.

Zheng, N., Y. Wei, Y. Zhang, and J. Yang. 2016. "In Search of Strategic Assets through Cross-Border Merger and Acquisitions: Evidence from Chinese Multinational Enterprises in Developed Economies." *International Business Review* 25 (1): 177–86.

脆弱和受冲突影响情况下的 FDI

第五章

Alexandros Ragoussis, Heba Shams

据最新估计,在脆弱和受冲突影响的地区(FCS)[1]的外国直接投资(FDI)仅占全球流量的1%,人均水平比世界平均水平低5倍以上。尽管对脆弱国家的FDI在过去20年增长了10倍,但仍然主要集中在少数几个国家,要么是中等收入国家,要么资源丰富,或两者兼而有之。此外,FCS群体内FDI的潜力和对FDI的依赖性的差异也很明显:FDI流入量占国民总收入的份额(GNI)在利比里亚超过40%,而在南苏丹几乎为零。

为应对近十年来冲突和被迫流离失所状况的增多,开发界承诺为脆弱国家做更多的事情。外商投资是这项承诺的核心部分,但有关事实、驱动力及其迫切性的共识尚未达成。加强理解是开发界设计正确干预措施的关键。

但是,FDI能否支持稳定局面、防止暴力冲突?FDI可以创造就业机会,创造财富和税收收入,从而影响脆弱的社会因卷入冲突(即战争的机会成本)而面临的风险。然而,尽管这一论点具有直观意义,但有关外商投资与冲突之间的直接关系的实证证据仍然没有定论。一些人认为,外商存在会对收入分配产生不利影响,并加剧低收入国家的政治动荡(Gissinger and Gleditsch 1999),而另一些人则主张贸易和FDI在降低冲突风险方面互补(Polachek and Sevastianova 2012)。更细微的影响也已得到了承认,例如FDI缩短了内战的持续时间,但并没有降低发生内战的可能性(Barbieri and Reuveny 2005)。

显然,并非所有的FDI对东道国都有同样的影响。FDI的行业分布,特别是在扭曲的条件下,可能会加剧相反的趋势。这是为什么政策讨论集中在脆弱背景下"好"和"坏"FDI的困境的部分原因,这常常与自然资源的开发有关(International Dialogue for Peace-Building and State-Building 2016)。认识到计量经济学在解决这个问题上的局限性也是至关重要的。外商投资的顺周期运动[2]及其影响冲突机会成本的间接渠道,使确认其对和平与稳定的影响变得复杂化。

本章的目的是从这一讨论中退后一

步，填补在这些敏感环境中理解FDI的空白。讨论的基础是FDI创造就业机会、增加财富和改善公共品的潜力，这些都是稳定和繁荣的社会所必需的。这一章讨论了外商投资在FCS中的地点、投资者以及投资方式，继而深入探讨投资原因和政策支持投资的方式这些难题，这在原则上也将提高稳定性。

在脆弱的形势下，外商投资有可能带来好的结果。除了资源寻求型投资，这些国家的经济活动结构揭示了在国内竞争较低的行业，或其他经历了冲突后重建的增长的行业中，FDI驱动的价值创造的巨大潜力。但投资者很谨慎：在自然资源行业之外，他们将投资集中在有限的资本密集型活动中。他们还往往从事较小规模的项目，创造更少的工作岗位，避免在地理上暴露于安全风险中。FCS在运营和制度层面都带来了独特的条件和风险，而投资环境改革可能会对此产生影响。

为私营部门解放机会并创造就业投资环境改革是巩固和平、从脆弱走向韧性的必由之路。游戏规则的广泛而深刻的改变是非常重要的。投资环境改革战略需要适当的次序，必须考虑到该国的冲突动态、经济机会、制度能力和改革意愿。这一战略必须以平衡的方式实施，以确保短期收益，同时为深层体制转型增加动力。战略的关键要素应该是给投资者减少风险，同时使投资机会和回报最大化。

在FCS的外商投资的地点、投资者和投资方式

外国收入来源在脆弱和受冲突影响的情况下维持了很大一部分经济活动。然而，由于经济基础和脆弱性，国际投资者通常不把FCS视为东道国，这是相互加强的。虽然脆弱的情况是高度异质性的（专栏5.1），但确实存在共同点：投资机会出现在由外国需求维持的资本密集的活动中，特别是在从冲突向和平过渡期间。但投资者对如何利用这些机会持谨慎态度。了解背景情况的人做得更好。

专栏5.1

FCS在投资风险和投资机会方面有高度异质性

虽然FCS主要是低收入国家，但也长期存在于投资机会明显不同的中等收入国家。丰富的自然资源解释了伊拉克或利比亚这样的FCS为何处于中等收入状况，但这并不是唯一的解释。前南斯拉夫和黎巴嫩是具有暴力冲突历史的中等收入国家的例子。这一群体中的投资机会不仅与人口的购买力更强和市场增长更快有关，而且与现有的产业结构、技能和政府能力有关，这使其能朝着投资环境方面的目标更雄心勃勃地迈进。

投资者面临的风险在不同FCS也有所不同，既影响投资者的决定，也影响了必要改革的范围和深度。沿着所谓的脆弱链，受冲突影响的情况包括冲突严重的地区，其他经历激烈冲突的国家，以及冲突后过渡的国家。

处于冲突风险的国家遭受严重的经济边缘化、政治两极分化和外部压力，这加剧了不确定性，并指向了预防冲突相关情况的必要性，包括通过外国直接投资（FDI）的手段。

在稳定国家内的地区级冲突意味着在稳定

的部分地区可以大规模地进行外商投资，政府也存在改革能力。

激烈的大规模冲突和危机局势是不同的，那里不再进行投资，必须优先考虑政治解决方案和地区的基本稳定。

最后，冲突后或频繁在冲突与和平间转换的国家通常遭受制度薄弱治理不善的情况，但也为通过投资方式实现经济转型提供了最多的机会，这里也有最大的改革动力。

FCS 很大程度上依赖外国收入来源

外商投资以及其他收入来源，在脆弱和受冲突影响的地区维持了大量的经济活动。流散族群的侨汇、官方发展援助（ODA）、官方援助和外商投资加起来往往超过其国民收入的三分之一，而依赖程度不同（图5.1）。

流散族群收入、ODA 和 FDI 在脆弱国家中以多种互补的方式相互作用。例如，虽然侨汇主要用于消费，但它们被越来越多地视为投资的资源。[3] 虽然关于 ODA 和 FDI 之间的关系已经存在很多争论，但传统的智慧和实证证据指出 ODA 对 FDI 有催化作用。ODA 的组成在这方面很重要：用来资助诸如公共基础设施和人力资本投资等互补性投入的援助，已经表明吸引了 FDI，而纯实物资本转移形式的援助可能会挤出投资（Selaya and Sunesen 2012）。

FDI 在国外收入来源中的普遍性在很大程度上反映了 FCS 之间的异质性条件。

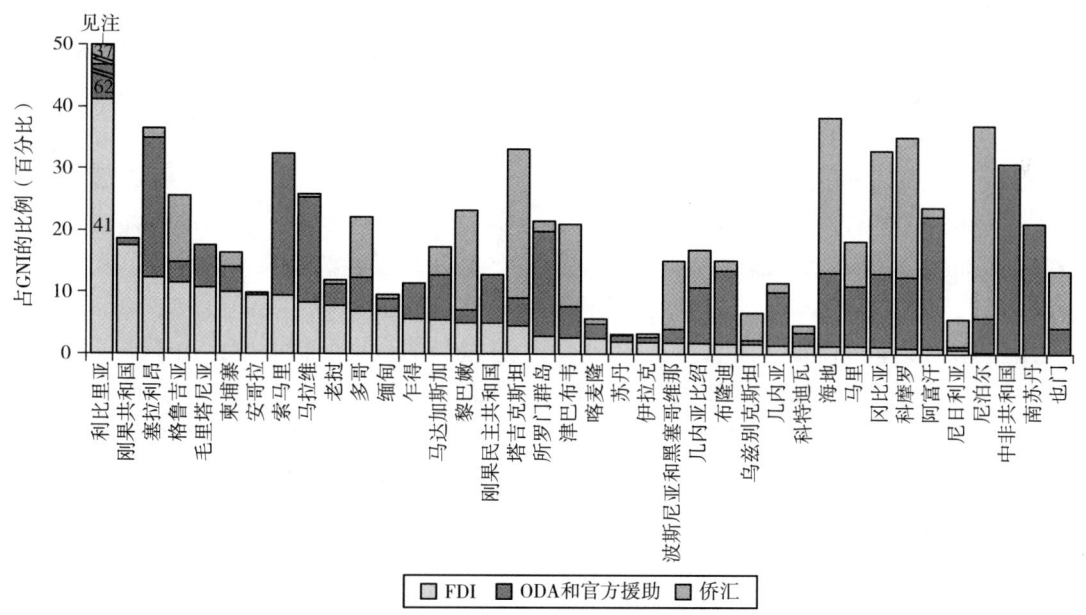

图 5.1　2015 年 FCS 对来自 ODA、离散族群和外国投资者的收入的依赖情况

资料来源：基于世界银行世界发展指标计算。

注：利比里亚 ODA 和官方援助以及侨汇的数字已被放大，实际数字在图表中注明。中非共和国和南苏丹缺少侨汇的数值。FCS = 脆弱和受冲突影响的地区；FDI = 外国直接投资；GNI = 国民总收入；ODA = 官方发展援助。

例如，汇款对于一些离散人口众多的脆弱国家（例如海地、黎巴嫩、利比里亚和尼泊尔）来说很重要。外商投资在刚果共和国和塞拉利昂这样资源丰富的国家中占有相当大的比例，而较小的低收入国家（例如岛屿国家）更依赖ODA和官方援助。转型中的不稳定地区也属于这一范畴：阿富汗、中非共和国、利比亚、索马里和南苏丹在很大程度上依赖于重建援助，而较少依赖FDI，尽管其拥有丰富的自然资源。

许多在FCS的投资仍有很大潜力

仅看经济基础（如市场的规模、增长和储蓄），再加上偏远、贸易开放性和自然资源，可能表明FCS的预期投资水平低于世界其他地区（附录5B）。在新兴经济体中，经济基本面预测的最低四分位投资主要来自FCS（图5B.1）。这一结果并不令人惊讶，因为脆弱和受冲突影响的地区与其他新兴经济体相比，其市场和世界其他地区贸易较少，而且小而偏远。

脆弱性也带来了沉重的代价：预期投资与实际投资之间的差距相当可观，突出了投资机会仍然没有得到利用的程度。考虑到脆弱性影响了用于形成预期的现有经济基础，实际投资与稳定及和平情况下可能的投资之间的差距可能更大。近年来，只有少数几个国家的预期投资和实际投资水平都很高：伊拉克、黎巴嫩、波斯尼亚和黑塞哥维那、苏丹、科特迪瓦等。目前，利比亚、叙利亚和也门等遭受高水平暴力的国家在其最新可用数据点（即冲突升级之前）也显现出了高期望值。FCS群组内所有具有较高期望值的国家要么是当地市场发达、可以吸引市场寻求型投资的国家，要么是有高投资潜力的

拥有自然资源的国家。远离大型工业经济体使其对出口导向的效率寻求型FDI吸引力更小；显著的例子是波斯尼亚和黑塞哥维那、黎巴嫩，以及相对更弱的海地。

预期投资和实际投资之间的差距在伊拉克是最高的，这个国家经历了长达20多年的长期不稳定和暴力。大多数FCS在市场规模、成长性、连通性、开放性和自然资源方面都有许多缺点，使得它们对投资者不太有吸引力。布隆迪是典型的FCS，对市场寻求型、效率寻求型和资源寻求型的投资期望很低，所有这些投资几乎完全没有实现。

投资集中于资本密集型活动

投资机会在不同脆弱地区有很大不同，因为它们在经济发展方面有很大差异。虽然FCS大多数是低收入国家，但其中的中等收入国家（例如安哥拉、波斯尼亚和黑塞哥维那、伊拉克）具有不同的机会和发展前景。此外，激烈冲突中的经济体呈现出与冲突前或冲突后所经历的情况明显不同的动态（见专栏5.1）。

尽管不完善，[4] 可用证据依然广泛证实了FCS中资本密集型活动的稀缺性，只有少数资源丰富的国家的采矿以及石油和天然气行业除外。人们可以辩称，正是在这些资本密集的行业中，由于缺乏本地竞争而存在巨大的商业机会。然而，并不总是如此，因为脆弱性阻碍了金融市场的发展，而金融市场的发展又反过来阻碍了经济增长。劳动密集型的活动，特别是服务业和农业，对大多数人口的生存是必不可少的，因此在经济中占主导地位。然而，FCS内的差异是明显的：例如，服务业的比例从利比里亚的17%到黎巴嫩的90%不等；在农业中，从利比亚的1%到利比

里亚的64%不等（图5.2）。农业部门本身是高度分散的。FCS的大量就业机会是在小农户和家庭企业[5]部门，由必要性和弹性推动而非增长。

一个国家处于发生冲突的高风险中，正在冲突中，还是冲突后，这对不同的经济活动的普遍性很重要，至少部分地解释了FCS内的差异。例如，建筑在没有全面冲突的黎巴嫩这样的FCS的经济活动中比例很高，或者正在进行大规模重建的国家，比如阿富汗或安哥拉，比例也很高。在索马里或苏丹等极度脆弱或频繁在冲突与和平间转换的国家，该行业的权重要小得多。更多的资本密集型活动，如制造业，表现出与脆弱性水平的反向线性关系，特别是因为面对脆弱性的资本外逃（IFC 2017）。

从冲突过渡到和平期间机会增加了

在FCS这一群体内，冲突后经济体提供了重要的新商业机会。和平重建与新的投资信心和经济增长有关。事实上，证据表明，在冲突之后出现了显著的高增长时期以及大量投资机会。最近的证据表明，在冲突结束后的一年中，FDI急剧增加，并且在冲突结束三年后，流量相对于冲突的最后几年增加了一倍（Mueller, Piemontese, and Tapsoba 2017）。按行业划分，建筑和服务业经历了高增长，在冲突后把劳动力从农业中拉出来。在和平之后的12年期间，每一活动的增加或减少的平均比例（图5.3）表明冲突后国家[6]和时间段的共同趋势。例如，在停止敌对行动后，国内生产总值（GDP）中农业的比例逐渐下降。[7]

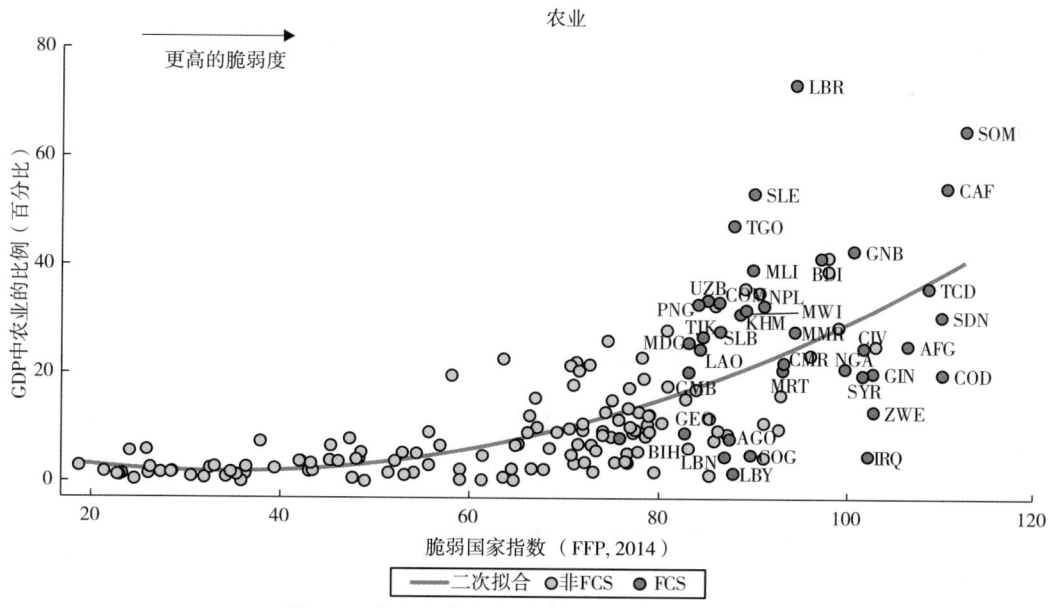

图 5.2　农业在高度脆弱的经济体中占主导地位

资料来源：基于联合国统计部门关于跨行业总附加值的数据库计算；脆弱国家指数，和平基金。

注：并不是和平基金认为所有脆弱程度高的国家都被世界银行正式归类为FCS。后一组用红色标记。FCS = 脆弱和受冲突影响的地区；GDP = 国内生产总值。

140　2017/2018 年全球投资竞争力报告

1990年至2014年，冲突后1~12年不同行业占国内生产总值比例的中位变化

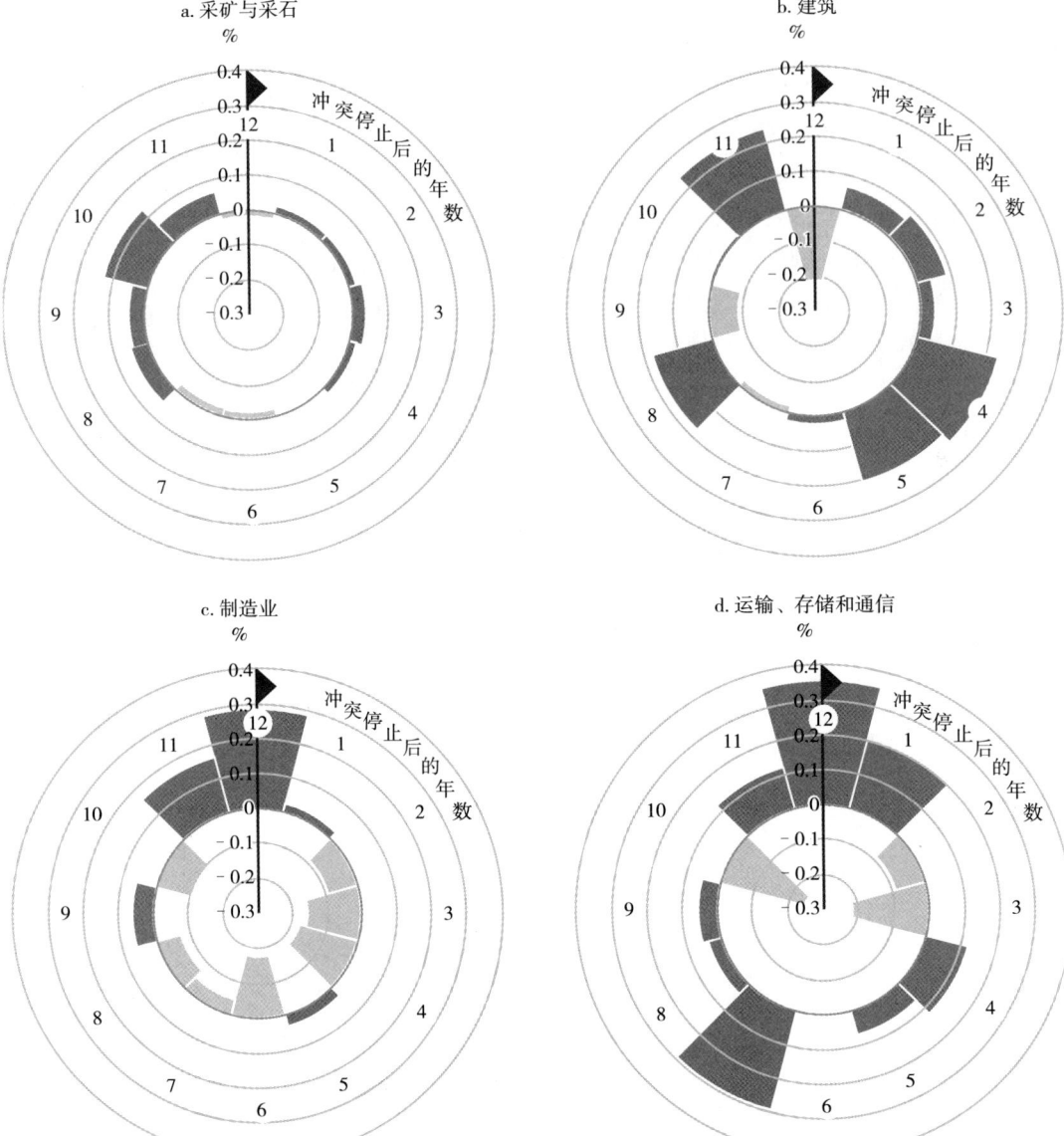

图 5.3　冲突后的增长时钟

资料来源：基于联合国统计部门关于冲突后选定经济体各行业总增加值数据库计算；乌普萨拉冲突数据集（1990~2014）。

注："增长时钟"表示的是最近从冲突向和平转变的经济体每个行业占国内生产总值（GDP）比例逐年变化的中位数。每一个冲突后经济体1~12年的条位于一个假想的时钟的时间位置。内圈代表零增长，深色条代表正的变化，而浅色条则代表负的变化。使用乌普萨拉冲突数据集（Uppsala Conflict dataset）确定了冲突停止的确切年份，样本涵盖了1990年至2014年的冲突后经济体。

在所有经济部门中，建筑业的增长在冲突后表现最为明显。该行业在短期内响应重建努力而增长，并在中期内围绕一个稳定的状态波动。这一增长的大部分代表了外国企业的机会（专栏5.2）。电信业和运输业的增长率在中期比较明显，基础设施方面弱点可能解释增长的时间滞后。多元化的必要条件只有在经历相当长时间之后才得以实现。例如，制造业往往在冲突后经济体中表现出较慢的增长，主要是因为它的成长条件需要更多的时间来实现。[8] 相比之下，矿业和其他依靠自然资源的行业一直保持稳定增长，可能是因为这些行业在冲突期间的韧性，使其在冲突后几乎没有变化。

专栏5.2

冲突后的建筑业发展和FDI机遇

冲突后国家的建筑业机会比比皆是，因为从捐赠者那里获得了可观的资金。例如，在黎巴嫩冲突结束后的第一个十年里，该国获得了约100亿美元用于重建，而波斯尼亚和黑塞哥维那在同一时期获得了54亿美元。这项活动有多少真正对外国公司和投资者有利？大得不成比例。本地企业在抓住这些机会方面处于不利地位，原因有几个：它们缺乏能力和技能来实施大型复杂项目，而且它们没有关于这种合同或如何投标的先前经验。2012年在海地的一次重建行动的调查表明，在美国国际开发署花费的数十亿美元中，有99%以上流向了外国企业。当地私营部门受益于跨国公司的程度取决于供应联系，在许多冲突后的背景下，这种联系的发展仍然是优先事项。

资料来源：Bray 2005; Porter Peschka 2011; Ramachandran and Walz 2012。

外国投资者是谨慎的

在脆弱和冲突后的情况下，投资机会是存在的，但外国投资者通常难以利用。只有当回报以足够大的额度超过风险时，跨国公司（MNC）才会选择在FCS中开展业务。此外，由于国内企业在政治经济扭曲的市场中所享有的优势，跨国公司往往集中在国内竞争力有限的活动中。

高回报和低竞争只同时发生在选定的自然资源型和其他资本密集型活动中，这取决于FCS之外的高需求。通过比较FCS和非FCS低收入国家的总投资流入的行业比例的分布，这一具体模式就可以得到确认。

虽然这两个群体的国家有显著的差异，但FCS在四大产业中表现出系统性不同：采掘业（采矿、石油、矿产品）、建筑业、林业和渔业、食品和饮料。其中，只有建筑业、食品和饮料很大程度上依赖当地的需求，在一些情况下，由外援补充。这种机会可能是由于下游价值链没有得到发展以及缺乏用于大规模生产的资本造成的。所有这些行业都是相对资本密集型的（图5.4）。

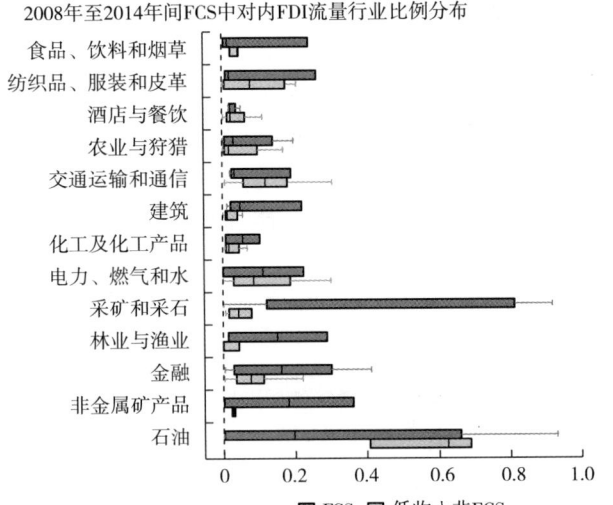

图 5.4 外国投资者集中投资在自然资源和其他一些资本密集型活动

资料来源：基于国际贸易中心投资地图数据库及世界银行世界发展指标计算。

注：在所有2008年之后存在数据的FCS（深色）的FDI总流入中，将各行业的比例分布与所有低收入和中低入的非FCS国家（浅色）的相同分布进行比较。每一个水平框都用黑线表示两组的分布的中位数；该框两端是每个分布的第25百分位（左）和第75百分位（右），即顶部和底部四分位数；并且用从该框延伸的线说明全部比例。FCS = 脆弱和受冲突影响的地区；FDI = 外国直接投资。

但投资者在进入FCS市场时更为谨慎，这一点表现在各国的绿地投资模式（图5.5）。在自然资源行业，其规模和区位选择的范围受地理位置和储量的限制。相比之下，在采掘业以外的行业，国家越脆弱，投资者就越不倾向于从事大型项目。在有明显不确定性的情况下，从一开始就避免金融风险是很重要的。投资者也往往为投资FCS的每一美元承诺更少的工作机会。这些模式可能是由于项目集中在资本密集型产业中，以及引进熟练的外籍员工太困难的原因。最后，投资者们往往将投资集中在脆弱国家最稳定的领域。

了解背景情况有助于抓住机会

为了抓住本地需求和减少操作风险以避免不想得到的后果，深入了解当地背景是成功的外商投资所必需的。尽管这适用于任何情况下的国际业务，但尤其是对投资于FCS更适用。企业在这样做时采用了许多策略。

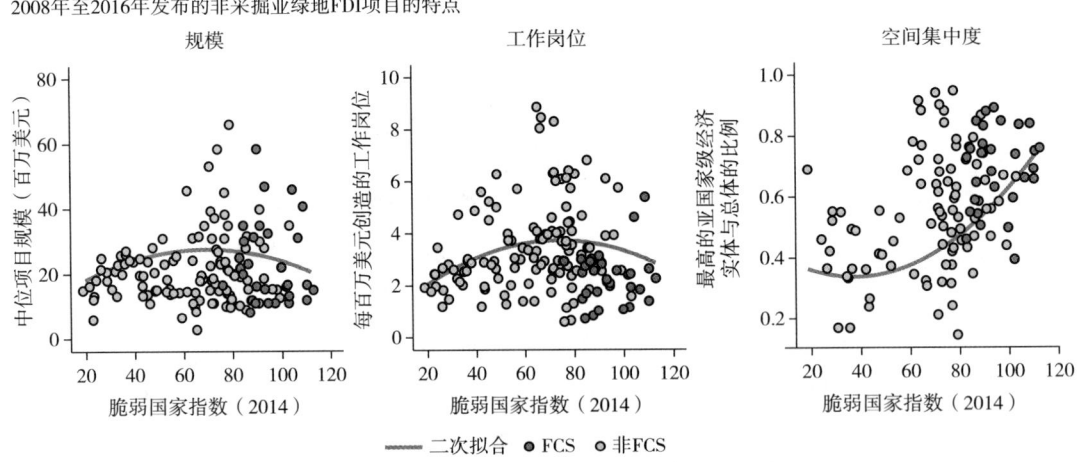

图 5.5 在自然资源投资领域之外，投资者们是谨慎的

资料来源：基于《金融时报》fDi市场数据库、脆弱国家指数（2014）、和平基金计算。

注：样本不包括采掘业。并非所有FFP列为高度脆弱的国家都被世界银行正式归类为FCS。后一组用红色表示，绿色代表所有其他国家。FCS = 脆弱和受冲突影响的地区；FDI = 外国直接投资。

与国内供应链中的当地私营部门合作在外国企业的战略中占据突出地位。本地企业往往具有较高的风险承受能力，了解当地市场和政治经济，并与当局建立联系，可以减轻跨国公司面临的风险（USAID 2016）。这些参与者承担的一些风险可以与当地供应商分担，例如通过许可协议或"合同制造"，这两者对于跨国公司而言比建立合资企业更安全（Campbell 2002）。

以所谓的冲突敏感方式运作是另一种深深植根于对当地环境的理解的策略。在脆弱环境下，企业会由于过多雇佣来自某一个族群的员工不经意地加剧当地紧张局势，为侵犯人权的当局提供收入，或培训可以在冲突中部署的安全部队。为了避免这样的陷阱以及相关的对其商业活动的风险，大型跨国公司越来越多地将"不伤害"或"冲突敏感"等概念加入运营策略，它们起源于发展和人道主义团体。采用冲突敏感的方法意味着一个公司投资于了解其运作背景的环境，意识到它可能对冲突环境产生潜在的正面和负面影响，并采取所有必要的步骤来避免引起或恶化冲突。

在所有这些情况中，相对于全球性跨国公司而言，区域性跨国公司在这些具有挑战性的背景下可能具有比较优势。例如，这一类型包括来自黎巴嫩的公司投资其他中东国家，以及来自摩洛哥和尼日利亚的公司在西非地区扩展。

这些企业充分利用了它们在世界某一特定地区是"本地"的事实，并且因为与它们的东道国市场有相似之处，对目标市场有足够的亲和力。这种亲和力会削弱风险意识，又往往会导致投资者原则上参与更大的项目，而降低本地招聘的信息不

对称性可以在提高稳定性和催化进一步投资方面产生更大的影响。这些企业应该得到开发界的特别关注。

但绿地投资有多少来自地区性企业？证据表明它代表了相当数量的公司（图 5.6）。尽管法国和英国在非洲和中东的影响仍然很大，但例如从俄罗斯联邦投向乌兹别克斯坦、马来西亚投向柬埔寨、南非投向尼日利亚、日本和泰国投向缅甸以及阿拉伯联合酋长国投向伊拉克的绿地投资证实区域内投资大规模地在FCS进行。

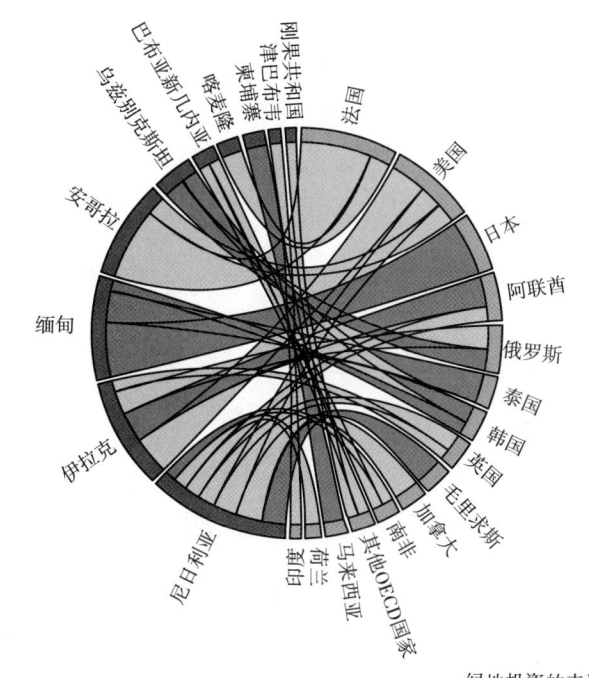

图5.6　区域投资规模大

资料来源：基于《金融时报》fDi市场数据库计算。

注：自2008年以来超过30亿美元的绿地项目的来源（图右浅色）和FCS目的地（图左深色）。圆内深色表示区域内的投资。FCS=脆弱和受冲突影响的地区；FDI=外国直接投资；OECD=经济合作和发展组织。

投资障碍：风险与困难

前几部分已经描绘了最脆弱和受冲突影响的地区投资潜力的清晰画面。即使以最低的基准来看，这个潜力仍然没有实现。数据还显示，投资者很谨慎，不涉足过多，比起在相对风险较小的环境中类似的投资，创造了更少的就业机会，而且集中在资本密集型行业。了解这些趋势的原因将有助于在FCS中创造更深层和更具包容性的市场，并扩大其投资机会。

一些全球数据源记录了投资者和企业认为是阻碍其在特定市场扩大投资能力的最大障碍。其中包括世界银行集团的企业调查[9]和世界经济论坛（WEF）的高管意见调查。[10]这类对企业高管的调查经常被用来衡量关于问题的看法，其严重程度可在各个国家和不同时期之间进行比较。当定量数据无法获得或难以收集时（如在许多FCS中），这些调查特别有吸引力。

本部分着眼于最近的高管意见调查和企业调查结果，看看对于限制在FCS投资意愿的障碍和风险这些调查告诉了我们什么。基于这些发现，该部分分析了FCS的制度现状，以了解政府采取行动促进外商投资的范围。

描绘投资者面临的困难

分析脆弱情况下企业面临的市场条件和风险时的根本问题是：

- 挑战的普遍性（即破坏性风险和市场条件对企业的影响）
- 它们对FCS来说有多特殊（也就是说，它们对于脆弱和冲突地区来说有多么不同，而不是对特定的发展水平来说有多不同）。

然而，WEF高管意见调查提供了对这两个问题的答案。对脆弱国家的约束强度的平均看法揭示了主要的挑战。FCS和非FCS低收入国家之间的平均差异决定了哪些是FCS的具体问题。通过将这两个变量绘制在散点图上（图5.7，水平轴上的严重性和垂直轴上的FCS特殊性），可以区分四组挑战：那些既严重又是FCS特有的（右上）；那些严重但与其他低收入国家相同的（右下）；那些FCS特有但不严重的（左上）；与这两个维度不那么相关的其余变量（左下）。

经营约束是最普遍的

经营约束在被调查企业心目中是一个阻碍增长的因素，影响了在脆弱环境中投资的机会（图5.7）。电力质量位列榜首，其次是市场规模（国内外）、交通基础设施和融资渠道。结果并不令人惊讶：根据几个调查，频繁且长期停电，以及缺水等情况在FCS比非FCS更常见。例如，在也门，世界银行2013年调查中表明四分之三的企业认为停电是它们运营的主要制约因素。由于类似的电网问题，在南苏丹，2014年企业消耗的所有电力的三分之二是由私人发电机生产的，这增加了运营成本，对其规模产生了上限，减少了投资回报（Speakman and Rysova 2015）。这些数字在其他领域和国家也同样显著。例如，在几内亚比绍的银行渗透率在2013年仍然低于人口的1%，四分之三的企业认为融资是企业运营的重要限制因素，与电力相当（Arvanitis 2014）。企业高管确定的约束也是相互关联的。例如，普遍的贫困造成当地的需求低，限制了当地居民能够维持的商业活动量，而由于交通基础设施质量差，往往无法接触国外市场。

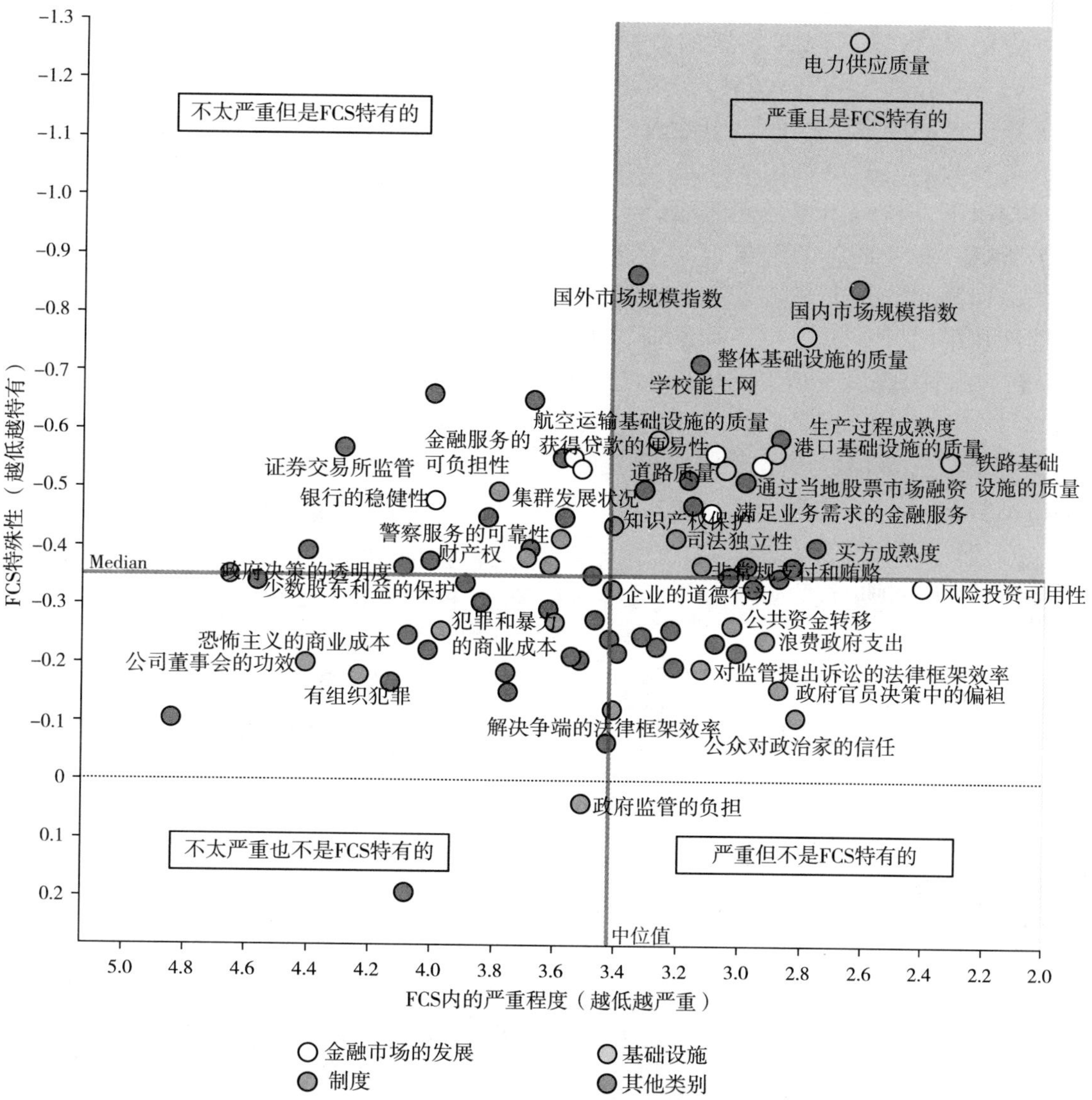

图 5.7 2016 年对脆弱和受冲突影响的地区面临的挑战的特殊性及严重程度的看法

资料来源：基于世界经济论坛全球竞争力指数数据库计算。

注：FCS=脆弱和受冲突影响的地区。

制度约束严重而多样化

企业高管还确认了一些阻碍在 FCS 进行业务扩张的制度约束。可以确认出两类制度问题：一个涉及产权及其执行的手段，第二个涉及公共治理的质量。参加调查的高管们认为知识产权的薄弱、司法独立性和争端解决是 FCS 的严重障碍。产权制度的薄弱性的严重程度低于中位数，这可能更能反映投资者在 FCS 中的涉足少，以及他们所采取的应对机制（包括政治风险保险）。

公共治理的质量也是私有部门投资 FCS 的主要障碍。不合理的支付和贿赂问题、对政府的公众信任不足、政府官员决策的偏袒被认为是严重的障碍。

WEF高管意见调查数据的分析指出了另一个强烈影响私人部门在FCS发展方式选择的因素。在FCS中经营的管理人员将政府监管的负担的严重程度列在平均以下。在FCS特异性方面，它也排名很低。企业调查的结果证实了这一点，表明高级管理人员在处理政府监管方面花费的时间在FCS中平均最低，为8.6%，在过去曾属于FCS的地区中上升到11%（图5.8）。因此，FCS中的问题可能不是监管负担，而是没有进行必要的市场监管。

运营约束的部分原因。政府的能力、监管的有效性和制度的质量与约束企业的市场条件基本上是相互关联的。例如，基础设施项目需要最起码的政府提供服务的能力，但也需要基本的监管和执法以保护投资者的产权。

制度和运行约束之间的关系的例子比比皆是。阿富汗、科特迪瓦、几内亚、伊拉克、马里、缅甸和尼泊尔的成功电力项目都涉及广泛的工作发展监管和政府行业计划、建立相关政府能力、提供项目开发前期咨询资源，以及支持补充性政府投资（例如，电力分配和提供共同融资支持及风险担保）（Mills and Fan 2006，29；USAID 2009，45，48）。

这同样适用于发展金融服务来解决资本短缺问题。银行会回避在没有可行的银行法和外汇监管的地方开办业务（Bray 2005）。最初，它们倾向专注于国际客户（如外交官和援助工作者）并可能在冲突结束后几年内不发展零售市场，直到满足这些监管条件。此外，在脆弱国家，对包括跨国公司在内的企业进入外国市场的成本高到难以承受的一个重要原因是满足认证要求的后勤负担、海关当局的腐败以及与制度和治理缺陷直接相关的其他问题（Hoeffler 2012）。

总而言之，投资者和企业在FCS面临严峻挑战。障碍的范围从市场特征到基础设施和融资约束，再结合了无数的制度约束。FCS制度薄弱，而且会持续多年。然而，这些国家的弱点之间有显著的差异（图5.9）。这些差异决定了在一个特定国家促进和吸引投资的最佳途径。

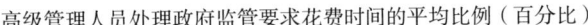

高级管理人员处理政府监管要求花费时间的平均比例（百分比）

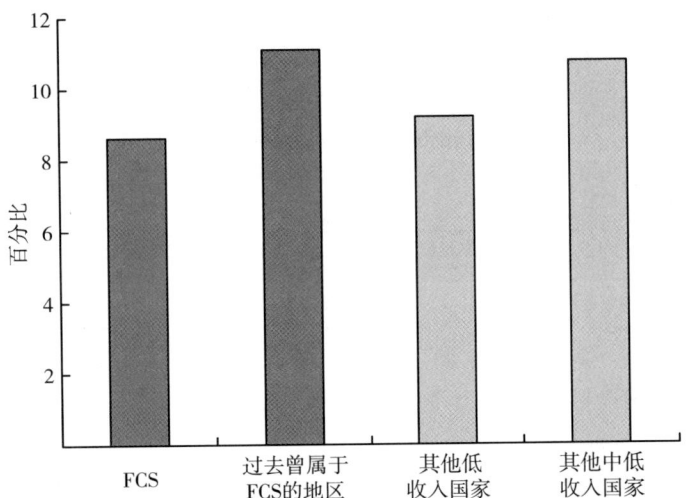

图 5.8 在 FCS 的高级管理人员花费较少的时间应对政府监管

资料来源：基于世界银行企业调查计算。

运营与制度约束之间的联系

现在分析转向了使用全球指标研究FCS公共制度的状况。目的是说明，虽然制度缺陷是FCS的标志性特征，但不同国家的明显差异对FCS中私人部门发展方法的设计具有重要意义。

FCS的制度缺陷是困扰外国投资者的

投资环境改革可以创造市场并最大化投资

投资环境改革实质上是提高国家投资竞争力的法律、监管、程序和制度改革。这样的改革会以不同的方式影响投资者做出投资决策的风险回报方程。一些改革通过提高投资政策的透明度和可预测性降低了投资者的风险。其他投资环境改革有助于增加投资机会并通过促进进入市场或鼓励集群及企业间联系来最大化投资回报。

分析人士一致认为，投资环境改革是必要的，但对于脆弱国家的私营部门发展来说是不充分的。他们的分歧在于适当的时机和改革的顺序（专栏5.3），以及广泛的干预和直接有利于特定的社区、企业、行业、经济空间或特定价值链的干预之间的平衡。

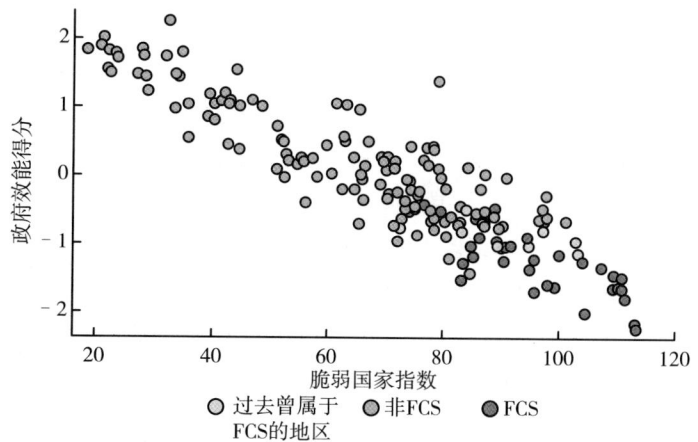

图 5.9　FCS 的不同程度的脆弱性和政府效能

资料来源：世界银行全球治理指标；和平基金脆弱国家指数。

注：政府效能是反映公共服务质量、公务员素质和相对政治压力的独立性、政策制定和执行质量，以及对这些政策的政府公信力的综合指标。这是全球治理指标数据集的一部分。

专栏5.3

经济改革的排序

关于冲突、安全与发展的《2011年世界发展报告》（世界银行集团2011）将合法制度认定为受暴力影响的国家相对没有滑向暴力的国家的"缺失因素"，尽管后者可能承受着类似的威胁和压力。2011年度报告发现，拥有良好治理指标的国家比拥有较弱的治理指标的国家发生内战的风险低30%至40%。因此，通向具有韧性的道路必须通过制度变革。然而，制度改革很困难，从低起点开始的国家更是如此。因此，如何安排优先次序是《世界发展报告》设想的走出暴力的道路的中心主题。

该报告主张优先考虑"结束和预防暴力"，这是对脆弱和受冲突影响地向的所有干预的主要目的。通过研究和分析，这份报告确定了实现这一终极目标的三个关键：安全、正义和就业。它还显示了这三个结果是如何相互关联的。例如，在科索沃，通过鼓励地区贸易创造就业机会依赖于确保连接科索沃与邻国的主要道路的安全。在莫桑比克，为前战斗人员提供生计机会是实现安全的关键。

就经济改革而言，这份报告将创造就业定义为所有努力都应面向的优先结果。因此，这一结果决定了报告所确定的次序路径。它主张通过释放改变的信号，实现短期结果，并将其转化为制度，从而建立起信心。它还强调，这个过程是一个重复的过程，是一个不断扩大的变革螺旋。

该报告将简化监管和消除投资进入壁垒作

为良好的信心建立信号,可以产生早期结果。同样,解决基础设施的限制,如电力和交通的接入,也被认为是良好的早期建立信任的干预措施,可以刺激私营部门。报告还强调了价值链发展的重要性,价值链发展可以通过技能建设,获取融资和技术,并将生产者连接到市场来实现,以此作为对脆弱的环境第二阶段的干预。更深层次的制度改革,如私有化,可能需要更长的时间,可能不适合充当早期的干预措施。

然而,报告强调,优先次序应该基于当地的背景。优先次序不应基于一个典型的处方,而是要根据对每个国家的现实评估。报告指出,具有强大制度的悠久传统的国家,例如一些受冲突影响的中等收入国家,可能可以在较早的阶段采取更雄心勃勃的制度变革,而其他受冲突影响的国家可能无法做到这一点。

报告的核心信息是,加强能够为公民提供安全、公正和工作的合法制度对于打破暴力循环至关重要。然而,这种制度变革应该采用"最佳契合"而非"最佳实践"的方法。制度变革需要时间。在20世纪,改革最快的国家也用了20年才达到了正常运转所需的官僚机构的质量水平。因此,从现实主义出发,认识到"改革的范围和速度本身就是风险因素"。

由于FCS面临的挑战和改革的短期回报压力加大,决策者倾向于不强调广泛的深层次改革,而是青睐能在创造就业和投资流动方面更快见效的干预。然而,这种趋势也带来了一些风险。从冲突经济到和平经济,从一个脆弱的市场转变为一个充满韧性和包容性的社会,在不改变游戏规则的情况下是不可能的。因此,加强市场的制度基础的有针对性的方法才是可行的。

本部分分析了传统投资环境改革方法的局限性,并概述了通过考虑各国制度能力、投资机会以及冲突和不稳定性的本质而进行的改革,成功地扩大去风险投资和扩大投资机会的路径。

投资环境改革的传统方法有其局限性

私人投资作为FCS发展的一个焦点,仅在20世纪初才引起关注。世界银行集团的独立评估小组(IEG)2013年对投资环境组合进行的调查确定了大约120个在FCS中实施的项目,平均每年12个。这表明在过去十年中,FCS中的私营部门问题受到了极大的关注。

传统的FCS投资环境改革往往倾向于主要集中在商业许可、审批和行政壁垒对私营部门增长的阻碍,以及投资促进和公私对话。许多FCS使用营商环境指标[12]来规划和制定商业环境改革策略,主要侧重于简化繁重的行政程序(IEG 2015)。

对这些改革的评估没有找到简化和投资流量或创造就业之间的关系的明确证据。考虑到在许多FCS中制度能力和政治承诺水平低,它们还质疑这种改革努力的现实性。现在很清楚,投资环境改革必须超越简化程序,必须更清楚地回应FCS的挑战和特点。

在FCS改革的早期阶段,优先考虑简化商业监管而非重整和扩张是有价值的。这种做法的理由是,这种改革给企业带来了必要的友好信号,标志着与过去不同。研究也发现这种方法会产生短期效果,这是建立对改革的信心所必需的(World Bank Group 2011, 157-66)。

因此，在概述一种考虑传统改革方法局限性的方法之前，应注意到这些方法作为更具针对性的改革方案的一部分的持续相关性：

1. 在营商环境指标的指引下改善商业环境，使FCS的改革者获得维持改革势头所需的快速胜利。
2. 营商环境改革抄近路穿过各种政府机构，如果能有效实施，这种改革可以成为建立改革者联盟的机会。
3. 简化监管和淘汰过时的规则是释放政府有效监管能力和减少寻租机会的关键步骤。

投资环境改革的新方法会创造市场

脆弱国家投资环境改革的议程很长，但制度能力通常很低，对结果的耐心有限。因此，这种改革必须服务于制度建设的长远目标，同时也要重视创造就业和吸引投资的短期目标。建立制度和发展监管能力的长期努力应与针对优先行业和支持价值链的更快见效的改革相结合。

提供最直接效果的行业应该在长期干预中优先考虑。例如，在冲突后建筑业繁荣，应优先考虑对建筑业及其他行业有利的建筑许可改革及消除进入壁垒。因此，有针对性的改革方法对FCS改革有更大的影响。

通过市场创造方法进行的投资环境改革将侧重于降低脆弱国家的投资风险，以及扩大投资机会并最大化其回报。此外，不同类型投资者的风险回报方程也不同。对所在司法管辖权区域熟悉的投资者——如本地投资者、离散族群的投资者或来自与脆弱国家有文化联系的邻国的投资者，都具备关于当地的知识，这些知识可以抵消一些可能会阻碍其他投资者的风险。注意到这一区别对于设计政策以消除由这一合适的投资者群体所面临的投资障碍是很重要的。

去风险：降低投资者面临的风险

脆弱国家对国内外投资者的最典型风险是：

- 政治冲突或私人犯罪暴力引起的安全风险
- 制度脆弱造成的政治风险

能更好地保护投资、提高透明度、鼓励以规则为基础的决策的投资环境改革可以改善投资者对政治风险的看法。为投资者创造安全区域的空间解决方案也有助于降低安全风险，并使投资机会更容易实现。

现有投资者是第一类投资者，针对这些投资者应采取去风险的干预措施。如前所述，FCS吸引了自己的先驱投资者，尽管比率较低。当投资回报超过风险成本时，投资者就来了。他们通常最初主要投资于采掘业，但也在电信、金融和建筑业进行投资。脆弱国家投资环境改革的第一步是确定现有投资者，建立投资者后续服务及投诉解决制度，以留住这些投资者。这种方法适用于所有FCS，而无论其管理能力如何。

以留住投资者为目的的政府服务也应该瞄准国内投资者。这些投资者，尤其是高增长性投资者，如果其投资风险超过回报，当然也会离开该国。因此，减少投资风险的投资者挽留干预措施也可以用来防止这种类型的资本外逃，并保护国内私有部门。

作为世界银行集团在FCS的参与活动的一部分的未发表的新投资者调查揭示，这些经济体中的投资者很适应暴力或恐怖主义的风险，但不愿或不能处理有害的监管活动或繁冗的程序等带来的问题。在一个例子中，投资者认为考虑从一个特定市场撤资或离开的首要因素是监管及程序限制。[13]

投资者后续服务和投诉解决机制应考虑到政府的制度能力。它们也应该反映国家的政治经济。在FCS中，投资者的不满很可能来自于正式的政府行为，也可能来自非正式的规则和制度，如习惯法和部落权威。建立和识别此类不满的任何机制都应该能够影响正式和非正式的决策（Echandi 2013）。

针对那些显示出更高水平安全性和稳定性的亚国家区域的投资环境改革是降低风险的另一种方式，并为经济活动创造更安全的空间。这种方法可以与经济特区（SEZs）或其他类型的空间解决方案相结合，以使FCS的投资者安心。除了将地理上面临的冲突最小化，经济特区还可以帮助解决一些其他问题，如基础设施、监管或技能缺陷。这些区域也可以在一个关键的企业群体中促进知识和技能沿着当地价值链转移。这些方法的变体已经在脆弱地区进行了尝试，结果有好有坏。一个关键的困难是在制定和实施一个连贯、有响应性和合理的经济特区方案时需要足够的国家能力，而不能受既得利益集团的影响（AFDB 2015）。

在伊拉克，超过50%的人口受到2016年的冲突影响，私人投资流向更稳定的地区，如南部的巴士拉和北部的库尔德地区。鼓励私营部门发展的制度改革是在亚国家层面上进行的。伊拉克自然资源多，人口多，人均GDP高，有长期的制度传统，因此严重和广泛的冲突并没有妨碍投资和改革的机会。

最大化投资机会

鼓励正式化并支持有高成长潜力的企业

冲突和不安全的主要影响之一是过度的商业非正式性。为了应对冲突和脆弱性，高潜力的国内企业更倾向于远离该国，而小企业往往是非正式的，"隐形"，以避免公共部门的骚扰或勒索。这些趋势降低了经济活动的规模和生产力，破坏了市场的发展。当不得不依赖外国投入品时，这增加了运营成本。在某些情况下，在必需的投入品无法确保的情况下，可能会导致投资机会无法实现。因此，鼓励正式化并支持具有高增长潜力的国内企业是脆弱国家私营部门发展战略的关键组成部分。

虽然并非所有的经济活动都必须正式化，但要建立市场、让投资流动，必须有相当高的正式化程度。如果没有正式化，国内企业就不能吸引股权投资，外国投资者也不能通过与国内企业合作而进入市场。

帮助高增长经济活动转向正规部门的投资环境改革是这一过程的关键。根据脆弱性的程度，改革的要求可以很简单，如建立一个运作良好的公司注册程序和引入适当的公司法律。在其他情况下，可能需要其他正式化的激励。

联系国内企业与外国直接投资者

冲突和脆弱的另一个成本是市场的碎片化、企业集群和跨行业联系的减少。商业集群的不发达对脆弱的国家构成了严重的制约。这一点，结合当地市场的典型的较小的规模，突显了专注于发展本地供应商并将其与在该国经营的外国投资者联系起来的投资环境改革的重要性。

由于对脆弱国家的投资集中在少数

行业（如采掘业、建筑业和电信，不同国家有所不同），因此为了发展联系，应该把重点放在特定国家吸引投资的行业。

有针对性的投资促进工作

除了冲突和脆弱性外，FCS投资流动的关键阻碍之一是缺乏可靠和可获得的国家层面信息，这对于投资者的决策非常重要。更好地获取信息有助于抵消媒体报道的冲突和脆弱性造成的不良国家形象和声誉的负面影响。为此，改革必须建立国家机构开展有针对性的招商引资活动的能力。该国还必须能够描绘其投资机会，并确定具有潜在投资吸引力的行业。

最后，如前所述，高技能劳动力和国内大投资者倾向于在冲突期间逃离该国。针对这一潜在的离散投资者群体也需要有针对性的投资促进和吸引策略。离散族群的政治经济因国家而异，将冲突的现实考虑在内制定量身定做的策略是至关重要的。

采取区域性方式

许多FCS的特点是国内市场小，制度能力弱，这限制了它们吸引投资者和减轻投资者风险的能力。因此，投资环境改革的区域性方式可以增强干预措施的市场创造潜力。干预措施可以从几个方面从区域的维度中受益：

1. 一些FCS的投资机会可能在于存在一个大的邻国市场。市场规模所带来的投资机会不仅通过国内市场的规模来衡量，或通过进入全球市场来衡量，也可以通过与脆弱国家接壤的区域市场的规模来衡量。一个脆弱的小国家，如波黑或科索沃，由于接近富裕的区域市场，会有重要的投资机会。旨在发展国内私营部门和吸引外商投资的投资环境改革必须考虑到这一潜在可能性。

2. 脆弱和受冲突影响地区的低增长和贸易疲软的主要原因之一是投资者缺乏信心和高度的风险预期。这些国家需要承诺机制来发出改变的信号，以便让投资者安心并提高他们的信心（世界银行集团2011，283-84）。带有市场准入承诺和法律协调倡议的区域一体化协议为脆弱国家提供了通过参与这些协议及其相互监督机制而发出信号的机会。

3. 区域参与者之间的技术和行政资源的合作可以弥补FCS中的制度能力不足（世界银行2011）。这种方法可能被认为是投资环境改革的一部分。例如，邻国可以建立国家质量基础设施和标准，这是作为共享的区域制度加以执行所必需的。良好且执行有力的产品质量标准是市场准入和获得国外市场竞争力的先决条件。

邻国和同一区域内的国家有动机来支持脆弱国家脱离脆弱性。冲突动态不会停留在边界之内，声誉和冲突风险都会蔓延到邻国。因此，区域组织在减少区域内脆弱性方面发挥了越来越大的作用。

总而言之，投资环境改革是市场从冲突走向和平、从脆弱性到韧性的必由之路。游戏规则的深刻改变是必不可少的。FCS的政府能力有限，加上改革努力获得快速和积极回报的迫切需求，需要能大大提高该国的投资环境的平衡战略。去风险、留住投资、促进现实投资机会的投资促进措施、以及最优化地使经济体正式化以促进国内外投资之间的联系，是这一战略的关键要素。

结论

脆弱国家的投资者面临着广泛的不利市场条件，尽管有些类似于其他发展中国家市场所面临的问题，如熟练劳动力短缺、资本稀缺和基础设施缺陷。FCS的这些条件的严重性，加上安全风险及缺乏制度能力和合法性，在FCS中产生了很差的投资环境。

在FCS的投资远低于潜在的投资。它也集中在有限数量的资本密集型行业，创造的就业岗位比不那么脆弱的环境少。投资者自然是谨慎的。如果一家企业决定投资，回报必须超过风险。但是脆弱国家的高风险使得许多投资机会不可行。

在FCS中运营的企业有多种选择来应对其面临的障碍，并降低成本、风险和挑战。跨国公司在规模、人员配置和定位方面的战略选择往往旨在同时应对多重挑战和风险。例如，雇佣当地员工可以获得当地的情报，有助于减轻安全风险，同时也可以吸引当地社区。投资者访谈（IFC 2017）中记录的一些策略包括综合管理和尽职调查系统；战略性地定位仓库和生产地点；分层投资；国际标准；规模、供应和商业计划的灵活性；支持政府运作。

对当地情况更了解的投资者，如区域投资者和离散投资者，还有其他应对脆弱国家的机制。熟悉FCS环境的投资者往往能够更好地应对，承担更多风险，接受较低的回报。数据显示，对脆弱国家的区域内投资流量正在增长。这些趋势强调了区域性投资来源和区域性方式在脆弱性转型中的重要性。

随着发展援助变得越来越受限于FCS的重建和发展需求，私人投资在使国家摆脱脆弱性方面的意义将继续增加。这强调了在FCS中吸引投资和发展私营部门的积极战略的必要性。

本章的核心信息是，考虑到冲突的经济基础的中心性，从脆弱的状态中脱身需要对传统的经济发展方法进行重大修改。降低投资者风险并最大化机会的市场创造型投资环境改革是成功的关键。

企业特定的策略显然局限于其所能达到的目标。而且，尽管它们可以使公司免受伤害，但它们无法整体或永久地解决与脆弱性相关的风险。考虑到许多风险本质上是脆弱国家定义的一部分，即使是大公司的战略也只能在解决这些问题时走得稍远而已。针对FCS背景的投资环境改革对减少投资者的风险和创造投资市场有很大的帮助。

附录5A. FCS的定义

世界银行集团的脆弱、冲突和暴力小组（正式名称冲突、安全与发展中心，CCSD）每年发布"脆弱地区调和名单"。第一个这样的清单是在2006财年编制的，从"压力下的低收入国家名单（LIUS）"（2006年至2009年）到"脆弱国家名单"（2010），到目前"脆弱地区调和名单（2011~2015）发生了一系列分类变化。随着世界银行集团对受暴力和不稳定性影响的国家的发展挑战的理解已经成熟，这个概念和名单已经有所演变（参见世界银行集团2016）。

在过去的三年里，"脆弱地区"是指过去三年国家政策和制度评估（CPIA）的国家分数调和平均数为3.2或更低，或存在联合国或地区维和任务或和平建设任务。该清单仅包括符合IDA资格的国家和无CPIA数据的非成员国或无活动的地区/国家。CPIA评级低于3.2的国际复兴开发银行（IBRD）

的国家由于未公开CPIA评级而不进入此列表；此处包括的国际复兴开发银行国家只有有维和、政治或和平建设任务的才列入——因此这里没有引用其CPIA评级。

2017年的FCS名单包括阿富汗、布隆迪、中非共和国、乍得、科摩罗、刚果民主共和国、科特迪瓦、吉布提、厄立特里亚、冈比亚、几内亚比绍、海地、基里巴斯、科索沃、利比里亚、马达加斯加、马里、马绍尔群岛、密克罗尼西亚联邦、缅甸、巴布亚新几内亚、塞拉利昂、所罗门群岛、索马里、南苏丹、苏丹、多哥、图瓦卢和也门。地区：约旦河西岸和加沙。混合：津巴布韦；仅国际复兴开发银行：伊拉克、黎巴嫩、利比亚和叙利亚。

自第一次汇编以来出现在世界银行名单中的国家包括安哥拉、波斯尼亚和黑塞哥维那、柬埔寨、喀麦隆、刚果共和国、格鲁吉亚、几内亚、老挝、黎巴嫩、马拉维、毛里塔尼亚、尼泊尔、尼日利亚、圣多美和普林西比、塔吉克斯坦、东帝汶、汤加、乌兹别克斯坦和瓦努阿图。

附录5B. 基于经济基础的投资预期

文献中使用FDI的预测值和实际投资的偏差来形成基于学术或政策兴趣的特定问题的期望（参见Bellak, Leibrecht, and Stehrer 2008；Brenton and Di Mauro 1999；Demekas and others 2007）。出于同样的目的，也会有综合指数形式的非计量经济估计被公布（参见Maza and Villaverde 2015；Rodríguez, Gómez, and Ferreiro 2009；UN 2012），尽管它们没有直接描述外国投资的流量。

这些做法有明显的局限性：它们依赖对外国投资的动机的假设；是对过去的记录而不是对未来的预测；它们被设计来回答从不同研究的不同的问题。此外，估计受到特定国家数据可用性的限制。FCS的数据约束尤其严重，其中大部分缺乏完整和最新的动机集。因此，估计仅用于说明在某些特定时间点的脆弱性成本，不适用于具有前瞻性的特定国家政策建议，也不适用于国家排名。

在这一做法中，根据脆弱性估计效果的有记录的经济基础 net，计算FDI流量的预测值，以确定FDI的期望流入量。将脆弱性的负面影响与回归的预测流入量（即拟合值）分离，将得到对该期望的估计。

使用以下对数线性方程对投资建模：

$$I_{it} = a + y_{it}\beta + f_{it}\gamma + d_t + \varepsilon_{it}, \quad I_{it} \in \mathbb{R}^+,$$

因变量 I_{it} 对应某年 t 在 i 国的投资流入的对数；y_{it} 是表示国家特征的向量（表5B.1）；f_{it} 对应FFP的脆弱状态指数；d_t 是 t 年的固定效应；ε_{it} 是误差项。样本包括世界上所有的非高收入国家，标准误是异方差一致的（稳健估计）。此外，样本不是双边的，因此存在极少量零点，而不保证基于特殊分布的回归。

在五种变量中，特别用于投资的模型与表5B.1的最后一列相对应，没有用人口作为国家规模的度量，但包括储蓄占GDP的比例。固定效应仅包括年，但没有引入国家固定效应，以避免通过特异性效应吸收脆弱性的影响。

预测被分解成两个向量：（a）与脆弱性无关的协变量向量；（b）脆弱性的估计影响及误差。对国家 i 在 t 年的第一种向量的结构性预测是：

$$\hat{I}_{it} = \left(a + y_{it}\hat{\beta} + \hat{d}_t\right) + f_{it}\hat{\gamma}$$
$$= structural\ prediction + f_{it}\hat{\gamma}$$

表 5B.1　回归系数

变量	OLS估计				
	I	II	III	IV	V
GDP增长（百分比）	0.023***	0.026	0.026		0.052***
	(0.008)	(0.017)	(0.017)		(0.012)
国内生产总值（log）	1.136***	0.876***	0.909***	0.919***	0.938***
	(0.035)	(0.053)	(0.022)	(0.021)	(0.029)
人口（log）	−0.207***	0.042			
	(0.034)	(0.061)			
贸易开放度（(X+M)/GDP）	0.011***	0.011***	0.011***	0.011***	0.010***
	(0.001)	(0.001)	(0.001)	(0.001)	(0.001)
自然资源（占国内生产总值的百分比）	0.003	0.008***	0.008***	0.008***	0.014***
	(0.002)	(0.003)	(0.002)	(0.002)	(0.004)
内陆（=1）	−0.113	−0.261***	−0.253***	−0.203**	−0.339***
	(0.071)	(0.092)	(0.095)	(0.087)	(0.116)
靠近世界市场 ∑（外国国内生产总值/距离）	0.111	0.115	0.098	0.091	0.275***
	(0.079)	(0.093)	(0.094)	(0.093)	(0.094)
脆弱国家指数		−0.016***	−0.014***	−0.013***	−0.019***
		(0.003)	(0.003)	(0.003)	(0.003)
储蓄（占国内生产总值的百分比）					−0.014***
					(0.004)
国家固定效应	否	否	否	否	否
时间（年）固定效应	是	是	是	是	是
N=观测次数	2074	882	882	884	738
R^2	0.753	0.766	0.765	0.761	0.771

资料来源：基于注释中数据源的计算。

注：标准误在估计系数下的括号内。

***p< 0.01；**p <0.05；*p <0.1。

表中数据来源如下：

变量	来源
FDI流入（log）	投资地图数据库，国际贸易中心
脆弱国家指数	和平基金（2014）
国内生产总值（log）	世界发展指标（2016），世界银行
国内生产总值增长	世界发展指标（2016），世界银行
人口	世界发展指标（2016），世界银行
储蓄	世界发展指标（2016），世界银行
贸易开放度	世界发展指标（2016），世界银行
与世界市场的距离	CEP II（2012）
内陆	CEP II（2012）
自然资源	CEP II（2012）；世界发展指标（2016），世界银行

2008~2014年脆弱性和预期的FDI流量

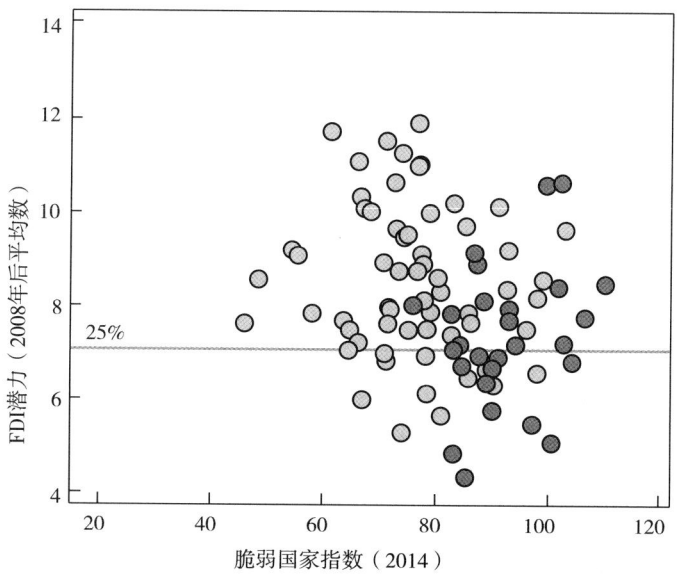

图 5B.1 预期的对内投资在不同 FCS 有所不同

资料来源：基于国际贸易中心投资地图数据库计算。

注：横线表示底部四分位数的上阈值。散点图显示了预测的FDI和脆弱性水平，FCS为深色，其他发展中国家为浅色。FCS = 脆弱和受冲突影响的情况；FDI = 外国直接投资。

某些FCS可以获得按活动的来源或行业细分FDI流量，但基于该层面投资潜力的信息极大地减少了样本量，因此没有采用。

注释

1. FCS的定义和经济体名单见附录5A。
2. 资本逃离不确定性和冲突（Knight, Loayza, and Villanueva 1996; Fielding 2004）；外国企业经常在动乱期间成为袭击的目标（Czinkota and others 2010; Lutz and Lutz 2014）。
3. 利比里亚侨民基金是一个例子，来自国外的流散利比里亚人汇款汇集在一起，并与各种行业的投资相匹配。
4. 国民账户数据不包括非正规经济，在脆弱和受冲突影响的情况下，非正规经济可能是十分重要的。2005~2010年非正规经济规模的最新估计显示非常高的数字：乍得69%，刚果民主共和国77%，尼泊尔86%，莫桑比克87%（见Charmes 2012）。正式经济中的数字也可能由于统计机构的资源有限（未经充分培训的人员；没有调查资源；过时的监控系统）妨碍定期更新。冲突最终导致对人口统计结构和经济结构的冲击，统计机构只能在暴力停止后几年才能捕捉到这些冲击。例如，在厄立特里亚、利比亚和叙利亚，GDP数据在过去六年没有更新。
5. 家庭企业可以包括各种服务活动（例如美发、修理、销售商品）以及工业活动（例如烧炭、制砖、铁器加工、粮食加工）和手工活动（例如木工、服装、建筑）。制造业中的家庭企业往往随着时间的推移而被工厂取代，因此随着时间的推移，它们比服务业的家庭企业更快地消失（见Filmer and Fox 2014）。
6. 此图中冲突后的国家包括自1990年以来发生冲突的FCS，再加上官方名单外的11个：阿尔及利亚、哥伦比亚、埃塞俄比亚、危地马拉、莫桑比克、尼加拉瓜、秘鲁、卢旺达、斯里兰卡、乌干达和乌克兰。
7. 阿富汗、中非共和国、刚果共和国、苏丹和津巴布韦是劳动力从农业转移到其他行业导致的服务业增长最为明显的地区。
8. 制造业的增长只在黎巴嫩、密克罗尼西亚联邦、东帝汶或图瓦卢等小国发生，原因可能与冲突后的过渡无关。
9. 企业调查是对一个经济体私营部门的代表性抽样的一次企业级调查。调查涵盖了广泛的商业环境议题，包括获取资金、腐败、基础设施、犯罪、竞争和业绩衡量。自2002年以来，世界银行从148个经济体的15.5万多家公司的高层管理者和企业主面对面的访谈中收集了这些数据。参见 www.enterprisesurveys.org。
10. 世界经济论坛（WEF）高管意见调查是最全面的数据集之一，它提供了关于企业在各个国家所面临的挑战的详细见解。在其2016年最新版本中，来自141个国家的14723位企业高管对国内市场和国家的80多个变量进行了评估。
11. 例如在利比里亚，政府在基础设施方面的持续投资不足导致公共道路网络和能源基础设施的维护不佳，其中大部分在随后的长期冲突中被破坏。尽管在冲突之后重建，港口和其他必要的基础设施不能满足当地的需求。
12. 世界银行集团的营商环境项目为190个经济体及亚国家级选定城市中的本地企业的商业监管情况提供了客观的度量。参见 http：//www.doingbusiness.org/。
13. 这类调查通常作为诊断政府的一部分来进行，这是建议政府改善投资环境的最佳途径。他们没有公布，因此，指定的国家进行这样的调查是不可能的。

参考文献

AfDB (African Development Bank). 2015. *Special Economic Zones in Fragile Situations—A Useful Policy Tool?* Abidjan: African Development Bank.

Arvanitis, Y. 2014. "Providing Efficient Banking Services in a Fragile Environment—Structure, Performance and Perspectives of the Banking Sector in Guinea-Bissau." West Africa Policy Note No. 1, Abidjan: African Development Bank.

Barbieri, Katherine, and Rafael Reuveny. 2005. "Economic Globalization and Civil War." *Journal of Politics* 67 (4): 1228–47.

Bray, J. 2005. "International Companies and Post-Conflict Reconstruction—Cross-Sectoral Comparisons." Social Development Papers, Conflict Prevention and Reconstruction Series no. CPR 22, World Bank, Washington, DC.

Bellak, C., M. Leibrecht, and R. Stehrer. 2008. "Policies to Attract Foreign Direct Investment: An Industry-Level Analysis." Presentation at the OECD Global Forum on International Investment, Paris, France,

March 2008.

Brenton, Paul, and Francesca Di Mauro. 1999. "The Potential Magnitude and Impact of FDI Flows to CEECs." *Journal of Economic Integration* 14: 59–74.

Campbell, A. 2002. "The Private Sector and Conflict Prevention Mainstreaming: Risk Analysis and Conflict Impact Assessment Tools for Multinational Corporations." Mimeo. Carleton University.

Charmes, Jacques. 2012. "The Informal Economy Worldwide: Trends and Characteristics." *Margin: The Journal of Applied Economic Research* 6 (2): 103–32.

Collier, Paul. 2009. "Post-Conflict Recovery: How Should Strategies Be Distinctive?" *Journal of African Economies* 18 (1): 99–131.

Czinkota, M. R., G. Knight, P.W. Liesch, and J. Steen. 2010. "Terrorism and International Business: A Research Agenda." *Journal of International Business Studies* 41 (5): 826–843.

Demekas, D. G., H. Balász, E. Ribakova, and Y. Wu. 2007. "Foreign Direct Investment in European Transition Economies—The Role of Policies." *Journal of Comparative Economics* 35 (2):369–86.

Echandi, R. 2013. "Complementing Investor-State Resolution: A Conceptual Framework for Investor-State Conflict Management." In *Prospects in International Investment Law and Policy*, edited by R. Echandi and P. Sauvé, 270–306. Cambridge: Cambridge University Press.

Fielding, D. 2004. "How Does Violent Conflict Affect Investment Location Decisions: Evidence from Israel During the Intifada." *Journal of Peace Research* 41 (4).

Filmer, D., and L. Fox. 2014. *Youth Employment in Sub-Saharan Africa*. Africa Development Series. Washington, DC: World Bank.

Fund for Peace. 2016. "Fragile States Index." http://fundforpeace.org/fsi/.

Gissinger, R., and N. P. Gleditsch. 1999. "Globalization and Conflict. Welfare, Distribution, and Political Unrest." *Journal of World-Systems Research* 5 (2): 274–300.

Hallward-Driemeier, M., and L. Pritchett. 2015. "How Business Is Done in the Developing World: Deals versus Rules." *Journal of Economic Perspectives* 29 (3): 121–40.

Hoeffler, A. 2012. "Exporting from Fragile States: Challenges and Opportunities." OECD Working Paper 4, OECD, Paris.

IFC (International Finance Corporation). 2017. *Private Enterprise in Fragile and Conflict Situations*. Washington, DC.

IEG (Independent Evaluation Group). 2015. *Investment Climate Reforms: An Independent Evaluation of World Bank Group Support to Reforms of Business Regulations*. Washington, DC: World Bank.

International Dialogue for Peace-Building and State-Building. 2016. *International Standards for Responsible Business in Conflict-Affected and Fragile*

Environment. Paris: OECD.

Knight, M., N. Loayza, and D. Villanueva. 1996. "The Peace Dividend: Military Spending Cuts and Economic Growth." Policy Research Working Paper 1577, World Bank, Washington, DC.

Liu, C., and E. Harwit. 2016. "The Effectiveness of Private Sector Development in Fragile and Conflict Affected Situations: Evidence from Evaluations." IFC, Washington, DC.

Lutz, B. J., and J. M. Lutz. 2014. "Terrorism and Its Impact on Foreign Economic Activity in Sub-Saharan Africa." *Journal of Business and Economics* 5 (4): 249–58.

Maza, A., and J. Villaverde. 2015. "A New FDI Potential Index: Design and Application to the EU Regions." *European Planning Studies* 23 (12): 2535–65.

Mills, R., and Q. Fan. 2006. "The Investment Climate in Post-Conflict Situations." Policy Research Working Paper 4055. World Bank, Washington, DC.

Mueller, H. F., L. Piemontese, and A. Tapsoba. 2017. "Recovery from Conflict: Lessons of Success." Policy Research Working Paper 7970, World Bank, Washington, DC.

Polachek, S. W., and D. Sevastianova. 2012. "Does Conflict Disrupt Growth? Evidence of the Relationship between Political Instability and National Economic Performance." *The Journal of International Trade and Economic Development* 21 (3): 361–88.

Porter Peschka, M. 2011. "The Role of the Private Sector in Fragile and Conflict-Affected States." Background Paper for the World Development Report, The World Bank, Washington, DC.

Ramachandran, V., and J. Walz. 2012. "Haiti: Where Has All the Money Gone?" CGD Policy Paper 004. Center for Global Development, Washington, DC.

Rodríguez, C., C. Gómez, and J. Ferreiro. 2009. "A Proposal to Improve the UNCTAD's Inward FDI Potential Index." *Transnational Corporations* 18 (3): 85–114.

Selaya, P., and E. R. Sunesen. 2012. "Does Foreign Aid Increase Foreign Direct Investment?" *World Development* 40 (11): 2155–76.

Speakman, J., and A. Rysova. 2015. *The Small Entrepreneur in Fragile and Conflict-Affected Situations*. Washington, DC: World Bank.

UN (United Nations). 2012. *World Investment Report, 2012*. Geneva: UN.

USAID (United States Agency for International Development). 2009. "Diaspora Direct Investment (DDI): The Untapped Resource for Development." Washington, DC.

———. 2016. *Local Private Sector Partnerships: Assessing the Sate of Practice*. Washington, DC: USAID.

WEF (World Economic Forum). 2016. *The Global Competitiveness Report 2016*. Geneva: WEF Publishing.

World Bank Group. 2009. *The Costs of Violence*. Washington, DC: World Bank.

———. 2011. *World Development Report 2011: Conflict, Security and Development:*

2011. Washington, DC: World Bank.

———. 2014. "Promoting Foreign Investment in Fragile and Conflict-Affected Situations." Investment Climate in Practice No. 22. World Bank, Washington, DC.

———. 2016. "Information Note: The World Bank Group's Harmonized List of Fragile Situations." http://pubdocs.worldbank.org/en/586581437416356109/FCS-List-FY16-Information-Note.pdf.

词汇表

行为激励：意在鼓励特定投资者行为的投资激励，这些投资者行为如雇佣当地员工、投资于创新或使用当地供应商以建立联系。

双边投资协定：两个国家签订的协议，规定了一国实体在另一个国家进行私人投资的条款和条件。

竞争效应：外国企业和国内企业之间的竞争，可以导致企业提高效率和升级生产过程。

示范效应：FDI对东道国经济的一种溢出效应，即国内企业通过观察或雇佣外国公司培训的工人来复制国外技术或管理方式，从而提高生产率。

发达国家：发达国家是指在本书中定义的高收入国家。

发展中国家：发展中国家包括本书中定义的低、中低、中高收入国家。在有关对外直接投资（OFDI）的一章中，这些经济体是按照1995年收入类别进行划分的，即使在未来几年最终超过高收入门槛，它们仍被归于发展中类别。这些国家包括阿根廷、智利、克罗地亚、捷克、爱沙尼亚、赤道几内亚、希腊、匈牙利、拉脱维亚、立陶宛、毛里求斯、阿曼、波兰、俄罗斯联邦、沙特阿拉伯、斯洛伐克、斯洛文尼亚、特立尼达和多巴哥、乌拉圭、委内瑞拉。

《营商环境报告》：这项世界银行集团（WBG）项目提供了对190个经济体和亚国家及区域层面上选定城市的商业监管及其执行的客观度量。该项目于2002年启动，着眼于国内中小企业，并衡量在其整个生命周期内适用的监管。

东亚和太平洋地区（EAP）：世界银行集团（WBG）定义的这一区域包括美属萨摩亚、澳大利亚、文莱、柬埔寨、中国、斐济、法属波利尼西亚、关岛、中国香港特别行政区、印度尼西亚、日本、基里巴斯、朝鲜、韩国、老挝、中国澳门特别行政区、马来西亚、马绍尔群岛、密克罗尼西亚联邦、蒙古国、缅甸、瑙鲁、新喀里多尼亚、新西兰、北马里亚纳群岛、帕劳、菲律宾、萨摩亚、新加坡、所罗门群岛、中国台湾、泰国、东帝汶、巴布亚新几内亚、汤加、图瓦卢、瓦努阿图和越南。在本报告中，区域中被调查的国家可能是实际区域分组中的较小子集。

效率寻求型FDI：FDI有四大动机，其中之一的效率寻求型FDI是投资者利用区位特定因素来追求提高生产成本效率。这些投资者也被称为"成本竞争型投资者"。在这份报告和全球投资竞争力（GIC）的调查中，他们是把"降低生产成本"或"建立新出口基地"作为投资动机的调查对象。

企业调查：世界银行集团对一个经济体私营部门的代表性样本进行的企业层面调查。这项调查涵盖了广泛的商业环境议题，包括获取资金、腐败、基础设施、犯罪、竞争和业绩衡量。自2002年以来，世界银行集团通过与148个经济体中15.5万多家公司的高层管理者和企业家面对面的访谈收集了这些数据。

欧洲和中亚地区（ECA）：世界银行集团定义的这一区域包括阿尔巴尼亚、安道尔、亚美尼亚、奥地利、阿塞拜疆、白罗斯、比利时、波斯尼亚和黑塞哥维那、保加利亚、海峡群岛、克罗地亚、塞浦路斯、捷克、丹麦、爱沙尼亚、法罗群岛、芬兰、法国、格鲁吉亚、德国、直布罗陀、希腊、格陵兰、匈牙利、冰岛、爱尔兰、马恩岛、意大利、哈萨克斯坦、科索沃、吉尔吉斯共和国、拉脱维亚、列支敦士登、立陶宛、卢森堡、前南马其顿、摩尔多瓦、摩纳哥、黑山、荷兰、挪威、波兰、葡萄牙、罗马尼亚、俄罗斯、圣马力诺、塞尔维亚、斯洛伐克、斯洛文尼亚、西班牙、瑞典、瑞士、塔吉克斯坦、土耳其、土库曼斯坦、乌克兰、英国和乌兹别克斯坦。在本报告中，区域中被调查的国家可能是实际区域分组的较小子集。

行业出口比例：根据美国经济分析局（BEA）以非东道国销售额除以总销售额计算得出。

FDI流入量：在报告期内，本地居民直接投资企业与直接投资方之间所有流向报告经济体的债务和资产转移，通常报告期为一年。

FDI流出量：在报告期内，居民直接投资者和直接投资企业之间从报告经济体向外国转移的所有负债和资产，通常报告期为一年。

FDI溢出效应：外国企业的存在对国内企业的经济绩效的影响。正的FDI溢出效应表明，国内企业通过与跨国公司的直接和间接互动获取外国技术和前沿知识。

FDI存量：根据经济合作与发展组织（OECD）的数据，FDI存量是在一个给定时间点，通常是一个季度末或年底，对直接总投资的度量。它代表了本地居民投资者在报告经济体的企业中的权益和净贷款的价值。

外国分支机构：描述外商投资会采取的各种类型实体的通称。分支机构可以是附属公司、分公司或驻留在东道国的任何其他企业，这样的企业由非常驻机构单位控制。

外国直接投资（FDI）：根据国际货币基金组织（IMF），FDI是一个经济体中的常驻实体所做的一类国际投资，其目标是在一个并非投资者常驻的经济体中的企业建立长远利益。长远利益指的是直接投资者与企业的长期关系，以及直接投资者对直接投资企业的管理的显著影响。FDI的组成部分包括股权、公司内部债务和再投资收益。

脆弱和受冲突影响的地区（FCS）：在过去的三年中，国家政策和制度评估（CPIA）国家评级的调和平均数为3.2或更低的地区，或者有联合国或地区性维和或和平建设任务的经济体群组。这些国家包括符合IDA资格的国家，以及没有CPA数据的非成员国或无活动的国家或地区。在2017财年，FCS包括下列国家和地区：阿富汗、布隆迪、中非共和国、乍得、科摩罗、刚果民主共和国、科特迪瓦、吉布提、厄立特里亚、冈比亚、几内亚比绍、海地、伊拉克、基里巴斯、科索沃、黎巴嫩、利比里亚、利比亚、马达加斯加、马里、马绍尔群岛、密克罗尼西亚联邦、缅甸、巴布亚新几内亚、塞拉利昂、所罗门群岛、索马里、南苏丹、苏丹、叙利亚、多哥、图瓦卢、约旦河西岸和加沙、也门和津巴布韦。

政府效能：作为世界银行集团的全球治理指标的一部分，政府效能是反映公共服务质量、公务员服务质量及其独立于政治压力的程度、政策制定和实施质量，以及政府对这些政策的承诺的可信性的感知的综合指标。

全球价值链（GVCs）：一件单一成品由多个国家制造和组装，其中过程的每一步都为最终产品增加了价值，从而形成的国际生产分解。

引力模型：通常基于两个地点之间的距离和经济规模，用于估计两个地理位置之间的双边效应的经济模型。

绿地：投资者从头开始建立业务运作的投资。在本报告中，绿地是指FDI的进入模式，在这种模式中，外国投资者在东道国经济体中建立其业务。

赫氏指数（HHI）：市场集中度的衡量标准。在本报告中，地理集中的HHI的定义是所有国家在给定行业的FDI项目总数中所占比例的平方和。因此，假设一个特定行业的所有FDI项目都流向一个国家，它的值将达到1。此值越接近0，FDI项目在各国之间的分布越分散，而该行业在地理分布上也更不集中。

高收入经济体：在2017财年，高收入经济体的定义是在2015年人均国民收入为12476美元或以上的经济体。在关于OFDI的一章中，在1995年，这些经济体被定义为人均国民收入（GNI）达到9386美元或以上的经济体。

高成长型企业：在经济中创造就业机会比例巨大的公司。

母国经济体：外国投资的来源国。

水平型FDI：在母国经济体中经营的公司在海外同行业公司的投资。

东道国经济体：接受外国投资的国家。

国际投资协定（IIA）：解决跨境投资问题的国家间的一种条约。IIAs存在于三个层面：双边的（如双边投资协定）、区域或最惠的（如区域海关联盟和自由贸易区或最惠贸易协定）、多边的（如适用于世界贸易组织协定的规则和其他国际投资公约）层面。

投资激励：政府向特定企业或企业集团提供的可衡量的经济优惠，其目标是将投资引向选定的行业或地区。这些福利可以是财政的（例如税收优惠）或非财政的（例如贷款或退税）。

投资保护保证：法律、政府、多边机构或任何投资一方提供的担保或保险。

投资促进机构（IPA）：政府机构或非营利组织，其工作是吸引对东道国经济体的投资。

知识效应：直接通过投资者或投资公司，或间接通过给其他公司的溢出来获取知识。知识的形式可以是技术、生产技术或管理技能。

知识寻求型FDI：通过获取新知识来提高其竞争力，旨在增加投资者拥有的企业特有的优势的FDI类型。所有知识寻求型FDI都是战略资产寻求型的，但并非所有战略资产寻求型都是知识寻求型的。

拉丁美洲和加勒比地区（LAC）：世界银行集团定义的这一区域包括如下经济体：安提瓜和巴布达、阿根廷、阿鲁巴、巴哈马、巴巴多斯、伯利兹、玻利维亚、巴西、英属维尔京群岛、开曼群岛、智利、哥伦比亚、哥斯达黎加、古巴、库拉索、多米尼克、多米尼加共和国、厄瓜多尔、萨尔瓦多、格林纳达、危地马拉、圭亚那、海地、洪都拉斯、牙买加、墨西哥、尼加拉瓜、巴拿马、巴拉圭、秘鲁、波多黎各、荷属圣马丁、圣基茨和尼维斯、圣卢西亚、法属圣马丁、圣文森特和格林纳丁斯、苏里南、特立尼达和多巴哥、特克斯和凯科斯群岛、乌拉圭、委内瑞拉和美属维尔京群岛。就本报告而言，区域中被调查的国家可能是实际区域分组的较小子集。

联系：由于本地供应商和跨国公司之间的合同安排，而使外国知识和实践经验进行传播，这在一定程度上可提高国内供应商的生产能力。

地区激励措施：旨在影响投资者的地区选择而进行的投资激励措施。

低收入经济体：对于2017财年，低收入经济体定义为2015年的人均国民收入为1025美元或更少的经济体。在关于OFDI的一章里，在1995年这些经济体的定义是人均国民收入为765美元或更少的经济体。

中低收入经济体：对于2017财年，中低收入国家定义为2015年的人均国民收入在1026美元到4035美元之间的经济体。在关于OFDI的一章里，在1995年这些经济体的定义是人均国民收入为766美元和3035美元之间的经济体。

制造业：生产商品的经济部门。

市场寻求型FDI：FDI的一种动机，投资者通过向东道国经济体提供商品和服务寻求进入其国内市场。

并购（M&A）：导致公司或资产合并的交易。在本书中，并购指 FDI 中的并购，其中购买实体是收购当地公司资产的外国投资者。

中东和北非地区（MENA）：世界银行集团定义的这一区域包括阿尔及利亚、巴林、吉布提、埃及、伊朗、伊拉克、以色列、约旦、科威特、黎巴嫩、利比亚、马耳他、摩洛哥、阿曼、卡塔尔、沙特阿拉伯、叙利亚、突尼斯、阿拉伯联合酋长国、约旦河西岸和加沙地带以及也门这些经济体。就本报告的目的而言，区域中被调查的国家可能只是实际区域分组的较小子集。

跨国公司（MNC）：在一个以上的国家开展业务的公司，通常拥有一个协调全球管理的中央总部。

自然资源寻求型 FDI：FDI 的一种动机，投资者寻求在东道国经济体中获取自然资源，如石油和天然气、采矿和矿产、水或太阳能。

北美地区：世界银行集团定义的这一区域包括百慕大、加拿大和美国等经济体。

对外直接投资（OFDI）：从母国角度出发的 FDI。OFDI 与 FDI 相对，后者是从东道国经济的角度出发的。参见 FDI 条目。

母公司：对另一家公司拥有足够利益来对其进行管理或经营的机构单位。

冲突后国家：对本报告而言，冲突后国家包括自 1990 年以来发生冲突的 FCS 子类别。除官方名单外，其他 11 个国家还包括阿尔及利亚、哥伦比亚、埃塞俄比亚、危地马拉、莫桑比克、尼加拉瓜、秘鲁、卢旺达、斯里兰卡、乌干达和乌克兰。

优惠幅度：标准企业所得税税率与作为激励的优惠税率之间的差额。

优惠贸易协议：为参与实体提供特殊待遇的一个贸易集团。

第一产业：使用自然资源的经济部门，包括农业、采矿和渔业。

再投资收益：未作为股息支付，而是由公司保留以重新投资其在东道国的业务运营的净收益。

规模效应：当产量增加时，每单位平均成本降低。

服务业：生产非商品的经济部门，包括金融服务和零售服务。

南亚地区：世界银行集团定义的这一区域包括阿富汗、孟加拉国、不丹、印度、马尔代夫、尼泊尔、巴基斯坦和斯里兰卡等经济体。就本报告而言，区域中被调查的国家可能只是实际区域分组的较小子集。

战略资产寻求型 FDI：FDI 的一种动机，投资者寻求控制企业或国家的特定资产，这些资产包括品牌、分销网络或供应链。

撒哈拉以南非洲地区（SSA）：世界银行集团定于的这一区域包括安哥拉、贝宁、博茨瓦纳、布基纳法索、布隆迪、佛得角、喀麦隆、中非共和国、乍得、科摩罗、刚果民主共和国、刚果共和国、科特迪瓦、赤道几内亚、厄立特里亚、埃塞俄比亚、加蓬、冈比亚、加纳、几内亚、几内亚比绍、肯尼亚、莱索托、利比里亚、马达加斯加、马拉维、马里、毛里塔尼亚、毛里求斯、莫桑比克、纳米比亚、尼日尔、尼日利亚、卢旺达、圣多美和普林西比、塞内加尔、塞舌尔、塞拉利昂、索马里、南非、南苏丹、苏丹、斯威士兰、坦桑尼亚、多哥、乌干达、赞比亚、津巴布韦。就本报告而言，区域中被调查的国家可能是实际区域分组的较小子集。

免税集：政府对特定企业或企业集团临时完全免除税负。

世界经济论坛高管意见调查：这个调查由世界经济论坛组织进行，从全世界的高管中获取了范围很广的社会经济信息。2016年，收集了130多个国家中超过了13000个被试的信息。

中高收入国家：在2017财年，中高收入经济体的定义是2015年人均国家收入在4036美元到12475之间的经济体。在关于OFDI的一章中，在1995年，这些经济体被定义为人均国民收入在3036美元到9385美元之间的经济体。

垂直型FDI：投资于生产母公司经营所需的投入品的产业，这种投资通常投资于成本较低的地区的离岸直接产品生产步骤中。

世界银行集团W（WBG）：世界银行集团由国际复兴开发银行、国际开发协会、国际金融公司、多边投资担保机构和国际投资争端解决中心组成。